Le Routard

VOYAGES NATURE

Les 100 plus beaux sites de la planète

hachette

SOMMAIRE

EUROPE

AMÉRIQUE DU NORD ET AMÉRIQUE CENTRALE

AMÉRIQUE DU SUD

CARAÏBES

AFRIQUE ET OCÉAN INDIEN

MOYEN-ORIENT

ASIE

OCÉANIE

EUROPE

01

TYPE
Parc national.

SITUATION
Dans le nord-ouest de l'Angleterre.

NATURE, COMPOSITION
Lacs et montagnes.

DIPLÔME
Inscrit au Patrimoine mondial de l'Unesco.

QUELQUES CHIFFRES
Culmine à 978 m ; une quarantaine de lacs ; env 50 km sur 50 km.

MEILLEURE PÉRIODE
Superbe à l'automne, quand les feuilles changent de couleur, ou au printemps, quand rhododendrons et *daffodils* (jonquilles) sont en fleurs... Mais quelle que soit la saison, la palette des couleurs est étonnante !

COMMENT Y ALLER ?
Évidemment, la voiture offre une grande liberté et permet de bien profiter de l'infinie variété de paysages. On peut aussi s'y rendre en train ou en bus.

BON À SAVOIR
Procurez-vous les cartes *Ordnance Survey* du Lake District. Elles indiquent les auberges de jeunesse, les campings, les randos, etc.
Plus d'infos : • *lakedistrict.gov.uk* • *golakes.co.uk* • *visit-thelakedistrict.co.uk* •

ANGLETERRE

LAKE DISTRICT

Une région chère aux écrivains et aux romantiques

Le plus grand parc national d'Angleterre, célèbre pour ses splendides paysages parfaitement préservés, est un paradis pour les randonneurs.

Cette région doit sa célébrité à ses lacs, évidemment, mais aussi à la diversité de ses splendides paysages composés de forêts et d'un relief montagneux propice aux randonnées. Pas étonnant que de nombreux poètes et écrivains illustres y aient habité ou séjourné : Wordsworth (le chef de file de la poésie romantique anglaise), Coleridge, De Quincey, Beatrix Potter... Sans oublier Ruskin, l'amoureux de Venise, à qui l'on doit la grande vague néogothique européenne du XIXe siècle.

Grâce à l'acharnement du *National Trust*, l'activité agricole traditionnelle de la région – l'élevage du mouton, la seule chose qui « pousse » ici – a pu être conservée, et le tourisme développé en harmonie avec l'élevage. Barrières coulissantes, échelles, marches et autres astuces permettent aux marcheurs de traverser les champs sans inquiéter les troupeaux.

Enfin, sachez qu'on mange ici plutôt mieux qu'ailleurs ! Peut-être est-ce dû à la forte identité du terroir ? Les produits frais et fermiers sont à la carte de la plupart des restos, participant ainsi à la promotion globale du Lake District... Ils ont décidément tout compris !

LA LAINE FRAÎCHE

Sur les 730 000 moutons que compte le Lake District, vous rencontrerez les fameux Hardy Herdwicks, la race locale à laine noire ou marron et à tête blanche, dont on relança l'élevage. Leur laine épaisse est réputée pour la confection de vêtements. Ils peuvent survivre plusieurs jours dans la neige grâce à leurs réserves de graisse rien qu'en suçant leur pelage.

EXPÉRIENCE ROUTARD

Avec 1 100 km de sentiers dans le parc, les possibilités de randonnées sont innombrables, pour tous les niveaux, que ce soit au bord des lacs ou dans les montagnes (point culminant : 978 m). Même si les parcours sont généralement bien balisés, nous vous conseillons d'acheter les cartes détaillées des coins que vous explorez (disponibles un peu partout). Comme le temps est versatile, il vaut mieux s'équiper pour toutes les circonstances : de vraies et bonnes chaussures de marche étanches, d'un haut et un bas vraiment imperméables et de vivres, bien sûr. Par ailleurs, pensez à consulter la météo, car les orages sont violents et les abris rares dans la région. • *lakedistrictweatherline.co.uk* •

44° 52′ 40″ N, 15° 36′ 52″ E

02

TYPE
Lacs, chutes d'eau.

SITUATION
Entre Zagreb et Zadar.

NATURE, COMPOSITION
Plateau karstique.

QUELQUES CHIFFRES
296 km² ; 92 cascades.

DIPLÔME
Inscrit au Patrimoine mondial de l'Unesco.

MEILLEURE PÉRIODE
Printemps, été, automne.

COMMENT Y ALLER ?
En bus depuis Zagreb, Rijeka, Zadar, Split, Dubrovnik (plusieurs bus par jour). Arrêt à côté des entrées 1 et 2 du parc. • *akz.hr* • *buscroatia.com* • Infos et résas en ligne ou achat du billet dans le bus. Attention, les bus sont souvent pleins en haute saison, pensez à réserver bien à l'avance.

PLUS D'INFOS
• *np-plitvicka-jezera.hr/fr/* •

CROATIE

LACS DE PLITVICE

Lacs en cascades

Les lacs de Plitvice sont une des merveilles de la Croatie, à juste titre inscrite au Patrimoine mondial de l'humanité par l'Unesco.

Fantastique ? Extraordinaire ? Sublime ? Difficile de choisir l'adjectif adéquat pour décrire cette merveille naturelle, qui demeure le premier parc national croate en termes de visiteurs : plus de 1 million par an.

Au cœur d'une succession de vallées verdoyantes, les Plitvička Jezera représentent un incroyable chapelet de 16 lacs cascadant sur environ 130 m de dénivelée, entre 503 et 636 m, dans un environnement naturel pittoresque et préservé. Lacs alimentés par quantité de sources, de ruisseaux et de torrents, et reliés par une kyrielle de cascades et de chutes d'eau spectaculaires. Le tout cerné d'épaisses forêts de sapins, d'épicéas, de hêtres, d'érables, de charmes, etc. Un écrin naturel formidable pour nombre d'animaux sauvages. Sans parler de la couleur de l'eau, tout simplement surréaliste ! Bref, visite obligatoire !

Au fil des siècles, l'érosion des parois et des lits des cours d'eau a entraîné le dépôt de sédiments (carbonate de calcium et de magnésium), créant des barrières naturelles de pierre poreuse (tuf calcaire ou travertin), qui se mêlent inextricablement à une luxuriante végétation. Sous l'effet mécanique des eaux, ces barrières cèdent parfois, créant de nouvelles configurations de terrain, de nouveaux passages d'eau, chutes, cascades, etc. Ce processus dynamique, combinant à la fois érosion et sédimentation, fait la joie des scientifiques.

Le support de ce relief karstique, appelé roche dolomitique, reste quant à lui très dur et a donc permis de maintenir la stabilité de l'ensemble depuis des millénaires. En outre, en se déposant, les eaux saturées en carbonate de calcium pétrifient tout ce qui est immergé, plantes, arbres morts, et recouvrent le fond des lacs d'un dépôt de couleur blanche qui donne aux eaux d'étonnantes nuances de bleu et de vert, variant selon l'heure de la journée et l'ardeur du soleil. Superbe par beau temps !

Les lacs supérieurs *(Gornja jezera)* sont au nombre de 12. C'est la partie la plus féerique du parc. On mesure vraiment ici le merveilleux de cet écosystème ! Des passerelles en bois enjambent des ruisseaux impétueux, puis traversent de paisibles étangs, zigzaguant entre les arbres noyés et les bosquets de plantes. Les eaux changent sans cesse de couleur en fonction du type d'algues qui tapissent le fond, masses sombres ou teintes lumineuses de lagon. Tout se joue en quelques mètres. Aucune pièce d'eau ne présente le même aspect. Avec de prodigieux effets, lorsque les sapins couchés dans l'eau s'habillent de mousses et de lichens, tandis que leurs branches hors de l'eau apparaissent nues et blanches.

Les lacs inférieurs *(Dolna jezera)* au nombre de 4, sont enserrés dans de profondes gorges.

EXPÉRIENCE ROUTARD

Compter la journée pour la visite complète des lacs inférieurs et supérieurs (environ 4-5h de balade, sans les pauses). La visite guidée (possible sur résa) est superflue car les itinéraires sont bien balisés (par lettres et couleurs).

Un seul mot d'ordre : mettez le réveil ! En saison, à partir de 9h, ça commence déjà à se remplir. Le mieux, selon nous, est de débuter par les lacs supérieurs, via l'entrée 2 (évitez l'entrée 1 de manière générale, c'est l'accès le plus usité et le plus embouteillé). Si vous avez le temps et l'envie, le top du top, c'est le parcours H, qui fait le tour du parc en 9 km (4-6h de marche).

WESTERN CHOUCROUTE

Dans les années 1960, Sergio Leone a tourné ses fameux westerns spaghettis dans le désert de Tabernas, en Espagne. Les Allemands aussi jouèrent aux cow-boys et aux Indiens… *Le Trésor du lac d'Argent* et toute une série de films mettant en scène le gentil héros indien Winnetou furent tournés à Plitvice. L'acteur français (breton même !) Pierre Brice en tenait le rôle-titre. Un acteur célèbre outre-Rhin mais inconnu en France…

ÉCOSSE

03

LE NORD DES HIGHLANDS

Hautes terres de légende

TYPE
Région montagneuse.

SITUATION
Dans le nord du pays.

NATURE, COMPOSITION
Collines, montagnes, lacs.

QUELQUES CHIFFRES
830 km de route côtière.

MEILLEURE PÉRIODE
Juin-septembre, mais les mois de juillet-août sont un peu plus arrosés.

COMMENT Y ALLER ?
Inverness est à 3h de route d'Édimbourg. De là, Tongue, où débute la plus belle portion de la route, n'est plus qu'à 2h en coupant tout droit dans les terres.

PLUS D'INFOS
Le site • *northcoast500.com* • vous donnera toutes les informations utiles sur la NC 500 et ses points d'intérêt.

Ici, l'imaginaire rejoint la réalité d'un pays sauvage, tout de lochs, de landes et de rares vallons boisés, qu'un habitat dispersé trouble à peine.

De beaux paysages rudes et sauvages, empreints de romantisme, des reliefs hostiles recouverts d'un manteau de tourbe et de lande, des lochs profonds et mystérieux, des rivages déchiquetés, les « hautes terres » n'en finissent pas d'aiguiser notre imaginaire.

De cette région, le pays a adopté le tartan, ce tissu quadrillé aux couleurs du clan, dont les accessoires (kilt et cornemuse) complétaient la panoplie du parfait Highlander pour devenir le costume d'un peuple, le symbole d'une nation. Et pourtant, jusqu'au XIXe siècle, tout semblait séparer les Highlanders des Lowlanders. Les premiers étaient considérés comme de vulgaires barbares par les habitants des « basses terres », plus raffinés, *of course* ! Il fallut attendre la reine Victoria pour que les Highlands deviennent à la mode et suscitent un engouement jamais démenti depuis.

On a souvent tendance à associer les « hautes terres » à l'extrême nord du pays. En fait, les Highlands naissent dans les environs de Dunkeld (au nord de Perth), montent jusqu'à Inverness, traditionnellement considérée comme la porte des Highlands du Nord, puis déroulent leurs reliefs acérés jusqu'à la pointe septentrionale pour revenir s'écraser contre les côtes occidentales et, plus au sud, contre celles de l'Argyll.

Pour découvrir la pointe nord de l'Écosse, une magnifique route côtière permet de faire le tour complet de la région par le littoral : la North Coast 500. Probablement l'un des plus beaux itinéraires d'Europe, entre lande, montagne et immensité de l'Atlantique Nord ! La plus belle portion, entre Tongue et Torridon, multiplie les paysages époustouflants. Des routes à voie unique *(single track roads)* sillonnent ce pays volontiers austère, débouchant moins sur des châteaux que sur de petits et grands ports ou des plages de sable blanc isolées dans un paysage du bout du monde. Morceaux choisis !

BORN IN THE USA

Peut-on imaginer qu'il y a plus de 200 millions d'années le nord-ouest des Highlands était relié à... l'Amérique du Nord ? Les Highlands et les Appalaches constituaient alors une seule et même chaîne montagneuse. Ainsi, on peut dire que la géologie en Écosse a plus de points communs avec certaines régions des États-Unis qu'avec l'Angleterre.

De Tongue à Durness

Tongue est joliment établie sur le flanc du Kyle of Tongue, une baie profonde aux airs de fjord qui offre des vues à couper le souffle. Cette bourgade peint un charmant tableau avec les ruines de son vieux château se découpant avantageusement au coucher du soleil, sa vue imprenable sur le loch et le très altier mont Ben Loyal en toile de fond.

Pour rallier Durness, l'ancienne route qui contourne le Kyle par le sud est bien plus agréable à emprunter que la digue qui le traverse en son centre. Cela correspond à un détour d'une quinzaine de kilomètres, mais quel enchantement ! Après une dizaine de miles, la route débouche de haut sur le loch Eriboll, découvrant un panorama splendide sur une presqu'île reliée à la côte par un court isthme sablonneux. On le contourne entièrement avant de retrouver l'océan proprement dit face à Ceannabeinne Beach, une superbe plage au sable blond baignée, les rares jours de beau temps, par des eaux turquoise. Au large flottent quelques îlots verdoyants.

Durness s'éparpille dans des paysages d'herbe rase et de falaises battues par les vents du nord. Habitées par des colonies d'oiseaux marins, elles s'entrouvrent sur quelques jolies plages de sable blanc – comme celle de Sango Bay. Au-delà, il n'y a plus que les îles Féroé et l'Islande...

Itinéraire de 55 km.

De Kylesku à Lochinver

Parmi les plus belles régions du Nord, l'Assynt déroule des côtes sauvages qui ne demandent qu'à être explorées au gré d'une multitude de détours. La petite route insignifiante (la B 869) qui passe par Drumbeg et Clashnessie est l'une des plus romantiques des Highlands, sinueuse à souhait, presque plus étroite que la largeur du véhicule, livrant au regard une succession de panoramas tantôt grandioses tantôt intimes. Entre les villages de Nedd et Drumbeg, la route sinue au cœur d'une nature inhabituellement boisée, offrant une succession de points de vue superbes sur la côte rocheuse, ses replis, ses îlots et de rares petits ports.

La zone que l'on traverse pour se rendre à Point of Stoer est austère mais, de l'arrière du phare, un vaste panorama se dégage sur le littoral cerné de falaises. De là, une belle balade dans le vent mène jusqu'à la pointe de la péninsule de Stoer (1h de marche). Après 2 km, on découvre l'Old Man of Stoer, une aiguille rocheuse de près de 70 m, fichée comme un minaret au milieu des vagues de l'Atlantique. Emportez des jumelles : le secteur est habité par des dauphins et, dans les falaises nichent de nombreux oiseaux marins.

On arrive ensuite à Achmelvich. Ce hameau perdu au bout d'une route sans issue, isolé et battu par les vents, vaut le déplacement pour sa splendide petite plage blanche léchée par des eaux turquoise. L'étape se termine à Lochinver. Ce petit port bien protégé se niche au débouché de la rivière Inver, dans le loch Inver. Le lieu est agréable, surtout lorsque les cerfs décident de venir brouter sur le terrain de foot et les phoques de sortir leur périscope de l'eau entre les étraves des bateaux.

Itinéraire de 40 km.

De Lochinver à Ullapool

Alimentant la rivière Inver, le loch Assynt s'étire dans des paysages de landes et de monts à la végétation pelée. Là, au bord de l'eau, se dressent les photogéniques ruines d'Ardvreck Castle, bâti au XVIe siècle sur une étroite presqu'île du loch. Un arrêt incontournable.

Puis la jolie péninsule de Coigach s'avance en mer entre Lochinver et Ullapool. Des monts, verts en été, rouille à l'automne, y glissent tantôt vers une plage de sable blanc (à Achnahaird), tantôt vers une côte dont une multitude de rochers se sont détachés pour saupoudrer la mer (les Summer Isles, que l'on peut approcher en bateau pour apercevoir une belle colonie de phoques et de nombreuses espèces d'oiseaux marins). Si le beau temps est de la partie, les panoramas s'enchaînent. Que l'on vienne de Lochinver ou d'Ullapool par la route qui longe les lochs Lurgainn et Bad a' Ghaill, le plaisir est identique.

Sur les rives du loch Broom, le dynamique petit port de pêche d'Ullapool aux maisons blanches est devenu une importante étape touristique, en même temps qu'un centre de transit pour les voyageurs à destination des îles de Lewis et Harris. L'étape est agréable et, certains jours, on aperçoit des phoques.

Itinéraire de 110 km.

D'Ullapool à Gairloch

Cette portion offre une succession de panoramas sur des lochs et des baies enluminés de cascades dès que les pluies s'accentuent : le loch Broom, boisé et abrité, les chutes de Corrieshalloch gorge, le Little loch Broom, la vaste Gruinard bay et enfin le joli loch Ewe, qui bénéficie d'un microclimat. Autant d'escales qui invitent à musarder.

Le loch Maree personnifie à lui seul la beauté des Highlands, faite de rudesse et de majesté. Apprécié par la reine Victoria qui séjourna sur ses berges et à qui l'on fit la grâce de donner son nom à de modestes chutes, le loch Maree s'étend sur 20 km. Ainsi nommé en référence à un moine du VIIe siècle qui christianisa la région, il fut l'objet d'un pèlerinage : les malades venaient boire son eau. Ses environs pullulent de cerfs et de midges (moucherons).

Itinéraire de 90 km.

Torridon Hills

De Kinlochewe à Appelcross

La route qui part de Kinlochewe vers Torridon est spectaculaire. Cette large vallée couverte d'une lande austère est encaissée entre de hauts massifs granitiques aux parois escarpées. Un régal pour les randonneurs et un défi pour les grimpeurs chevronnés. C'est tellement beau que, pour mieux assurer la protection du site, on en a fait un parc naturel. À partir de Torridon, la route côtière offre encore des points de vue inoubliables.

D'abord Shieldaig, adorable village de pêcheurs, avec une île au milieu d'une jolie baie et des moutons qui déambulent dans les rues ! Le site est un petit paradis pour les amoureux de la nature ; on aperçoit de temps en temps des marsouins s'ébattre dans les eaux. On peut photographier des phoques, pêcher le saumon en eau douce et la morue en eau salée. La zone de Shieldaig est depuis peu à nouveau habitée par les aigles pêcheurs, une espèce qui avait disparu de la région depuis le début du XXe siècle.

Posé au bord de la mer, Applecross s'intègre dans un splendide coin de nature. Depuis ses deux plages, on profite de la vue sur les Cuillin Hills de Skye et les îles de Raasey et Rhona.

Itinéraire de 70 km.

D'Appelcross à Lochcarron

Par beau temps, le panorama sur les îles de l'ouest au col de Bealach-na-Bà, entre Applecross et Kishorn, est splendide. C'est l'une des routes les plus élevées d'Écosse, à plus de 600 m d'altitude. Ce parcours spectaculaire, très étroit, tout en lacet, offre son lot d'émotions...

Itinéraire de 30 km. En hiver, cette section est souvent fermée pour cause d'enneigement.

04

ESPAGNE

LOS PICOS DE EUROPA

Nature à l'état pur

De spectaculaires formations rocheuses, refuge de l'ours brun et du loup ibérique.

TYPE
Parc national.

SITUATION
Asturies, Cantabrie et León (nord de l'Espagne).

NATURE, COMPOSITION
Massif montagneux.

QUELQUES CHIFFRES
646 km² ; point culminant à 2 648 m (Torre de Cerredo, Massif central).

COMMENT Y ALLER ?
Par la route, compter 1h30 entre Oviedo et le village de Cangas de Onís (bus réguliers). En train, se rendre à Arriondas : 3-4 trains/j. depuis Oviedo (env 1h50 de trajet) ; sinon 2 trains/j. avec Santander (arrêts dans toutes les petites gares de la côte).

PLUS D'INFOS
Centro de visitantes de los Picos de Europa – Casa Dago : avda de Covadonga, 43, à Cangas de Onís. • *parquenacional-picoseuropa.es* • Dans une « maison d'Indien » de 1928 tout en pierre. Infos sur le massif et les randonnées gratuites dans le coin, notamment autour des superbes lacs Enol et de la Ercina.

À cheval sur trois provinces, le massif des Pics d'Europe, classé « Réserve de biosphère », se situe sur la côte atlantique de la péninsule ibérique, au cœur des monts Cantabriques. Ce seul parc naturel habité d'Espagne abrite 11 villages. Parmi ses pics les plus célèbres : Torre de Cerredo (2 649 m) ; Peña Vieja (2 614 m) et Naranjo de Bulnes (2 518 m).

Le parc recèle une grande richesse d'espèces animales, au gré de prés, de lacs, de gorges, de forêts et de montagnes à pic, bien sûr. Sortez vos jumelles et guettez chevreuils, chamois, coqs de Bruyère et autres vautours percnoptères... Un habitat également idéal pour deux espèces emblématiques : l'ours brun et le loup ibérique. Mamma mia !

On peut aborder los Picos de Europa par leurs versants asturiens (nord-ouest) si l'on vient de Gijón, d'Oviedo ou des plages de la côte orientale. Aucune route ne traverse le massif, certes, mais celle-ci grimpe presque au sommet de la vallée et conduit au village de Cangas de Onís. Elle traverse notamment le fantastique défilé de los Beyos et se fraie un passage entre des gorges dont la largeur n'excède parfois pas 10 m. Probablement l'un des plus beaux secteurs du massif. Ce petit bourg doté d'un vénérable pont constitue un parfait point de départ pour la découverte des Pics d'Europe et surtout du parc de Covadonga.

EXPÉRIENCE ROUTARD

Lagos Enol et de la Ercina sont deux superbes petits lacs de montagne que l'on gagne après 12 km d'une route aussi tortueuse que magnifique, avec de fantastiques à-pics, dans un paysage karstique quasi méditerranéen. L'une des plus belles routes de tout le massif, et le panorama sur les Picos de Europa est superbe.

Attention, pour des raisons de conservation du site, pendant la Semaine sainte, certains ponts et en été, l'accès automobile est interdit de 8h à 21h. Navettes alors obligatoires (9 €/adulte aller-retour, réduc moins de 12 ans). Au centre d'interprétation Pedro Pidal, infos sur les balades à faire dans les environs. La randonnée autour des lacs prend environ 1h30-2h.

Lac Enol

43° 11' N, 4° 50' O

Naranjo de Bulnes

Vos pas vous mèneront immanquablement au sanctuaire de Covadonga, un haut lieu du massif. Au VIIIe siècle, quand les Maures eurent achevé la conquête de l'Espagne, un dernier carré de chrétiens avec, à leur tête, don Pelayo leur tint tête ici même. Une victoire autant morale que militaire. Après ce jour, le petit royaume des Asturies se développa et fut le point de départ de la *Reconquista*. Covadonga demeure LE symbole de la résistance espagnole et est devenu un site de pèlerinage renommé.

Autre point de départ pour des découvertes fabuleuses : Arenas de Cabrales, à 32 km à l'est de Cangas de Onís. Ce village est comme une capitale du *cabrales*, un délicieux fromage fermier persillé proche du roquefort. Les saveurs varient du presque doux à l'emporte-langue ! De là, à Poncebos, un funiculaire permet de rejoindre le hameau de Bulnes, à 647 m d'altitude (• *alsa.es* •). De Bulnes, on peut redescendre sur Poncebos en empruntant un chemin qui traverse les impressionnantes gorges du Tejo (environ 3h).

Mais le sentier « historique » des Picos de Europa reste encore la randonnée des gorges de Cares : l'une des plus spectaculaires (et la plus fréquentée). Ce petit chemin avec des à-pics vertigineux rallie Poncebos à Caín, dans le León, après 3h de marche. Dans ce sens, ça monte (retour 3h aussi). On suggère de le faire dans l'autre sens car ça descend (et il est beaucoup plus facile de stationner à Caín). Bien que ne comportant pas de réel danger, le chemin taillé dans la falaise présente des passages bordés par 200 m de vide. Gare au vertige !

À VOS PAGAIES !

À 8 km de Cangas de Onís, Arriondas est connue pour être la capitale asturienne du canoë-kayak depuis qu'en 1930 un jeune allumé, Dionisio de la Huerta, décida avec un ami de descendre la rivière Sella jusqu'au pont de Ribadesella. Aujourd'hui, la grande descente de la Sella (• *riosella.com* •) a lieu chaque année début août (*fiestas de las Piraguas*) et regroupe près de 2 000 kayakistes et beaucoup, beaucoup plus de spectateurs, à tel point que la ville ne semble vivre que pour et autour du canoë-kayak. Des dizaines d'agences proposent la descente de la Sella, laissez-vous tenter ! Compter env 25 €/pers (retour en minibus compris).

05

ESPAGNE

DÉSERT DES BARDENAS

Un désert en Navarre

Cet étrange désert rouge et blanc dresse ses reliefs fantasmagoriques de sable gréseux et marneux, rappelant certains paysages marocains ou d'Arizona.

TYPE
Parc naturel.

SITUATION
100 km au nord-ouest de Saragosse.

NATURE, COMPOSITION
Désert.

QUELQUES CHIFFRES
42 000 ha.

COMMENT Y ALLER ?
Accès par l'A 68, sortie Tudela ; sur la route de Tudela, prendre la N 134 en direction d'Argüedas.

PLUS D'INFOS
Centro de información del parque natural de Bardenas. • *bardenasreales.es* •. Ouvert toute l'année, sauf 1er, 5 et 6 janvier et 24, 25 et 31 décembre. Entrée dans le parc autorisée à partir de 8h et jusqu'à 1h avant le coucher du soleil. Liste des agences de guides, plan du parc, topoguide indiquant les différents itinéraires. Consulter également • *bardenas-reales.net* • le site d'un Français passionné.

À cheval sur l'Aragon et la Navarre, cette zone d'aridité extrême constitue l'un des paysages les plus lunaires et fascinants d'Espagne. Selon le lieu, on peut se croire dans n'importe quel désert apparenté géologiquement : au Maroc, en Jordanie ou en Arizona... Les couleurs, du rougeâtre au rose en passant par l'ocre, renforcent cette impression étrange d'avoir changé de planète.

On distingue 3 zones : la Bardena Blanca au centre, ainsi nommée pour son sol blanchâtre ; au nord, El Plano, la plus belle zone avec ses plateaux sculptés par l'érosion ; au sud, la Negra, à la terre d'argile rouge foncé et de calcaire, de grandes plaines avec un peu plus de végétation qu'ailleurs. Ancien territoire royal, terrain de transhumance depuis des siècles, ce parc naturel est aujourd'hui en grande partie une zone militaire, classé « Réserve de biosphère » par l'Unesco.

On parle de « zone aride », dépourvue ou presque de précipitations, de végétation et d'habitants. Et pourtant c'est un lieu bien vivant qu'il faut savoir observer. Vous n'avez qu'à lever les yeux, des vautours fauves vous ont certainement déjà repérés !

Un circuit en voiture de 34 km (environ 1h30-2h) permet déjà d'avoir un bon aperçu de ce que le parc a à offrir. Il peut aussi se parcourir à pied ou à VTT (9 circuits), mais, dans ce dernier cas, au bol d'air risque de s'ajouter le bol de poussière de la piste (bien entretenue, cela dit) !

Excepté pour le circuit classique en voiture, il est indispensable de partir avec une bonne carte car les itinéraires ne sont pas balisés. Ceux qui n'ont aucune expérience en la matière prendront obligatoirement un guide.

Dans tous les cas, on ouvre grandes les écoutilles, le dépaysement et l'émerveillement sont absolus, dans un environnement parsemé de cheminées de fée, de falaises, de ravins...

Ne pas manquer la « Tête de rideau », tour de guet accessible par un escalier de 219 marches, ni les cabanes de bergers disséminées ici et là. Par ailleurs, vous dénicherez peut-être la petite tête érodée de Castildeterra, souvent photographiée.

ESPAGNE

42° 11′ 27″ N, 1° 28′ 12″ O

RÉSERVES DE BIOSPHÈRE, KÉSAKO ?

Depuis 1976, il s'agit de territoires désignés par l'Unesco pour leur démarche de développement durable et de protection de la biodiversité. Ce sont en quelque sorte des endroits qui apportent des solutions locales à des problèmes mondiaux. On en compte plus de 730 dans 134 pays dont certains transfrontaliers, le tout couvrant plus de 5 % de la planète. Les réserves de biosphère comprennent des écosystèmes terrestres, marins et côtiers. L'Espagne en dénombre une cinquantaine, la France une quinzaine.

06

ESPAGNE

42° 38′ 50″ N, 0° 00′ 07″ E

PARC NATIONAL D'ORDESA ET DU MONT-PERDU

Le plus grand canyon d'Europe

TYPE
Parc national.

SITUATION
Dans le nord du pays, dans les Pyrénées espagnoles.

NATURE, COMPOSITION
Chaîne de montagnes, vallées glaciaires, canyons, cascades.

DIPLÔME
Inscrit au Patrimoine mondial de l'Unesco.

QUELQUES CHIFFRES
3 355 m (altitude du mont Perdu).

MEILLEURE PÉRIODE
Mai-octobre.
À la fin du printemps (mai-juin), les cascades et les rivières sont les plus impressionnantes, car gonflées par la fonte des neiges.

COMMENT Y ALLER ?
Depuis la France, deux itinéraires routiers (l'un passant par le col du Pourtalet, l'autre par le tunnel de Bielsa) passent respectivement à l'ouest et à l'est du parc, dominé par le mont Perdu.

BON À SAVOIR
Chaque vallée ouvre un champ infini de balades. Le mieux est d'aller chercher conseils, cartes et topoguides dans les Maisons du parc.
Voir aussi • *ordesa.net* •

Massif calcaire le plus élevé d'Europe, le parc national d'Ordesa est un véritable paradis pour les amateurs de sport de pleine nature.

Avec ses cathédrales de calcaire, ses nappes de conglomérats, ses canyons et ses grottes, la structure géologique de la région est fascinante. La vallée d'Ordesa, également appelée Grand Canyon d'Ordesa en raison des falaises spectaculaires encadrant son río Arazas, offre un paysage unique en Europe. Les trois autres vallées du parc, les vallées Añisclo, Escuaín et Pineta, dévoilent elles aussi des murailles vertigineuses à couper le souffle.

Grâce à un degré d'humidité constant combiné à un puissant ensoleillement s'y sont développées plus de 1 400 espèces végétales, qui représentent aujourd'hui plus de la moitié de la flore pyrénéenne. Parmi l'immense variété d'oiseaux qui y vivent, se distinguent les grands rapaces comme le circaète, le gypaète barbu, l'aigle royal ou le vautour fauve. Véritable sanctuaire de la biodiversité, le parc d'Ordesa et ses quatre vallées forment l'une des grandes réserves écologiques européennes.

Les gorges du río Bellos et la vallée du Vio

D'Escalona à la vallée d'Añisclo, une petite route très étroite et sinueuse remonte un formidable défilé rocheux, isolé de tout. Du parking de San Urbez (au point de départ des randonnées), un sentier descend au pont ancien qui enjambe le río Bellos (à 5 mn) : avec 50 m de vide sous les pieds, c'est impressionnant !

Pour le retour vers Escalona, une autre route (obligatoire de juillet à mi-octobre, car il est difficile de se croiser en voiture dans les gorges) passe par la vallée du Vio. En traversant les villages isolés et perchés de Vio et Buerba, cet itinéraire est très différent avec des paysages beaucoup plus ouverts, mais tout aussi magnifiques.

DES OISEAUX ET DES OS

Le gypaète barbu est un drôle de rapace. Il mange essentiellement la moelle épinière des os des animaux morts. Dès qu'il aperçoit un os de carcasse, il plonge, saisit l'os avec son bec, remonte en l'air, et lâche l'os. Celui-ci se casse en tombant. Le gypaète peut alors déguster la moelle épinière qu'il aime tant. À défaut d'os, il se contente de la chair morte. C'est un charognard, comme les autres vautours...

Le canyonisme

Ce n'est pas un hasard si le mot *canyon* est d'origine espagnole. Et quand bien même la « grimpe » lui ravit aujourd'hui la préférence des vacanciers, cette activité marche fort dans les parcs d'Ordesa et de Guara. Il y a une vingtaine d'années, on pouvait même dire que la sierra de Guara était la « Mecque » du canyonisme. Aujourd'hui, compte tenu du nombre d'accidents (dus la plupart du temps à une pratique sans encadrement et sous-expérimentée), la législation s'est durcie. Casque et combinaison isotherme sont devenus obligatoires (fréquents contrôles des gardes forestiers). Quant à la pratique proprement dite, mieux vaut savoir désescalader et manipuler des cordes, sous peine de rester coincé à mi-paroi.

Mais, à l'instar de la majorité des pratiques de plein air, la bête noire, c'est la météo ! Renseignez-vous sérieusement avant de partir. Côté pratique, on trouve des cartes et topos expliquant les sentiers d'approche et le niveau de difficulté rencontré, ainsi que tout le matériel nécessaire (harnais, combis, cordes) à louer pratiquement dans tous les villages de la région.

EXPÉRIENCE ROUTARD

Voici une des plus belles randonnées depuis Torla-Ordesa (et le parking du Pradera), et modulable selon le niveau de chacun. La montée (env 2h sur le sentier nommé « Senda de los Cazadores ») est un peu rude, puis l'on marche pendant 7 km sur le splendide chemin en balcon de la Faja de Pelay, très étroit par endroits mais à peu près plat, pour rejoindre la cascade Cola de Caballo. Quelle vue ! Les cimes enneigées du mont Perdu et du Soum de Ramond surplombent ce paysage de toute beauté. Le retour au parking se fait par une portion du GR® 11, large sentier sur lequel des points de vue en terrasse ont été aménagés pour admirer les cascades. Une alternative plus facile et plus courte est possible en faisant l'aller-retour sur le GR® 11, qui remonte la vallée du río Arazas jusqu'à la cascade (3h30-4h aller-retour). Départ et arrivée : parking du Pradera (navette depuis Torla en haute saison) ; 6h30-7h (boucle) ; dénivelé + 700m.

07

ESPAGNE (CANARIES)

PARC NATIONAL DU TEIDE

Force de la nature

TYPE
Parc national.

SITUATION
Île de Tenerife, archipel des Canaries.

NATURE, COMPOSITION
Volcan et caldera.

QUELQUES CHIFFRES
18 990 ha ; diamètre de la caldera (dépression) 17 km ; parc national depuis 1954 ; 3e structure volcanique la plus haute et volumineuse du monde ; point culminant à 3 718 m (sommet de l'Espagne).

MEILLEURE PÉRIODE
Toute l'année, mais se renseigner sur les conditions climatiques.

PLUS D'INFOS
Centro de visitantes El Portillo (carte Parque nacional del Teide), situé à 150 m après le carrefour d'El Portillo. On y parle français ; infos randos, météo. Plusieurs écrans présentent la formation des îles Canaries.

Un parc national unique en Europe entre haute montagne subtropicale, canyons et volcan.

Inscrit au Patrimoine mondial de l'Humanité, le *parque nacional del Teide* est une merveille. Il reçoit chaque année 3 millions de visiteurs, record de fréquentation pour un parc national en Espagne. C'est une zone unique en Europe de haute montagne subtropicale. Si le volcan du Teide permet d'y grimper, c'est l'ensemble du parc qu'il faut considérer, car d'incroyables paysages le composent.

En arrivant par le nord, on a tout d'abord le sentiment d'un désert ennuyeux, succédant à une forêt de pins, quand, au détour d'un virage, le panorama change du tout au tout. D'un chaos rocheux on passe à une sombre mer de lave, qui elle-même laisse la place à des strates de terre de différentes couleurs, faisant le grand écart entre les reflets jaune-vert et le chocolat noir, en passant par toutes les nuances de brun, tantôt lisse et brillante comme de la soie, ailleurs rugueuse et mate telle une toile émeri.

Plus loin, quelques canyons rappellent l'Ouest américain de John Ford, complétés par d'étranges cheminées de fée.

Une poignée de kilomètres encore et le désert partage le terrain avec une maigre végétation de bosquets, ponctuée de-ci, de-là, par d'autres visions lunaires. Parfois la longue tige de fleurs rouges d'un *tajinaste rojo* offre le spectacle de la vie dans cet univers aride.

Et régulièrement le panorama s'ouvre sur l'incroyable Teide, le volcan des volcans qui domine le parc, de toute sa majesté et donne le *la* à ces espaces uniques. Son accès par le téléphérique est véritablement un must. De là-haut, on aperçoit nettement la caldeira de 17 km de diamètre, gigantesque cratère dans lequel s'inscrit le *pico del Teide*. À côté, son vieux complice de toujours, le *pico Viejo* (3 134 m).

ON A (PRESQUE) MARCHÉ SUR MARS

Dans les années 2000, les scientifiques de la NASA ont testé un prototype de robot dans le parc del Teide. Ce paysage dénudé et rocailleux serait, paraît-il, celui qui ressemble le plus au sol de la planète Mars. L'essai fut concluant. Le prototype servit à construire le robot Curiosity, prodige de haute technologie, qui atterrit sur Mars en 2012, et continue toujours à l'explorer.

Le Roque Cinchado

EXPÉRIENCE ROUTARD

Pour accéder au sommet du pico del Teide, au niveau du cratère, il existe un téléphérique (résa impérative sur • volcanoteide.com •) Température à l'arrivée : 3-5 °C (selon la saison). À pied, demander un permis, à réserver environ 2 mois à l'avance sur • reservasparquesnacionales.es • car seulement 200 personnes sont autorisées par jour. Les randonneurs peuvent redescendre par le téléphérique. À pied, compter 3h30.

Le Teide

La caldeira s'est formée à la suite d'une grande éruption volcanique. On l'appelle ici *circo de las Cañadas*. Une partie de ses bords dessine les flancs du Teide. Les alizés touchent la montagne sur une tranche intermédiaire (grosso modo entre 600 et 1 800 m d'altitude), charriant avec eux une forte dose d'humidité et permettant le développement de nombreux végétaux. Mais le parc étant situé plus en altitude, il ne profite pas de cette humidité. Les alizés créent souvent une superbe mer de nuages qui isole visuellement le parc du reste de l'île. L'hiver, les sommets se parent d'une couronne blanche. Car on a beau être sous les tropiques, à 3 000 m, il neige !

Ces sommets sont encore en activité et des fumerolles sont fréquemment visibles, qui s'échappent d'un cratère de 80 m de diamètre. C'est au Moyen Âge que la dernière grosse éruption creva le sommet pour former le cratère visible aujourd'hui. Le volcan dégueula alors sa lave durant plusieurs décennies (si, si !). En se vidant de l'intérieur, il surélevait ses parois en permanence. Dernière éruption, en 1798.

La clarté du ciel et la transparence atmosphérique font du parc national du Teide un site mondialement réputé pour l'observation des étoiles. Par ailleurs, une quarantaine de sentiers de randonnée très bien balisés permettent de le découvrir en profondeur, et c'est au fond la vraie porte d'entrée pour accéder à ce monde particulier.

08

TYPE
Parc national.

SITUATION
Est de la Finlande.

NATURE, COMPOSITION
Forêts, rivières.

QUELQUES CHIFFRES
270 km²; créé en 1956.

MEILLEURE PÉRIODE
L'été. Pour ceux qui souhaiteraient s'y rendre l'hiver, le parc est situé près de la plus grande station de ski de Finlande (Ruka).

COMMENT Y ALLER ?
L'été, le Karhunkierros Bus permet de rejoindre l'un ou l'autre des points de départ du sentier de l'Ours (Ristikällio, Hautajärvi) depuis le centre de Kuusamo : début juin-début août, 2 bus/j. du lundi au vendredi depuis la gare routière de Kitkantie 14.

PLUS D'INFOS
Centre d'information de Kiutaköngäs (Oulangan Luontokeskus) • *nationalparks.fi/en/oulankanp* • Renseignements sur les possibilités de randonnée dans le parc. Organise des randos guidées gratuites vers les rapides de fin juin à début août.

FINLANDE

PARC NATIONAL D'OULANKA

Bout du monde sauvage

Le parc national d'Oulanka déroule rivières sauvages, lacs, canyons et rapides dans un contexte de forêt profonde.

Amoureux des forêts et du calme absolu, vous êtes au bon endroit ! Étendu sur 270 km², le parc d'Oulanka est traversé de part en part par la belle Oulankajoki, une rivière sauvage entrecoupée de multiples rapides, qui se perd au sud en d'innombrables méandres aux larges bancs de sable avant de rejoindre la Russie et la mer Blanche. Flore et faune sont riches, et les paysages inhabituellement variés, attirant la foule en été. Le parc est traversé par le très célèbre circuit de l'Ours (82 km) et par d'autres sentiers plus courts, très beaux aussi.

Le circuit de l'Ours

C'est tout simplement le plus célèbre itinéraire de randonnée de Finlande. S'il ne présente pas de difficultés majeures pour un adulte en bonne santé, il faut toutefois soigner préparation et équipement. Les points de ravitaillement sont rares (kiosques des campings) et il est essentiel de partir avec tout ce dont on peut avoir besoin. À vous, alors, une contrée étonnante où vous rencontrerez landes, marais, lacs et étangs, forêts denses, rivières fainéantes, rapides bouillonnants, canyons abrupts, chutes d'eau grondantes, monts arrondis *(tunturit)*, passerelles étroites et riche végétation !

LE NATURE DANS LA PEAU

Comme dit le dicton, « la forêt est l'église du Finlandais » ; peu de pays au monde peuvent prétendre à une telle symbiose entre l'homme et son environnement naturel. Tout au long de votre séjour, vous verrez comment les Finlandais, dont les ⅔ sont citadins, profitent au quotidien des joies que leur offre la nature. Habitués aux rudesses des interminables hivers, coutumiers des étendues silencieuses et sans fin, ils se ressourcent au contact physique et permanent de la nature, à travers la pêche, la randonnée et les sports d'hiver. Ils se doivent d'avoir leur chalet d'été au bord de l'eau. Sans luxe inutile : l'eau courante et l'électricité sont facultatives, à l'opposé du bateau et du sauna. Et pendant les longs mois enneigés, après le travail, beaucoup d'employés partent faire du ski de fond dans les parcs.

Fléché en orange, il s'étire sur 82 km entre Hautajärvi au nord et Ruka au sud. Il peut se parcourir dans les deux sens, mais il est préférable de terminer à Ruka, où les services sont plus nombreux et d'où l'on regagne plus facilement Kuusamo en bus. On peut aussi partir du parking de Ristikallio, situé sur la route 950, entre Käylä et Hautajärvi ; la randonnée est alors réduite à 70 km. L'itinéraire se parcourt en 3 à 5 jours, mais on peut aussi ajouter des détours pour voir certains sites voisins, comme le canyon d'Oulanka. Gardez quand même un peu d'énergie : la dernière étape jusqu'à Ruka est la plus exigeante en termes de dénivelés... Plusieurs refuges sont installés sur le parcours, tous gratuits et sans réservation préalable. N'y restez qu'une nuit. L'été, les places sont chères et il n'est pas inutile d'avoir une tente au cas où. On pourra aussi la planter auprès des différents *laavu* et *campfire sites* émaillant l'itinéraire, sans oublier les campings de Kiutaköngäs et Juuma.

EXPÉRIENCE ROUTARD

Les amateurs de canoë et de rafting seront eux aussi aux anges. Oulanka offre de bien belles possibilités en la matière, notamment sur l'Oulankajoki et la Kitkajoki. Le parc édite une brochure dédiée au sujet. Certaines sorties faciles peuvent se faire en solo, ou presque. D'autres exigent de passer par un tour-opérateur. La plupart sont sérieux et proposent des produits assez similaires. Ce qui change, ce sont les tarifs – et surtout les à-côtés parfois facturés très cher ! Les deux agences qui suivent nous ont donné toute satisfaction. De plus, elles affichent une politique active de développement touristique durable.

Attention : en cas d'été très sec, la navigation peut être impossible.

FRANCE

50° 12' 40" N, 1° 36' 19" E

FRANCE

BAIE DE SOMME

Étendues sauvages

Joyau de la Picardie et membre du club très fermé des « plus belles baies du monde », la baie de Somme s'apparente à un mirage.

09

TYPE
Grand Site de France.

SITUATION
Picardie,
Hauts-de-France.

NATURE, COMPOSITION
Estuaire et zones humides, réserve naturelle.

QUELQUES CHIFFRES
7 000 ha ; 3 cours d'eau ; 350 espèces d'oiseaux.

COMMENT SE DÉPLACER ?
Avec le chemin de fer de la baie de Somme • *cfbs.eu* • D'avril à septembre. Assure la liaison entre Cayeux, Saint-Valery, Noyelles et Le Crotoy. On peut embarquer gratuitement son vélo. À noter, les week-ends et jours fériés d'été, on peut rejoindre Saint-Valery et Le Crotoy depuis Paris en prenant la correspondance à Noyelles.

PLUS D'INFOS
• *grandsitebaiedesomme.fr* •
• *parcdumarquenterre.com* •

ACTIVITÉS NATURE
• *randonature-baiedesomme.com* • *cpie80.com* • *sortie-nature.com* • *velo-baie-somme.com* •

Un mirage de bancs de sable, de dunes et de zones humides protégées, sans cesse redessiné par les marées, la lumière et les vents, aux contours mouvants, aux couleurs changeantes, refuge d'une nature libérée. Ici, se jettent trois cours d'eau (la grande Somme, la Maye et le Dien) et vivent en toute liberté deux sortes de phoques (faciles à observer) et quelque 350 espèces d'oiseaux (certaines en transit lors des migrations). Les moutons des mollières (prés salés) et les jolis chevaux henson leur tiennent compagnie, de même qu'une poignée d'anciens villages de pêcheurs reconvertis dans le tourisme – Saint-Valery-sur-Somme (sans accent !) et ses remparts au sud, Le Crotoy au nord, Noyelles-sur-Mer en toile de fond. On explore ce pays béni à pied, on y gratte le sable en quête des hénons (coques) à l'automne, on le traverse à marée basse sous l'escorte d'un guide, ou à marée haute en kayak de mer ou en bateau – à moins de préférer en faire le tour à bicyclette ou à bord de l'adorable petit train à vapeur qui relie Le Crotoy à Cayeux. Un lieu décidément idéal pour des vacances familiales, exsudant un lien puissant au terroir et à des traditions culinaires vivaces.

LE DADA DE LA CÔTE PICARDE

Issu du croisement entre un étalon fjord et une jument de selle, le cheval henson est une race née au début des années 1980. Rustique et robuste, il est aussi d'une grande douceur. Voici un petit cheval parfait pour être monté lors d'une première fois ou par des enfants. Très stable, résistant à l'effort, il se plaît dans les vastes espaces de la côte picarde, où il est élevé. Dressage, randonnées et même saut d'obstacles : le chouchou de la côte picarde est d'une étonnante polyvalence ! En octobre, la Transhenson réunit plus de 250 cavaliers et autant de chevaux, lors de la transhumance, en passant par la baie. Les visiteurs peuvent participer à une randonnée pédestre et aller à la rencontre des chevaux.

Le Crotoy

Paradis des oiseaux

La baie de Somme constitue un lieu incroyablement privilégié sur la route de migration des oiseaux. Plusieurs raisons à cela : sa situation géographique au centre-ouest de l'Europe, une grande diversité de ces milieux, un étonnant réseau de sites protégés (bien qu'encore très insuffisant à l'intérieur des terres) et, enfin, un littoral très peu urbanisé.

Côté nord, partie intégrante de la réserve naturelle de la baie de Somme, le parc du Marquenterre s'étend sur 200 ha d'anciens polders rendus à la nature en 1973, entourés d'une vaste zone de dunes, pinèdes, garennes, zones humides saumâtres ou d'eau douce et vastes prairies où paissent chevaux henson locaux et Highland cattle – ces grosses vaches poilues écossaises.

Résultat, les oiseaux, déjà nombreux auparavant, y ont pris leurs aises. Au fil du temps, 311 espèces y ont été répertoriées, attirant désormais environ 165 000 visiteurs annuels sur ce site très favorisé. On rencontre ici beaucoup de migrateurs : le secteur est une halte de choix entre l'Europe du Nord et l'Afrique, mais aussi une destination d'hivernage pour certains piafs nordiques – canards siffleurs, sarcelles d'hiver, garrots à œil d'or notamment. Une centaine d'oiseaux différents y nichent, dont des cigognes et les superbes spatules blanches et avocettes (très) élégantes.

EXPÉRIENCE ROUTARD

Les cyclistes amateurs bénéficient autour de la baie de Somme d'un terrain de jeu idéal, avec 190 km de pistes et circuits balisés et 7 boucles de 10 à 30 km. Procurez-vous le dépliant « La baie de Somme à vélo ». On trouve des loueurs de vélos dans la plupart des petites villes de la côte. Un label, « La côte picarde à vélo », met en avant les hébergeurs et restaurateurs offrant un accueil particulier aux cyclistes : local clos pour les engins, menus adaptés, matériel de réparation, location de vélos…

Sa majesté le phoque

Masse sombre se dorant la pilule sur un banc de sable, il est vrai que le phoque veau marin a tout d'un roi repu ! La baie de Somme abrite la plus forte colonie française de phoques veaux marins, avec un effectif moyen d'une centaine d'animaux, pouvant s'élever à près de 600 en été. L'espèce fut toujours présente dans l'estuaire picard. Une soixantaine de petits naissent chaque année. La femelle met bas un unique rejeton de 8 kg sur un banc de sable. Il devra savoir nager dès la prochaine marée montante et être sevré à 4 semaines ! En été, une deuxième espèce vient se joindre à la première. Environ 200 phoques gris, beaucoup plus gros que le veau marin, au nez allongé, viennent muer en baie de Somme. Les femelles tentent maintenant de s'y reproduire, mais les jeunes à fourrure blanche ne nagent pas avant 5 semaines et sont souvent emportés par les flots lors des grandes marées.

Il est aisé d'observer aux jumelles ou à la longue-vue les phoques en train de se reposer sur le sable à marée descendante, notamment depuis le phare du Hourdel.

Des sorties sont organisées pour les observer au départ de la Maison de la baie de Somme et de l'oiseau à Lanchères. Espèce protégée, il est formellement interdit de les approcher, et même de pénétrer sur les bancs de sable où ils se reposent.

10

TYPE
Parc national.

SITUATION
Bouches-du-Rhône, Provence.

NATURE, COMPOSITION
Paysage calcaire, criques rocheuses et Méditerranée.

QUELQUES CHIFFRES
Parc créé en 2012, 8 500 ha terrestres, 43 500 ha maritimes.

MEILLEURE PÉRIODE
Évitez si possible les week-ends de printemps et la saison estivale. Sinon, faites l'excursion en décalé, à l'aube ou en fin de journée.

COMMENT SE DÉPLACER ?
Partez équipé d'une bonne carte IGN, d'un topoguide ou en ayant sauvegardé la carte du coin sur votre smartphone. Le plus sage étant de télécharger l'appli officielle, « Mes Calanques », gratuite.

PLUS D'INFOS
• *calanques-parcnational.fr/fr* • *guides-calanques.com*• (bureau des guides et accompagnateurs de randonnées et escalade).

FRANCE

PARC NATIONAL DES CALANQUES

Entre terre et mer

Aux portes de la 2e ville de France, un fascinant et célèbre patrimoine naturel au cœur à la fois terrestre et marin.

Des falaises blanches surplombant la mer Méditerranée, vêtues d'une flore bien spécifique (plus de 1 500 espèces végétales !), au pied desquelles se blottissent d'anciens cabanons de pêcheurs et des criques encaissées… Vous serez immanquablement conquis par la beauté de ce décor naturel, qui servit d'écrin à plusieurs longs-métrages de renom, comme *Le Salaire de la peur* d'Henri-Georges Clouzot, *L'Armée des ombres* de Jean-Pierre Melville, ou encore *Borsalino* de Jacques Deray, non sans avoir précédemment enflammé les palettes de Braque, Derain, Dufy ou du pointilliste Signac.

Mais ne dites jamais à un Marseillais que vous allez visiter les calanques de Cassis, malheureux, il se vexerait ! Même si certaines sont, il est vrai, géographiquement plus proches de Cassis, les calanques restent très majoritairement sur la commune de Marseille. Une exception quand même pour celles de Port-Miou (Cassis), Figuerolles et du Mugel (La Ciotat).

Créé en 2012, le parc national des Calanques comprend un cœur terrestre de 8 500 ha ainsi qu'un cœur marin de 43 500 ha. Ce milieu naturel en bordure de ville ne doit pas être vécu avec le rythme de la ville, c'est avant tout une bouffée d'air qui contraste avec la ville.

Cela dit, les calanques ne doivent pas être considérées comme une simple carte postale, c'est un parc national comme un autre, qu'il convient de respecter, et pour cela il faut préparer sa venue. Pour les découvrir, le mieux c'est d'enfiler ses chaussures de rando ou s'offrir une excursion en bateau, voire en plongée.

Les calanques à pied

Il est vrai que le parc national des Calanques n'est, pour l'essentiel, accessible qu'à pied. Pour le traverser, suivre le GR® 98-51 (28 km). Il convient de bien préparer sa randonnée en amont. Le sentier démarre à la madrague de Montredon (bus nº 19) et file jusqu'à Cassis. Les marcheurs expérimentés peuvent faire l'excursion dans la journée. Mais le mieux est de profiter de l'excursion sur 2 jours, avec un arrêt possible à la calanque de Port-Miou ou via Luminy ou encore avec un arrêt possible à l'auberge de jeunesse *La Fontasse* (Port-Miou) ou via Luminy (pour une traversée courte jusqu'à Cassis), ou encore avec un arrêt au niveau du domaine du Logisson. Noter que le bivouac est interdit dans le parc. Les bus quant à eux permettent de rallier les principaux points de départ des randonnées.

Sympa de terminer par une trempette dans la Méditerranée. Sachez que les criques sont isolées et qu'y arriver se mérite ! De nombreux autres sentiers balisés sillonnent le parc, référencés dans l'appli officielle « Mes Calanques ».

Calanque d'En Vau

EXPÉRIENCE ROUTARD

À pied, ne soyez pas fada, pas de tongs ! Prévoyez de bonnes chaussures (qui dit terrain calcaire dit pierreux, et certains passages peuvent être abrupts et glissants) et une casquette (très peu d'ombre, le soleil brille ici 300 jours par an !). Et emportez 2 l d'eau par personne, il n'y en a pas dans les calanques. Par ailleurs, pas facile de se nourrir, entre Marseille et Cassis, il n'y a aucun restaurant à Port-Pin, En-Vau ou Port-Miou. Alors pensez à votre pique-nique, en prévoyant de remettre les déchets dans votre sac.

Plongée sous-marine

Les calanques sont le berceau de la plongée sous-marine moderne et le lieu de l'invention de l'archéologie sous-marine incarnée par Cousteau et Falco. En plongeant à pic dans la mer, les hautes falaises brutes des calanques se transforment en tombants colonisés par une vie luxuriante très sauvage. Ces fonds sont parmi les plus spectaculaires de la Méditerranée française. Une escorte de dauphins viendra peut-être compléter l'envoûtement...

LE DÉFI DES CALANQUES

Les Marseillais, pour qui les calanques constituaient une balade dominicale juste à côté de chez eux, ont dû changer leurs habitudes, tout comme les touristes, car on ne visite plus les calanques comme on le faisait autrefois. Le parc accueille 3 millions de visiteurs par an, un chiffre en constante augmentation. La fréquentation du territoire a pour conséquence aujourd'hui un grand défi du parc national, qui envisage de passer à un système de réservation pour le visiter... C'est déjà le cas de la calanque de Sugiton (permis de visite avec inscription en ligne), OBLIGATOIRE EN ÉTÉ. Une condition nécessaire pour pouvoir continuer de bien vivre ensemble ce petit paradis.

Calanque de Port-Pin

FRANCE

CHAÎNE DES PUYS

Une beauté volcanique

Plus de 80 volcans formant un gigantesque collier où les verts se déclinent à l'infini. Avec en point d'orgue le majestueux puy de Dôme.

45° 46′ 21″ N, 2° 57′ 51″ E

11

TYPE
Volcans.

SITUATION
Dans le centre de la France, en Auvergne.

NATURE, COMPOSITION
Roche volcanique, lacs, forêts.

DIPLÔME
Inscrit au Patrimoine mondial de l'Unesco.

QUELQUES CHIFFRES
1 465 m d'altitude pour le puy de Dôme (le plus haut des puys) ; 80 volcans sur la chaîne.

MEILLEURE PÉRIODE
Mai-septembre.

COMMENT Y ALLER ?
Les volcans de la chaîne des puys sont facilement accessibles en voiture depuis Clermont-Ferrand (parkings aménagés aux départs des randonnées). Des navettes permettent de rejoindre le pied du puy de Dôme depuis Clermont.

La chaîne des Puys apparaît comme un véritable conservatoire des formes volcaniques, tant elles sont variées. Cônes, dômes, maars sont alignés sur un axe nord-sud à l'ouest de Clermont-Ferrand. Un paysage qui s'embrasse, qui se goûte, qui se respire, qui se vit sans modération. Un paysage qui mérite non seulement le détour mais aussi le voyage, tant cette région parle à l'imagination en faisant sentir toute la puissance de la terre. On a du mal à l'imaginer : les volcans d'Auvergne culminaient autrefois à près de 3 000 m ! Les millénaires ont apaisé ces redoutables cracheurs de feu et de lave. Les dernières éruptions remontent à 5 000 ans, puis tout s'arrêta. Aujourd'hui, noble et majestueuse, la chaîne des Puys forme un gigantesque moutonnement de dômes et de cratères d'une quarantaine de kilomètres. Et au milieu de tout cela s'élève le puy de Dôme ! À l'image de la Grande Pyramide, depuis son sommet, on plonge dans ce passé de cataclysme, dans un paysage lunaire.

Puy de Dôme

Qu'est-ce qu'un puy ? Un ancien volcan usé, éteint donc inactif. Le puy de Dôme (1 465 m) n'est pas un volcan ordinaire, c'est un géant, le plus haut d'Auvergne et le plus célèbre, une montagne emblématique. Classé « Grand Site de France » par son imposante silhouette, il domine la longue et belle série des dômes, aux portes de Clermont-Ferrand. Naguère montagne sacrée, tel un autre mont Olympe auvergnat, ce fut un grand centre de culte du polythéisme gallo-romain. On suppose qu'à son sommet se dressait une statue colossale du dieu Mercure qui, d'après Pline l'Ancien, égalait en grandeur le colosse de Rhodes. Aujourd'hui, c'est une montagne bien protégée, qui a gardé son caractère tout en étant aménagée pour la visite. On y monte en voiture ou par le petit train panoramique des Dômes, un chemin de fer à crémaillère. Pour les randonneurs, un chemin de Muletiers permet d'accéder au sommet, d'où l'on peut apercevoir, vision toujours stupéfiante, l'alignement des dizaines de volcans de la chaîne et plusieurs des coulées qui se sont déchaînées dans des temps anciens.

Un petit nombre de volcans, dont fait partie le puy de Dôme, n'ont pas de cratère ni de coulée. Ils ont émis une lave claire et visqueuse, la domite, qui s'est accumulée sur place pour former un dôme.

Au printemps et en automne, il est fréquent de contempler une mer de nuages d'où pointent les autres puys comme des petites îles perdues dans une mer de coton. L'autre spectacle qui vous ravira, si le temps s'y prête, c'est le vol des parapentistes qui zèbrent le ciel ! Détail qui a son importance : le puy de Dôme sert de baromètre aux habitants de la région. S'il se coiffe d'un chapeau, le temps va immanquablement devenir mauvais.

À 13 km de Clermont-Ferrand. Accès à pied (parking du col de Ceyssat, puis 45 mn de marche par le sentier des Muletiers) ou en train à crémaillère (départ au pied du puy).

Puy Pariou

Puy de Pariou

Autre puy incontournable. Avec ses deux volcans enchâssés, c'est l'un des plus beaux cônes de scories de toute la chaîne. Quelle ligne ! Ce volcan présente un cratère de 317 m de diamètre et de 90 m de profondeur, qui ressemble à un entonnoir trop évasé. C'est le plus profond de tous. Il est enfermé dans un grand anneau de tuf, beaucoup plus vaste, qui a livré passage à une coulée de lave descendue jusqu'à Chamalières. Du sommet, vue magnifique, notamment sur le dôme du puy du Clerziou dont l'ascension est également possible. Celui-ci est percé de « grottes » qui sont en fait d'anciennes carrières médiévales.

À 12 km de Clermont-Ferrand. Se rendre au parking Goules juste avant le col, entre Orcines et Pontgibaud par la D 941B. Parking aménagé sur place. Randonnée de 2h30 (boucle).

Puy des Goules et grotte du Grand Sarcoui

Le chemin permet de monter jusqu'à l'impressionnante grotte du Grand Sarcoui, creusée dans la lave claire qui caractérise les éruptions visqueuses des dômes. C'est en fait une ancienne carrière mérovingienne dans laquelle on venait tailler des sarcophages dont on voit encore les formes dans les parois... On peut ensuite monter au sommet du puy des Goules. Ce volcan avec un petit cratère bien dégagé permet d'admirer côté sud le magnifique cône du Pariou et l'alignement de la chaîne des Puys. Côté nord, vue sur le puy des Gouttes, l'aiguille du puy Chopine et le Grand Sarcoui.

En face du Pariou, départ du même parking. Randonnée de 2h aller-retour.

Lac d'Aydat

Âgé de plus de 8 000 ans, le plus grand lac naturel d'Auvergne est issu de la cheire d'Aydat, une coulée de lave sortie des puys de la Vache et de Lassolas qui a obstrué la rivière locale, la Veyre. Un lac aux rives en partie sauvages et escarpées, niché dans un écrin de verdure, prétexte à de belles randonnées. La plage permet de se reposer face aux eaux sombres, qui font également le bonheur des pêcheurs, le lac étant l'un des plus poissonneux de la région, avec son voisin de la Cassière.

FRANCE

45° 46' 21" N, 2° 57' 51" E

12

FRANCE

43° 30′ N, 6° 49′ E

TYPE
Massif montagneux.

SITUATION
Dans le sud-est de la France.

NATURE, COMPOSITION
Végétation de maquis, relief abrupt de roches rouges, falaises plongeant dans la mer.

QUELQUES CHIFFRES
Massif de 32 000 ha ; 51 km de côtes ; point culminant à 618 m.

MEILLEURE PÉRIODE
Juin et septembre pour éviter la foule.

COMMENT Y ALLER ?
Principaux chemins de randonnées accessibles depuis Aguay et Les Adrets de l'Esterel.

BON À SAVOIR
Attention, l'accès au massif est interdit de 21h à 6h.

FRANCE

MASSIF DE L'ESTÉREL

Joyau éternel

Un petit paradis de nature au cœur de la Côte d'Azur, alliance parfaite et si photogénique entre l'ocre de ses roches et le bleu de la Méditerranée.

Un petit morceau d'Afrique sur la Côte d'Azur ! Arraché à son continent d'origine lors de la formation de la Méditerranée, ce vieux massif volcanique offre, malgré sa faible altitude (le mont Vinaigre culmine à 618 m), quelques-uns des plus étonnants paysages de la côte : de vastes éboulis, des crêtes hachées, des falaises déchiquetées qui plongent dans la mer. Une végétation débordante et sauvage et, partout, ces roches d'une flamboyante couleur rouge, se teintant ici ou là de violet, de jaune ou de gris.

Terre longtemps hostile, l'Estérel servait surtout, aux XVIIe et XVIIIe siècles, de refuge aux bandits de grand chemin ou aux forçats évadés du bagne de Toulon.

Le massif est aujourd'hui sillonné par de nombreux sentiers empruntés par les marcheurs et les VTTistes, offrant des points de vue époustouflants sur la mer.

Sur le littoral, la route de la Corniche d'Or longe une côte peu urbanisée et tout simplement splendide, déchiquetée et creusée de nombreuses calanques. Nos coins favoris pour poser la serviette ? La calanque des Anglais (juste avant l'entrée d'Anthéor), composée de trois merveilleuses criques, celle de Saint-Barthélemy (sous le rocher du même nom), bordée par un haut mur de soutènement, et celle de Maubois (avant Le Trayas), large et encadrée par de minifalaises rouges.

FAIRE SON (SAINT) TROU

Dans un coin secret du rocher de Roquebrune se niche le Saint-Trou. Une jeune fille harcelée aurait vu le rocher s'ouvrir devant elle, avant de bloquer ses poursuivants. La tradition veut que les jeunes couples éprouvent leur union naissante en se faufilant dans cette faille : vu l'étroitesse, autant y pénétrer avant que la grossesse soit trop avancée !

Île d'Or

EXPÉRIENCE ROUTARD

Le pic de l'Ours est l'un des plus hauts sommets du massif (492 m), et l'objet d'une superbe rando. D'en haut, la vue est spectaculaire, des Maures jusqu'au Mercantour, la baie de Cannes et les îles de Lérins. Retour via la dent de l'Ours plutôt sportif. On peut redescendre par la route, plus facile mais plus long (20 mn supplémentaires). Suivre la route forestière sur 10,5 km jusqu'au col Notre-Dame (points de vue somptueux sur la corniche d'Or !). Compter ensuite 1h30 en boucle à pied.

13

CIRQUE DE GAVARNIE

Quel cirque !

FRANCE

42° 41' 49" N, 0° 00' 29" O

TYPE
Cirque naturel.

SITUATION
Dans les Pyrénées françaises.

NATURE, COMPOSITION
Falaises abruptes.

DIPLÔME
Inscrit au Patrimoine mondial de l'Unesco.

QUELQUES CHIFFRES
Falaises de 1 500 m de hauteur ; 16 sommets de 3 000 m.

MEILLEURE PÉRIODE
Juin-septembre pour la randonnée, décembre-mars pour les sports d'hiver (ski de fond et raquette possibles dans le cirque).

COMMENT Y ALLER ?
Le cirque est visible depuis le village de Gavarnie (70 km au sud de Tarbes), mais il faut marcher environ 2h pour atteindre le site même.

BON À SAVOIR
Le cirque appartenant au parc national des Pyrénées, les chiens sont tolérés – mais doivent être tenus en laisse – seulement sur le chemin principal jusqu'à l'hôtellerie du Cirque, à 1 570 m d'altitude.

Le plus célèbre et le plus spectaculaire des cirques pyrénéens offre un spectacle étourdissant de falaises abruptes, de cascades et de sommets enneigés.

À la frontière franco-espagnole, voilà l'un des cirques de montagne les plus impressionnants d'Europe avec ses murailles de 1 500 m de hauteur et ses cascades qui jaillissent de la roche, dégringolant dans un fracas retentissant. Pas moins de 16 sommets dépassant les 3 000 m d'altitude entourent le site. Qui, mieux que Victor Hugo, pour exprimer sa beauté majestueuse ? « C'est une montagne et une muraille tout à la fois ; c'est l'édifice le plus mystérieux du plus mystérieux des architectes ; c'est le Colosseum de la nature ; c'est Gavarnie. »

Le cirque, qui ne mesure que 800 m de diamètre à sa base, va en s'évasant en trois gradins superposés et atteint 6,5 km de circonférence. Tutoyant le ciel, glaciers et nombreuses cascades, dont la plus haute d'Europe, la grande cascade (422 m), se rejoignent lors d'exaltantes randonnées.

Faune et flore

Le cirque de Gavarnie est au cœur du parc national des Pyrénées. Marqué tout du long par des balises rouge et blanc avec une tête d'isard, on y trouve des animaux devenus rares en France, notamment le gypaète barbu, endémique des Pyrénées, le percnoptère d'Égypte et l'aigle royal. Mais aussi le desman ou rat-trompette, ainsi nommé à cause de la forme de son museau (il est endémique mais presque impossible à photographier !) ; et puis des animaux en plus grand nombre, comme le vautour fauve, le grand tétras (coq sauvage), l'isard (cousin pyrénéen du chamois), des bouquetins ibériques et d'innombrables colonies de marmottes. Vous aurez en revanche peu de chances d'apercevoir un ours, même si on en compte une quarantaine sur les versants des Pyrénées françaises et espagnoles, issus de la réintroduction d'ours slovènes.

Les meilleures périodes pour admirer les fleurs d'altitude sont les mois de juin et juillet, à la fonte des neiges, et août en haute montagne. Les plus célèbres : la ramonda, le drosera (carnivore), la fritillaire, le lys, la saxifrage à longues feuilles, le chardon bleu, l'ancolie, la gentiane, l'edelweiss.

Les possibilités de superbes balades et randonnées dans ce pays de montagnes et d'eau sont nombreuses. On y découvre des lacs par centaines et des « gaves » (rivières ou torrents) sans doute par milliers, où l'on pêche encore la truite et où l'on pratique toujours la pêche à la mouche. Le parc est sillonné de 350 km de sentiers balisés, sans compter le GR® 10 et la Haute Randonnée pyrénéenne (réservée aux marcheurs expérimentés) qui traversent l'ensemble de la chaîne des Pyrénées, de l'Atlantique à la Méditerranée.

EXPÉRIENCE ROUTARD

Une belle randonnée permet de monter au refuge des Espuguette. Du village, rejoignez le pont enjambant le gave de Gavarnie, suivez le sentier qui longe la rivière puis, 500 m plus loin, prenez le chemin sur la gauche. Une montée de 1 h environ vous mènera au plateau du Pailha, puis vers le refuge des Espuguettes (2 027 m), au pied de la face nord du Grand Astazou (3 071 m). Comptez 2h de marche depuis le village. Du refuge, le point de vue sur le cirque et la fameuse brèche de Roland est extraordinaire.
Départ et arrivée au village de Gavarnie, durée 3h45 aller-retour, dénivelé + 650m.

LA BRÈCHE DE ROLAND : MYTHIQUE !

L'impressionnante trouée qu'on observe de loin dans cet univers minéral, d'une largeur de 40 m et d'une hauteur de 100 m, s'ouvre au-dessus du cirque de Gavarnie. Selon la légende, le chevalier Roland, neveu de Charlemagne, tenta de briser son épée – nommée Durandal – à l'issue de sa défaite à Roncevaux, refusant de la céder à l'ennemi. Seulement la lame resta intacte, c'est le rocher qui se fendit, créant ainsi cette formidable faille. Quant à Durandal, Roland la lança si loin qu'elle termina sa course à Rocamadour (Lot) où on peut la voir plantée dans un rocher !

14

TYPE
Parc naturel régional.

SITUATION
Morbihan, Bretagne.

NATURE, COMPOSITION
Baie naturelle.

QUELQUES CHIFFRES
Profondeur moyenne 6 m et 400 millions de m³ d'eau à chaque marée ; 42 îles.

COMMENT Y ALLER ?
Par la route depuis Paris, autoroute A 11 jusqu'à Nantes puis N 165 jusqu'à Vannes. Sinon, TGV direct Paris-Vannes ou via Nantes.

PLUS D'INFOS
• *golfedumorbihan.bzh* • y compris pour la liste de loueurs de bateaux. Pour les excursions organisées en bateau : différentes formules à la ½ journée ou à la journée avec la **Navix** • *navix.fr* •, la **Compagnie du Golfe** • *compagnie-du-golfe.fr* • et les **Vedettes du Golfe** • *vedettes-du-golfe.fr* • Départs de Vannes, Port-Navalo, Auray, Le Bono, Locmariaquer ou La Trinité.

FRANCE

GOLFE DU MORBIHAN

La petite mer

L'un des plus beaux paysages de Bretagne que cette « Mer petite »* (Mor bihan) *aux paysages changeant selon la marée, les saisons, le temps...

Cet enchevêtrement de bras de mer enlaçant des îles et parsemés de nombreux parcs à huîtres est un véritable enchantement. La légende affirme que le golfe compterait 365 îles et îlots, un pour chaque jour de l'année. N'en croyez rien. Ils sont tout de même une quarantaine, presque tous privés.

« Il faut voir ces îles certains matins brumeux, quand les îlots multiples surgissent comme les sommets d'une chaîne de montagnes dont l'eau aurait un jour envahi les vallées », selon les mots d'André Gide.

Si le bassin oriental du golfe du Morbihan a été peu à peu envahi par l'océan dès la fin de l'ère tertiaire en raison de mouvements géologiques, son flanc ouest, lui, n'est sous les eaux que depuis 10 000 ans environ. Le niveau de la mer n'a cessé de varier au quaternaire (+ 15m/- 25 m), entraînant par moments une érosion accrue des flancs du golfe par les quatre cours d'eau qui s'y jettent (rivières d'Auray, du Vincin, de Vannes – ou Marle – et de Noyalo), ou les noyant a contrario jusqu'à les transformer en rias, comme c'est encore le cas. Ces variations expliquent que certains monuments mégalithiques se retrouvent aujourd'hui sous les eaux. C'est notamment le cas de l'un des deux cercles de pierre du célèbre cromlech d'Er Lannic.

Aujourd'hui, la vaste cuvette du golfe s'étend sur 115 km², bien que cette superficie varie naturellement en fonction des marées. Pour une raison simple : le golfe n'a jamais totalement le temps de se vider avant qu'une autre marée ne vienne le remplir (et vice versa). En tout cas, un terrain de jeu rêvé pour les pêcheurs à pied et les oiseaux migrateurs qui s'en donnent à cœur joie sur les immenses estrans que la marée découvre.

L'île aux Moines

Avec ses 7 km de long pour 3 km de large au maximum, elle reste la plus fréquentée du Golfe et est facile d'accès en navette ou en excursion depuis Baden, Port-Navalo (Vannes), voire Auray, Le Bono, Locmariaquer, La Trinité... Ici, l'odeur du goémon se mêle à la senteur des pins, et, grâce au climat particulièrement doux, camélias, mimosas, palmiers et orangers poussent à profusion. Les habitants sont d'ailleurs très fiers de leurs trois oliviers... C'est aussi le royaume des cyclistes.

UNE JOURNÉE À L'ÎLE AUX MOINES

Découvrir l'île à bicyclette est une bonne solution, pour peu que l'on veuille s'en tenir aux rues et routes goudronnées. À votre arrivée, demandez à l'office de tourisme la carte signalant les itinéraires balisés. Les différents circuits de couleurs sont marqués au sol. Le jaune mène à la pointe du Trec'h, au nord (5 km aller-retour) ; le rouge, à la pointe de Brouel, à l'est (6 km aller-retour) ; et le bleu, à la pointe de Penhap, au sud (10 km aller-retour). Bien pratique : ces routes sont signalées par des flèches peintes sur le sol à chaque intersection.

Le sentier côtier, lui, est réservé exclusivement aux piétons (pas de vélo !). Parcourant l'essentiel du pourtour de l'île, il effectue une boucle de 18 km (environ 4h30 de marche), qui passe par la pointe de Brouel. La pointe du Nioul est quant à elle accessible dans la continuité du sentier côtier, à l'extrémité sud de l'île.

L'île d'Arz

Le nom d'*Arz* (prononcer « Ar » sans le « z » si vous ne voulez pas faire trop touriste) viendrait, selon certains, du mot celtique *Athos,* qui signifie « ours » ! Nettement moins touristique et médiatique que sa voisine l'île aux Moines, plus plate et moins arborée, elle séduit les puristes par cette sorte d'austérité paisible propre aux lieux cultes de la « bretonnitude » vraie. Mesurant dans ses plus grandes extensions 5 km sur 3, l'île d'Arz abrite tout juste 260 habitants pour 269 ha (plus de 1 ha par personne hors saison !). Du débarcadère, il vous faudra payer un peu de votre personne pour gagner le bourg, situé au beau milieu de l'île, sur sa seule élévation. Le sentier côtier vous y mènera par le chemin des écoliers, via le vieux moulin à marée restauré et sa digue. En arrivant, vous tomberez sans doute sous le charme de ces petites maisons toutes recroquevillées sur leurs ruelles, au pied de la vieille église. Au-delà, d'autres sentiers mènent à une panoplie de pointes, de presqu'îles et de plages séduisantes, glissant entre les haies, les bois de pins et des champs bien gras où les vaches bretonnes pie noir ont repris pied.

Terrienne, certes, L' « île des capitaines » a néanmoins le regard rivé vers le large, avec la présence de la célèbre *École de voile des Glénan.*

Île de Boëdic

L'île d'Ilur

Flottant au sud-est de l'île d'Arz mais partie intégrante de la commune, Ilur, la 4e île du golfe par la taille (37 ha), est aujourd'hui inhabitée… ou presque. Seul y vit le gardien du Conservatoire du littoral, qui veille sur elle depuis 2008. Île publique, donc, n'importe qui peut y débarquer librement, pour peu qu'il possède un bateau ou un kayak. Les chanceux découvrent alors un petit paradis au hameau microscopique serré autour d'une église et une toile de sentiers batifolant entre landes, vasières, murets (7 km !) bordés d'arbres et de mûriers, prés salés où paissent une quinzaine de moutons, bois, courtes falaises colonisées par les cristes marines (une plante vivace comestible, au goût prononcé de céleri), dunes et jolis points de vue sur le golfe.

L'île de Gavrinis

On y vient pour le cairn, que certains appellent la « chapelle Sixtine du Néolithique » (attention, réservation obligatoire). Parmi les multiples monuments mégalithiques bretons, celui-ci est le plus impressionnant. Sa position, déjà, détonne : au fur et à mesure de la montée des eaux dans le golfe, ce cairn (amas de pierres), jadis juché sur une colline dominant les vallées fluviales environnantes, s'est retrouvé sur un îlot grand comme un mouchoir de poche… Sa taille est impressionnante : haut de 8 m pour un diamètre de plus de 50 m, il est percé d'un couloir de 14 m de long constitué de grandes dalles gravées, qui conduit à la chambre funéraire du dolmen, recouverte par une énorme dalle. Son âge : plus de 6 000 ans.

L'île Berder

Elle est reliée à Larmor-Baden par une chaussée noyée à marée haute, ce qui permet d'y demeurer un maximum de 4h. Largement suffisant pour en faire le tour à pied par un sentier côtier (2,6 km), de plage en plage, en zyeutant à distance les plaisanciers ravis, cheveux au vent.

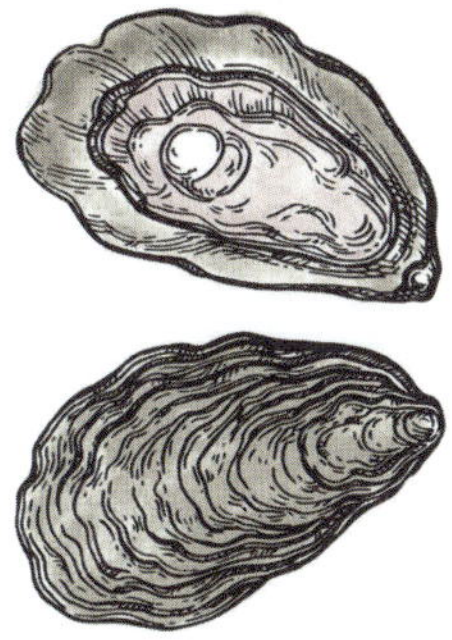

EXPÉRIENCE ROUTARD

Le golfe du Morbihan est certainement l'un des sites de France les plus enchanteurs pour naviguer entre les îles, en dériveur, planche à voile, kayak de mer ou petit bateau à moteur, avec ou sans permis. Location dans différents ports : Arradon, Larmor-Baden, Séné... Cependant, attention, les courants ici requièrent une bonne connaissance de la mer et du code maritime, sans parler de la présence de nombreux parcs ostréicoles. Dans le cas contraire, louez les services d'un skippeur : voiliers traditionnels, catamarans ou vieux gréements (sinagots) *pour des sorties de quelques heures ou de plusieurs jours.*

Île d'Arz

FRANCE

44° 35′ 23″ N, 1° 12′ 49″ O

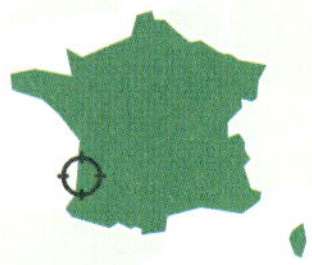

15

TYPE
Dune.

SITUATION
Sud-ouest de la France, près d'Arcachon.

QUELQUES CHIFFRES
2,7 km de long et 500 m de large ; 60 millions m^3 de sable.

MEILLEURE PÉRIODE
Toute l'année, mais surtout en mai-juin et septembre.

COMMENT Y ALLER ?
Parking (payant) au pied de la dune ; lignes de bus régulières depuis Arcachon. Mais le mieux reste de s'y rendre à vélo.

BON À SAVOIR
L'escalier (160 marches) pour monter au sommet de la dune n'est accessible que d'avril à octobre. Ascension gratuite pour les piétons et les cyclistes. Le sommet offre certainement l'un des plus beaux spots de pique-nique de France, mais, attention, c'est nettement moins fun lorsque c'est venteux, et pensez bien sûr à ramasser vos déchets ! Les courageux dévalent la dune jusqu'à l'océan. Sensation super, mais garder un peu d'énergie pour la remontée.

FRANCE

DUNE DU PILAT

La plus grande dune d'Europe

Elle est là, incongrue, superbe, pied de nez formidable à la végétation qui était censée fixer ce sable rebelle.

Absolument unique en son genre, cette immense dune toujours en mouvement, la plus haute d'Europe, culmine entre 100 et 115 m selon les années. Elle a 8 000 ans et aurait pris son temps pour se former puisque, au XVIIIe siècle, elle n'était encore qu'un gros pâté.

Au sommet, une vue grandiose à 360° sur tout le bassin d'Arcachon, la presqu'île du Cap Ferret et la forêt des landes, plus grand massif forestier d'Europe. Face à la dune, on aperçoit le banc d'Arguin, un mince ruban de sable, réserve naturelle pour de nombreux oiseaux migrateurs, changeant continuellement de forme au gré des courants et des vents.

La splendeur du site est encore amplifiée au moment du coucher du soleil, qui baigne les lieux d'une douce lumière à mesure que le soleil descend vers l'horizon.

La plage de la Corniche, située au pied de la dune, est très agréable et réputée pour ses eaux calmes. Les plus courageux choisiront de la rejoindre en dévalant la dune, mais on peut aussi la contourner.

Parmi les autres activités possibles sur la dune, on vous conseille le vol en parapente, qui permet d'admirer sous un autre angle cette merveille de la nature...

SABLE MOUVANT...

La dune du Pilat accumule le sable apporté par la mer et le vent, dévorant la forêt à l'est, laissant réapparaître d'anciens vestiges à l'ouest. Elle se déplace effectivement vers l'est de 1 à 5 m par an sous l'influence des vents et des marées ; la tempête de janvier 2009 lui a fait faire un sacré bond de 8 m. Elle a déjà englouti des dizaines d'emplacements de camping et même une piscine !

16

TYPE
Promontoire rocheux.

SITUATION
Sud-ouest du Finistère.

NATURE, COMPOSITION
Roches de granit, falaises, végétation rase.

QUELQUES CHIFFRES
Point culminant de la pointe du Raz 72 m, de l'île de Sein 6,50 m ; 260 habitants sur l'île de Sein.

MEILLEURE PÉRIODE
De juin à août.

COMMENT Y ALLER ?
La pointe du Raz est accessible en voiture, en bus et à vélo. L'île de Sein se rejoint en bateau (1h), le long du cap Sizun.

BON À SAVOIR
Sur la pointe du Raz, parking payant obligatoire d'avril à mi-novembre. Voiture interdite sur l'île de Sein.

FRANCE

POINTE DU RAZ ET ÎLE DE SEIN

Bout du monde

Ici, le Finistère porte bien son nom. La pointe du Raz, c'est bien « la fin des terres », le bout de la France et de l'Europe tout entière.

La côte nord s'effiloche dans l'océan, offrant ses plus belles falaises aux seuls oiseaux de mer. Quelques baies sablonneuses côté sud adoucissent le tableau. Au bout du bout, la mythique pointe du Raz affronte les vents du large. Sauvage, splendide et impressionnant, le site a été totalement réaménagé par le Conservatoire du littoral pour préserver ce petit bout du monde. La trop forte fréquentation touristique menaçait la végétation. De là, le panorama sur l'île de Sein et la pointe du Van est tout simplement superbe.

Presque abandonnée à l'océan, l'île surgit au ras des flots. Prolongement de la pointe du Raz (à environ 8 km), elle apparaît comme une espèce de pince de crabe très mince, de 1,8 km de long sur 800 m de large (100 m dans les parties les plus étroites). À part les maisons de l'unique village, on la distinguerait à peine des flots : son point culminant s'élève à 6,50 m ! Pas d'arbres, presque pas de buissons... On ne cultive presque rien ici, à part quelques pommes de terre, sur de rares parcelles protégées par des murets.

La vie n'a jamais été facile à Sein. Aujourd'hui protégée par des digues, elle a été, par le passé, plusieurs fois submergée ! Mais quel plaisir de découvrir ce port mignon comme tout, aux maisons blanches ou colorées, pelotonnées les unes contre les autres pour lutter contre le vent ! Quelle joie de flâner derrière les quais, dans ces ruelles juste assez larges pour permettre le passage des tonneaux d'eau douce !

GÉNÉRAL, LES VOILÀ !

L'île tout entière est Compagnon de la Libération. Après l'appel du 18-Juin du général de Gaulle, tous les hommes quittèrent Sein pour l'Angleterre. Ils ne laissèrent sur l'île que vieillards, femmes et enfants. En juillet 1940, le général passa en revue ses 600 premiers soldats. À chacun, il demanda son origine. Il entendit 150 fois : « De l'île de Sein. » Étonné, il s'exclama : « Sein est-il donc le quart de la France ? »

LA POINTE DU VAN

Dix fois moins touristique que la pointe du Raz, elle n'attire pas les marchands de biniouseries et friandises en tout genre. Le vent tente d'y déraciner l'adorable chapelle Saint-They, au bord de la falaise. Il paraît que sa cloche sonne d'elle-même quand un bateau est en danger ! Le point de vue est splendide sur la pointe du Raz, que l'on voit s'étirer en direction de l'Amérique, et sur la baie des Trépassés, qui n'a rien de lugubre malgré son nom ! Protégée par les deux pointes, cette baie est, au contraire, vraiment à croquer. Par temps clair, on distingue le phare de Tévennec.

17

TYPE
Gorge, canyon.

SITUATION
Dans le sud-est de la France, en Provence, entre les Alpes-de-Haute-Provence et le Var.

NATURE, COMPOSITION
Falaises calcaires.

QUELQUES CHIFFRES
21 km de long ; jusqu'à 600 m de profondeur.

MEILLEURE PÉRIODE
Au printemps et à l'automne (moins de monde, météo plus stable, fraîcheur, végétation plus importante).

COMMENT Y ALLER ?
Les grandes villes les plus proches du Verdon sont Marseille et Nice.

FRANCE

GORGES DU VERDON

Profond canyon

43° 45′ 32″ N, 6° 18′ 36″ E

Le plus grand canyon d'Europe, aux eaux connues pour leur extraordinaire couleur turquoise, offre des paysages majestueux.

Tel un grand coup de hache entre les Alpes-de-Haute-Provence et le Var, les gorges du Verdon forment une sorte de frontière naturelle qui a laissé une profonde entaille de 21 km de long dans la terre. Falaises vertigineuses qui vous écrasent de leurs 300 à 600 m de hauteur, chaos rocheux, rives sauvages… C'est le paradis des randonneurs et des grimpeurs. De nombreux sentiers permettent d'entrer dans le vif du sujet et les routes surplombant les gorges livrent d'époustouflants paysages. Les amateurs d'ornithologie lèveront quant à eux les yeux au ciel pour repérer vautours fauves (une centaine) et aigles royaux (une dizaine de couples recensés). Mais le Verdon, c'est aussi la découverte des villages perchés, de ruines gallo-romaines, d'églises et du patrimoine local. Escapade imprégnée d'histoire, de couleurs et de coutumes parfois pluricentenaires.

Les gorges par la route

Deux routes longent les gorges, offrant des points de vue époustouflants : la Corniche Sublime (au sud), et la route des Crêtes (au nord).

La Corniche Sublime est absolument spectaculaire. À partir du hameau de Saint-Maymes, la D71 suit au plus près la corniche des gorges. Les balcons de la Mescla offrent un panorama saisissant sur les eaux du Verdon, qui se mêlent à celles de l'Artuby. La rivière semble ici se recroqueviller autour d'une étroite crête rocheuse. Deux kilomètres plus loin, du pont de l'Artuby, audacieux ouvrage d'une seule portée, on domine la rivière de 180 m. Au deuxième tunnel du Fayet, la vue, superbe, plonge sur la courbe effectuée par le canyon. À la falaise des Cavaliers, on découvre un à-pic impressionnant (attention aux enfants, il n'y a aucune protection). Aux falaises de Bauchet, la route longe la partie la plus étroite des gorges. Belle vue en enfilade. Un peu plus loin, le cirque de Vaumale, au point le plus élevé de la route (1 200 m), offre un ample panorama. Au col d'Illoire, on jouit de la dernière vision, superbe, du canyon. Après Aiguines, la route redescend vers les eaux bleu turquoise du lac de Sainte-Croix.

Depuis la Palud, la D23, dite route des Crêtes, compte une quinzaine de belvédères s'ouvrant sur de magnifiques panoramas. Les deux premiers, ceux de Trescaïre bas et haut, sont les plus saisissants : on est complètement à pic de la paroi. Du troisième, le belvédère de la Carelle, la vue porte plus loin. Les deux suivants, l'Escalès et la dent d'Aire, offrent une vue panoramique sur le canyon et l'arrière-pays. Ce sont les seuls permettant de suivre complètement le tracé du Verdon. On rejoint ensuite le village en nid d'aigle de Rougon, dominé par les ruines d'un château féodal. Panorama exceptionnel. En l'air planent les vautours fauves, réintroduits dans les falaises. En contrebas, le Point-Sublime est un promontoire d'où la vue sur l'entrée du Grand Canyon est tout simplement superbe. Quelques centaines de mètres après s'amorce, sur la droite, la descente vers l'impasse du couloir Samson, qui mène à la rivière.

EXPÉRIENCE ROUTARD

Bien que dépourvues de difficultés majeures, les balades au fond du canyon nécessitent tout de même un certain matériel et quelques précautions. D'abord, prévoir de bonnes chaussures, une réserve d'eau potable, un anorak léger, un pull pour les passages un peu frais, une lampe torche, une petite trousse de secours. Ne jamais quitter les sentiers, ne pas traverser le Verdon, ni se baigner, tenir sérieusement compte de la météo (les orages peuvent être soudains et violents), ne pas cueillir de fleurs, ne pas faire de feu et ne laisser aucune ordure derrière soi.

Les gorges à pied

Grands classiques, les sentiers Blanc-Martel et celui de l'Imbut-Vidal, réservés aux randonneurs expérimentés (interdits aux enfants de moins de 8 ans), descendent au fond du canyon et offrent des panoramas exceptionnels, souvent vertigineux, sur les gorges. Ils suivent tous deux le cours de la rivière dans un environnement sauvage et préservé, et sont une véritable aventure (tunnels creusés dans la roche, passages vertigineux, étroits passages en corniche...).

D'autres sentiers plus accessibles, comme ceux du Lézard ou des Pêcheurs, permettent également de contempler ces paysages merveilleux.

Les gorges en canoë

Découvrir le Verdon au fil de l'eau est également une expérience unique. Depuis le pont du Galetas, on s'engouffre dans le canyon pour une balade purement fantastique. De là, les falaises vous sembleront encore plus gigantesques !

UN VILLAGE DE CHARME ET UNE MER À LA MONTAGNE

Ne pas manquer Moustiers-Sainte-Marie, l'un des plus jolis sites de la région, l'un des plus originaux aussi, brillamment mis en lumière les nuits d'été. Accroché à la montagne, le village a souvent été comparé à une crèche grandeur nature. Il fut fondé en 433 par des moines venus des îles de Lérins. Toutes les maisons s'étagent de part et d'autre de l'Adou, qui dégouline en cascade, franchi par de pittoresques ponts en dos d'âne.

Quant au lac de Sainte-Croix, le plus vaste des lacs du Verdon (22 km^2), avec ses eaux turquoise, émeraude, cyan... il ferait pâlir un arc-en-ciel, au cœur d'une nature restée encore sauvage.

GRÈCE

18

LES MÉTÉORES

Sacrément perché

39° 42′ 51″ N, 21° 37′ 52″ E

TYPE
Formation géologique.

SITUATION
Dans le nord du pays.

NATURE, COMPOSITION
Pitons rocheux, falaises.

DIPLÔME
Inscrit au Patrimoine mondial de l'Unesco.

QUELQUES CHIFFRES
6 monastères en activité, cavités habitées depuis 1 000 ans.

MEILLEURE PÉRIODE
Avril-octobre.
L'été peut être très chaud et orageux.

COMMENT Y ALLER ?
Trains quotidiens depuis Athènes et Thessalonique. Une route goudronnée permet d'accéder facilement aux monastères (21 km aller-retour au départ de Kalambaka pour visiter les trois plus importants, c'est-à-dire Agios Stéphanos, Varlaam et le Grand Météore).

BON À SAVOIR
La visite de tous les monastères est difficilement faisable dans la même journée, mieux vaut prévoir d'y consacrer 2 jours. Attention, tenue correcte de rigueur.

Ces monastères perchés au sommet de pitons rocheux vertigineux semblent défier la pesanteur. Le temps lui-même semble comme suspendu…

Au commencement, dit la légende, une main magnanime aurait éparpillé ces aiguilles et ces plateformes rocheuses sur terre pour offrir un cadre propice à la prière. Au commencement, disent les géologues, un massif fantastique, conglomérat de sédiments solidifiés, commandait, il y a 60 millions d'années, l'embouchure d'un grand fleuve qui se jetait en mer de Thessalie, avant que celle-ci se précipite en mer Égée. Et cette masse rocheuse, ébranlée par les tremblements de terre et érodée par les eaux et les millénaires, donna naissance à ces étonnantes formations.

Cette curiosité géologique de toute beauté, qui domine la plaine thessalienne, est le deuxième complexe monastique de la Grèce après le mont Athos. Les Météores (*météora* = « suspendu dans le ciel ») commencèrent à être habitées au XIe siècle. Les moines vivaient dans des cavités naturelles au flanc des parois rocheuses dont il reste aujourd'hui quelques vestiges. Ce n'est qu'au XIVe siècle qu'ils construisirent les monastères perchés en haut des rochers, afin d'échapper aux Turcs ou aux Albanais… et de se rapprocher de Dieu. On y accédait alors laborieusement, à l'aide de cordes, d'échelles et de filets accrochés à des poulies. À leur apogée, au XVIe siècle, période où ils furent tous rénovés ou même entièrement reconstruits pour certains, on comptait 24 monastères. Aujourd'hui, il n'en reste que 6 en activité.

Le monastère du Grand Météore, aussi appelé monastère de la Transfiguration, est le plus ancien des monastères en activité et le plus grand. Son église présente des fresques remarquables. Sur le rocher d'en face et contemporain, le monastère de Varlaam, qui culmine à 373 m au-dessus de la plaine, vaut pour sa silhouette et ses splendides fresques postbyzantines. Presque au bout de la route, habité par des nonnes, Agios Stéphanos date du XVIe siècle.

EXPÉRIENCE ROUTARD

Ne pas manquer la balade du monastère du Grand Météore à Kastraki. Juste avant d'entrer dans le tunnel creusé dans la roche qui permet d'accéder au monastère, vous apercevrez, sur la gauche, un chemin qui rejoint la route goudronnée de Kastraki, un peu au-dessus d'Agios Nikolaos Anapavsas. Ce sentier qui descend dans la vallée était autrefois le seul moyen d'accès au monastère. Il zigzague entre ces rochers colossaux aux parois vertigineuses. Guetter, à mi-chemin sur la gauche, la grotte de Drakospilia, halte rafraîchissante. Départ du monastère du Grand Météore, arrivée à Kastraki : compter 20 mn de marche.

39° 42′ 51″ N, 21° 37′ 52″ E

36° 23′ 17″ N, 25° 27′ 35″ E

19

TYPE
Merveille géologique.

SITUATION
Archipel des Cyclades.

NATURE, COMPOSITION
Caldeira ennoyée (dépression enfouie dans l'eau).

QUELQUES CHIFFRES
83 km^2 ; falaise en à-pic de 200 à 300 m.

MEILLEURE PÉRIODE
Presque toute l'année ; s'y prendre tôt, résas parfois plusieurs mois à l'avance !

COMMENT Y ALLER ?
En avion depuis Athènes ou l'Europe ou, mieux, en ferry ou catamaran depuis le Pirée (Athènes), les autres îles des Cyclades et la Crète. Liaisons fréquentes et arrivée au port d'Athinios.

GRÈCE

ÎLE DE SANTORIN

Île de légende

Quasiment la seule île volcanique des Cyclades et l'un des spectacles naturels les plus saisissants de Méditerranée : une caldeira sous la mer.

Santorin ne ressemble à aucune autre île. Sa géologie témoigne, au XVIIe s av. J.-C., d'une des plus violentes éruptions de ces 10 000 dernières années, dont certains pensent qu'elle serait à l'origine du mythe de l'Atlantide et des célèbres 10 plaies d'Égypte. On a d'ailleurs retrouvé des fragments de roche volcanique jusqu'au pays des Pharaons, à 900 km de là, et la colonne de fumée se serait élevée à 65 km au-dessus du niveau de la mer ! Avant de croire aux forces surnaturelles et miraculeuses, il suffit d'observer de près les phénomènes volcaniques de grande ampleur.

Le raz-de-marée engendré aurait décimé les flottes marchandes et de guerre de l'Empire minoen, ainsi qu'une bonne partie des cités littorales crétoises. Lorsque le calme revint, Santorin, auparavant presque ronde, ne formait plus qu'un croissant de lune, enserrant une dépression de 83 km^2, l'une des plus vastes au monde.

L'arrivée par bateau est inoubliable. Une falaise en à-pic se dresse, haute de 200 à 300 m, véritable coupe géologique où se superposent les couches de scories et de cendres. Simone de Beauvoir, racontant dans *La Force de l'âge* son voyage à Santorin (1937), la décrit ainsi : « Elle n'était pas vraiment rouge, elle ressemblait à certains gâteaux feuilletés où se superposent des strates rouges, chocolat, ocre, cerise, orange, citron. » Au sommet, aurait-elle pu ajouter, la blancheur aveuglante des villages soudés au rocher, amarrés au plus près du précipice, évoque un glaçage sur un gâteau...

EXPÉRIENCE ROUTARD

Santorin ne se limite pas qu'à son île principale ornant les cartes postales. On recommande les excursions en caïque pour aller explorer les Kaménès, les îlots de la caldeira. Au programme : le volcan central (2h-2h30), agrémenté éventuellement d'une courte baignade dans les sources chaudes (3h), voire d'une pause sur l'île de Thirassia (6h). Encore plus sympa au soleil couchant. En dehors de la haute saison, les prix sont cassés. Sur le grand îlot volcanique, Néa Kaméni, sorti des flots en 1573, paysage de désolation, anciennes coulées de lave noire, fumerolles. Prévoir de bonnes chaussures, de l'eau en quantité et un chapeau. N'empruntez que les sentiers : vous êtes sur un espace naturel protégé (interdiction de ramasser les cailloux !).

Les panoramas de Santorin

On l'aura compris, Santorin doit sa singulière beauté au spectacle de ce volcan cerné par les falaises. On ne se lasse pas de l'admirer, changeant selon les points de vue et les moments de la journée.

C'est tout au nord de l'île, depuis le pittoresque village d'Oia, que le panorama est sans doute le plus saisissant et le plus convoité. Vue d'ici, la baie semble pratiquement fermée par la falaise, offrant le tableau d'un cratère envahi par les eaux. Vous ne serez pas les seuls à l'admirer, loin de là, notamment lors des couchers de soleil où il y a foule pour profiter, depuis le kastro, de l'un des musts de Santorin...

Quant à Oia, ses demeures troglodytiques (presque toutes transformées en hôtels), ses moulins blancs et ses églises aux dômes lumineux, perchées au-dessus du bleu de la Méditerranée, symbolisent la Grèce tout entière.

IDÉE RANDO

Possibilité de balade sur le croissant de falaises, de Fira à Oia : 11 km en longeant la corniche. Magnifique rando de 3h environ, avec de superbes points de vue sur la caldeira. À faire tôt le matin ou en fin de journée pour éviter la grosse chaleur. Emporter absolument de l'eau, un casse-croûte et un chapeau.

20

GRÈCE

GORGES DE VIKOS

Vertige de la nature

TYPE
Parc national.

SITUATION
En Épire, dans le massif des Zagoria, dans le nord de la Grèce continentale.

NATURE, COMPOSITION
Canyon.

QUELQUES CHIFFRES
Jusqu'à 1 200 m de profondeur pour 1 100 m de large et 10 km de long.

MEILLEURE PÉRIODE
Avril à octobre.

COMMENT Y ALLER ?
3 lignes de bus relient Ioannina aux Zagoria occidental et central. Ces bus font l'aller-retour ; arrivés à leur terminus, ils repartent aussitôt pour Ioannina.

PLUS D'INFOS
Information Centres à Asprangéli et Mikro Papigo, • *pindosnationalpark.gr* • ; fournit une bonne carte du parc national ; toutes les infos sur les activités nature dans la région ; expo sur le milieu naturel. Pour le Géoparc, consulter • *vikosaoosgeopark.com* •

L'une des gorges les plus profondes du monde, si l'on tient compte du rapport entre sa profondeur maximale et sa largeur. Rien que ça !

S'étendant sur seulement 10 km de long, les parois à pic de ces gorges ne manqueront pas d'impressionner et sont le terrain de très belles randonnées. Au fond coule la rivière Voïdomátis.

Depuis 2015, le site fait même partie d'un vaste Géoparc de 1 200 km^2. Mais si quelques points de vue (de Vradéto, d'Oxia ou de Vikos, par exemple) en donnent un avant-goût, la seule façon d'y pénétrer et de l'explorer, c'est à la force de vos jambes.

Les paysages varient beaucoup selon les zones. Ainsi, la route reliant Aristi, Vikos et Papigo traverse de grandioses paysages de gorges, avec des lacets bien serrés qui montent et descendent dans une nature boisée, verte et généreuse. Si vous prenez la direction Koukouli-Tsépélovo, le paysage aux dénivelés plus doux, aux routes plus larges, devient plus austère, moins généreux, plus sec... mais sa beauté et son charme vous rattrapent quand même à chaque virage.

Le pays des Zagoria

Ici prend racine le pays des Zagoria (« au-delà des montagnes »), regroupant 46 villages répartis entre le Zagori occidental (les gorges de Vikos, Aristi, Papigo, Vikos, Monodendri...), le Zagori central (les gorges de Vikos toujours, Élati, Dilofo, Kipi, Koukouli, Tsépélovo...) et le Zagori oriental, très différent (Pétra, Itéa, Tristéno, Grévéniti, Vovoussa...). En grec, on nomme l'ensemble Zagorochoria, soit « les villages des Zagoria ».

Un cadre naturel magnifique, des villages adorables et des ponts pittoresques comme celui à trois arches de Kipi (1856) ou celui de Kokkori, vraiment très joli, avec son unique arche aérienne et gracile... Voilà ce qui vous attend dans cette région. Cerise sur le gâteau : la prise de conscience du patrimoine exceptionnel que constituaient ces villages leur a redonné vie. Des jeunes y sont revenus, y vivant à l'année, et les maisons sont restaurées dans les règles de l'art. La principale source de revenus de ces villages est désormais le tourisme, des bourgs magnifiques sont ainsi préservés.

EXPÉRIENCE ROUTARD

Une superbe route bordée de cheminées de fée (des concrétions minérales coiffées de galettes superposées) mène au lieu-dit d'Oxia, à 7 km de Monondendri, où un chemin aménagé offre un panorama vertigineux et époustouflant sur le canyon. Hors saison, gare aux ours !

Terre de trek

Les Zagorochoria sont aussi propices à la rando. Un sentier de randonnée dit « National (03) » part de Ioannina en direction de Kipi, Vitsa, Monodendri, et poursuit vers Mikro Papigo, le refuge d'Astrakas, Drakolimni, pour arriver, via le mont Smolikas, à Agia Paraskévi, au nord de Konitsa. Ce sentier peut également servir de base à un trek de 1 semaine partant de Monodendri pour arriver à Vovoussa, à l'est.

Nombreuses randonnées possibles également à partir de Tsépélovo. Les plus courageux pourront aller jusqu'au *lac de Drakolimni*, sur les contreforts du mont Tymfi (2 497 m) ; ce qui demande de passer la nuit au refuge d'Astrakas. Ceux qui ne veulent faire que 2 ou 3h de marche trouveront de jolis ponts à arche à proximité du village. Également de nombreuses randonnées à la journée, de 5 à 10h de marche, permettant de découvrir toute la région. Attention : possibilités vraiment limitées de ra-

IDÉE RANDO

Pour randonner dans le canyon, un bon équipement est indispensable (chaussures de randonnée, ravitaillement), et, même si le sentier est marqué, il faut absolument avoir une bonne carte (Anavasi au 1/50 000). En vente dans la plupart des hébergements ou au magasin de souvenirs Bidoura, juste au-dessus de l'hôtel Monodendri, à Monodendri. Pour rejoindre les gorges, départ près de l'église au centre du village, à la fin du sentier dallé. Durée totale jusqu'à Vikos : 5h ; Papigo : 6h. Possibilité de faire le tour des gorges en 3 ou 4 jours.

IRLANDE DU NORD

21

CHAUSSÉE DES GÉANTS

Lieu de légende

TYPE
Merveille géologique.

SITUATION
Comté d'Antrim.

NATURE, COMPOSITION
Orgues basaltiques.

QUELQUES CHIFFRES
50 à 60 millions d'années ;
40 000 colonnes, 12 m de haut.

MEILLEURE PÉRIODE
Printemps et été.

COMMENT Y ALLER ?
En train, ligne Belfast (Great Victoria Street et Central)-Derry via Coleraine. 1 train/h, tlj. De Coleraine, correspondance pour Portrush. Compter env 1h50 en tout. En bus, The Causeway Rambler, de Coleraine à Ballycastle : Services 172 et 402 d'Ulsterbus.

Impressionnante curiosité naturelle nichée sur la côte nord de l'Irlande et constituée de 40 000 colonnes prismatiques de basalte.

D'origine volcanique et vieille de plusieurs dizaines de millions d'années, la chaussée des Géants est inscrite au Patrimoine mondial de l'Unesco depuis 1986. C'est au refroidissement rapide de coulées de lave basaltique qu'on doit la formation de ces quelque 40 000 colonnes. De formes polygonales et principalement hexagonales, elles s'agglutinent en blocs compacts, forment des escaliers et même un amphithéâtre à gradins. La régularité de leur disposition est par endroits si parfaite qu'elle semble avoir été créée artificiellement... Ce qui explique pourquoi on a longtemps attribué à ce paysage une origine surnaturelle.

La légende attribue l'origine de la Chaussée à Finn McCool, un géant qui jeta des pierres dans la mer pour passer en Écosse à pied sec et y défier son homologue local. Mais quand Finn vit la stature de son rival, il opta pour une tactique moins... frontale. Il construisit un berceau à sa taille et se fit vêtir de langes par son épouse, qui présenta le « bébé » à l'Écossais comme étant le fils de Finn. Imaginant ce que pouvait être la taille du père, l'Écossais ne demanda pas son reste... mais prit la précaution de détruire la Chaussée en partant. Des scientifiques dénués de poésie ont bien une autre explication, mais cela ne gâche en rien la beauté du plus célèbre site d'Irlande du Nord ni de la spectaculaire côte qui l'entoure...

Au rang des événements historiques, signalons celui de la *Girona*, plus grand bâtiment de l'Invincible Armada dépêchée par Philippe II d'Espagne contre l'Angleterre, et qui fit route vers l'Écosse en octobre 1588. Alourdie par les quelque 800 rescapés de deux naufrages précédents, elle sombra à son tour au large de la Chaussée des Géants. Seuls 9 passagers sur 1 300 survécurent... Une partie des découvertes faites en 1968 sur l'épave est exposée à l'Ulster Museum de Belfast.

RANDO DE LA CHAUSSÉE DES GÉANTS À CARRICK-A-REDE

Longeant le sommet des falaises, et connue également sous le nom de North Antrim Cliff Path, c'est l'une des plus belles randos d'Irlande. Elle procure une vue plongeante sur de nombreux sites, à commencer par l'anse de Port na Spaniagh (en gaélique : le « port de l'Espagnol »), où la *Girona*, de l'Invincible Armada, se fracassa en 1588. Les curiosités géologiques s'enchaînent ensuite.

Arrivé aux ruines du château de Dunseverick, détruit par Cromwell, si vous avez encore de l'énergie, rejoindre le port croquignolet de Dunseverick pour continuer la rando. Vous rencontrerez alors un autre microport, Portbraddon. Un peu plus loin s'étend Whitepark Bay, et son auberge de jeunesse.

EXPÉRIENCE ROUTARD

Le site est splendide et beaucoup plus serein le matin avant 11h ou après le départ des dernières navettes, vers 16-17h. N'hésitez pas non plus à y attendre le coucher du soleil : l'Orgue se teintera peut-être d'or, c'est un moment magique.

La côte septentrionale d'Irlande du Nord ne se limite toutefois pas à cette seule merveille de la nature. De Magilligan Point à Carrick-a-Rede, points de vue impressionnants, châteaux en équilibre précaire sur les falaises et les plages immenses composent un tableau vivant dont l'image risque de se fixer longtemps sur votre rétine.

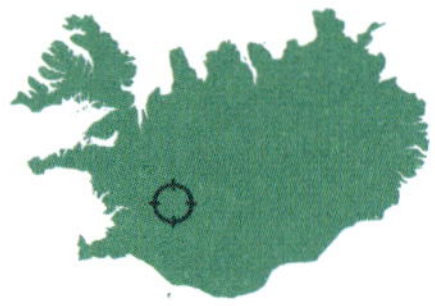

22

ISLANDE

64° 15' 29" N, 21° 02' 12" O

TYPE
Vallée de rift.

SITUATION
50 km au nord-ouest de Reykjavík. Au cœur du Cercle d'or, le circuit touristique le plus populaire du pays, qui comprend également le champ géothermique de Geysir (et son fameux geyser) et la chute Gullfoss.

NATURE, COMPOSITION
Roche volcanique.

DIPLÔME
Inscrit au Patrimoine mondial de l'Unesco.

QUELQUES CHIFFRES
Parc national de 237 km².

MEILLEURE PÉRIODE
De juin à août, quand les températures sont plus douces et les journées plus longues.

COMMENT Y ALLER ?
Le plus simple est de s'y rendre en voiture de location.

BON À SAVOIR
Nous vous conseillons très fortement d'arriver tôt (avant 9h) ou tard (après 18h) sur le site de l'hémicycle pour éviter la foule et les groupes. Le reste du parc national est moins fréquenté, quoique très agréable à sillonner.

ISLANDE

THINGVELLIR

Froid à l'extérieur, chaud à l'intérieur

La beauté sauvage du site, tout autant que son importance historique, en font l'un des lieux les plus époustouflants et emblématiques du pays.

Géographiquement, on se trouve ici à cheval entre le Nouveau Monde et l'Ancien, dans un fossé d'effondrement causé par la dérive des continents. D'un côté, la plaque tectonique nord-américaine, de l'autre la plaque eurasienne, qui s'écartent de 5 mm par an ! Une vallée de rift ponctuée de fissures géologiques, qui forment autant de falaises vertigineuses d'où jaillissent des cascades d'eau pure.

Au cœur de ce parc, le lac Thingvallavatn, avec ses 84 km², est le plus grand lac naturel d'Islande et le terrain de jeu préféré des oies et des canards sauvages de la région. Célèbre pour ses eaux limpides, il héberge sur ses rives de nombreuses résidences secondaires.

Un réseau de plateformes et de chemins bien balisés permet de se promener sur le site. La plateforme d'observation, près du Visitor Center au sommet de la falaise, offre une superbe vue d'ensemble sur le parc.

« L'hémicycle », un champ de lave protégé par deux grandes falaises parallèles qui accueillait les chefs de clans, est repérable au grand drapeau islandais. Des vestiges de cabanes, bâties en pierre et en tourbe, y sont encore visibles. Celles-ci datent pour la plupart de l'époque des dernières assemblées, entre le XVIIe et le XVIIIe siècle, mais des fouilles souterraines attestent de ruines remontant au Xe siècle, faisant du site une illustration exceptionnelle et unique de la culture nordique médiévale.

Un sentier ponctué de panneaux explicatifs descend ensuite le long de faille d'Almannagjá, longue de 8 km et profonde de 40 m, jusqu'à la rivière Öxará. Le sentier se poursuit vers la très photogénique cascade Öxarárfoss. Plus loin, la faille de Silfra et ses eaux turquoise accueillent les plongeurs (et amateurs de snorkeling), qui s'immergent en combinaison dans ses eaux glacées (2 à 4 °C. On rigole moins !). La faille atteint ici une profondeur maximale de 63 m.

LE PREMIER PARLEMENT

À partir du Xe siècle, les chefs de clans se retrouvaient une fois par an, aux alentours du solstice d'été, dans l'hémicycle. Cette sorte de session parlementaire durait 15 jours et s'accompagnait de fêtes et de concours sportifs. Ce fut le premier véritable Parlement d'Europe, en islandais Alþing. La cinquantaine de chefs réunis cherchaient des consensus pour régler les conflits et, surtout, édictaient des lois.

64° 19′ 49″ N, 16° 34′ 02″ O

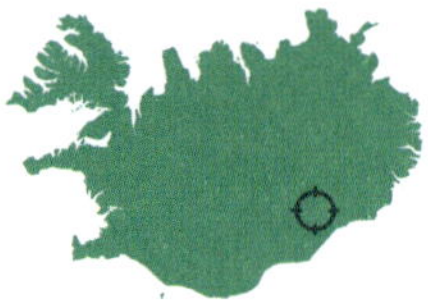

23

TYPE
Parc national.

SITUATION
Dans le sud-est du pays, à 320 km de Reyjkavik.

NATURE, COMPOSITION
Glacier, lacs, volcans, plateaux montagneux.

DIPLÔME
Inscrit au Patrimoine mondial de l'Unesco.

QUELQUES CHIFFRES
14 000 km²; 10 volcans dont 2 actifs.

MEILLEURE PÉRIODE
Septembre-octobre et avril pour voir des aurores boréales, juin-août pour profiter des longues journées et d'un climat plus doux.

COMMENT Y ALLER ?
Bus quotidien depuis Reykjavík vers Skaftafell (5h20 de trajet), en voiture 4h de route.

BON À SAVOIR
Seuls les centres d'accueil de Skaftafell et Kirkjubæjarklaustur sont ouverts toute l'année. Ceux d'Ásbyrgi et de Vesturdalur sont ouverts de début mai à septembre. La plus grande partie du parc est fermée en hiver.

ISLANDE

PARC NATIONAL DU VATNAJÖKULL

De glace et de feu

Dans un cadre naturel exceptionnel, glacier, cascades, lacs gelés, puissantes rivières et volcans composent un tableau d'une diversité incomparable.

Ce magnifique parc national est situé au pied du plus grand glacier islandais, le Vatnajökull. Quasiment de la taille de la Corse, il s'agit du deuxième glacier le plus volumineux d'Europe : 7 700 km² avec, par endroits, 1 km d'épaisseur de glace ! Autant dire que le site est grandiose, hallucinant, écrasant. Bienvenue dans le plus grand parc national d'Europe qui, avec ses 14 000 km², couvre près de 14 % du territoire national. Dix volcans dont deux actifs, plateaux montagneux, puissantes rivières glaciaires, lacs gelés et cascades. Dire que le panorama est grandiose serait un euphémisme. Les panoramas plutôt, tant la diversité des paysages est étonnante. Les sentiers de randonnée accessibles à tous les niveaux (même avec des enfants) partant du Skaftafell Visitor Centre permettent d'en découvrir une infime partie, déjà sublime. Les plus chanceux pourront même s'offrir une randonnée sur le glacier.

Glacier Svínafellsjökull

Vraiment impressionnant. Il s'agit d'une des langues glaciaires du Vatnajökull. Fendillée, craquelée, hachurée en énormes lamelles de glace, cette grosse masse change de couleur en descendant des hauteurs. Blanc et bleu clair turquoise au sommet et au centre, le glacier se fragmente et se désagrège, il devient gris et presque noirâtre à mesure qu'il se rapproche de son terme. C'est toujours de la glace mais elle n'est plus immaculée, comme si elle était « souillée » au contact de la terre ferme, et de la douceur de l'air !

On y accède par une piste longue de 2 km et accessible aux voitures standard mais très abîmée (mieux vaut rouler en 4x4), qui aboutit presque au pied du glacier. Un petit chemin vous y mène ensuite en 5 mn.

UNE STAR DU GRAND ÉCRAN

Le Jökulsárlón est un endroit polaire qui magnétise les caméras : il a été à maintes reprises utilisé comme décor naturel de publicités et de films, notamment deux *James Bond* (*Dangereusement vôtre* et *Meurs un autre jour*) ou encore *Batman Begins*.

Lac Jökulsárlón

Attention, arrêt obligatoire ! Ce lac glaciaire au pied d'une langue du glacier Vatnajökull est l'une des merveilles de l'Islande ! C'est le seul endroit du pays où des icebergs rejoignent l'océan. Sous l'effet de la gravité, et du réchauffement climatique, la langue glaciaire glisse dans son couloir rocheux, des sommets montagneux éternellement blancs jusqu'à la terre noir charbon et la mer grise. Au plus bas de sa course, le front du glacier perd de sa fermeté. Alors la glace bleutée se fragmente, se fracture et se désagrège.

Des blocs énormes de plusieurs tonnes se détachent de la masse et tombent avec fracas dans les eaux d'une lagune de 18 km². Dispersés, éparpillés, ils flottent sur ce grand bassin, telle une étrange armada frigorifique destinée à se diluer dans l'océan et à disparaître. Car ce lac glaciaire (le plus profond d'Islande, avec 284 m de profondeur maximum) communique avec la mer par une étroite et très courte rivière aux eaux vives, une sorte de goulet resserré dans lequel s'engouffrent un à un les icebergs. Puis ils s'échouent sur les rives d'une plage de sable noir, surnommée Diamond Beach. Pathétiques et brillants joyaux devenus inutiles qui attendent la fonte après leur chute !

Superbe spectacle de la nature, d'une splendeur poétique, que l'on apprécie davantage en fin de journée, quand la lumière rasante enflamme le paysage. Le 15 août, un feu d'artifice, très justement nommé « De feu et de glace », magnifie encore plus les lieux.

Pour éviter la foule, et contempler en toute sérénité ce site exceptionnel, il faut se balader le long de la rive du lagon, à l'est, jusqu'au pied du glacier ou s'arrêter sur les parkings qui bordent la N1. Il suffit alors de grimper au-dessus des grosses buttes de terre volcanique. Le lac est juste derrière, à portée de regard.

EXPÉRIENCE ROUTARD

La balade la plus facile est celle menant au Skaftafellsjökull (boucle de 3,7 km). Au milieu des campanules et des champignons, on observe en route le recul progressif du glacier de 1904 à nos jours. Une (triste) illustration du réchauffement de la planète. L'un des sentiers les plus populaires est celui menant à la jolie cascade de Svartifoss et ses étonnantes orgues basaltiques très géométriques (boucle de 5,5 km, environ 2h). Le chemin passe aussi par une bergerie au toit d'herbe de 1912. Noter que la bergerie se trouve juste en dessous de la chambre à coucher : c'est l'ancêtre du chauffage par le sol ! Bien plus sportif (6-8h aller-retour), on peut pousser l'effort vers le sommet du Kristinatindar, qui culmine à 1 126 m. On est alors récompensé par une fantastique vue plongeante sur les glaciers de chaque côté.

La carte des randonnées est en vente au Visitor Centre, mais on peut se contenter de la photographier. Les fiches techniques (durée, itinéraire, difficulté) de chaque randonnée sont exposées… dans les toilettes !

24

TYPE
Parc national et aire marine protégée.

SITUATION
Dans le nord de l'Italie, en Ligurie, entre Gênes et La Spezia.

DIPLÔME
Inscrit au Patrimoine mondial de l'Unesco.

QUELQUES CHIFFRES
5 villages ; 4 500 ha.

MEILLEURE PÉRIODE
Grâce à la douceur de son climat, les Cinque Terre peuvent se visiter aussi bien en été qu'en hiver. Évitez toutefois les périodes touristiques. Ce coin magnifique, désormais célèbre dans le monde entier pour ses villages colorés, ses paysages spectaculaires et ses sentiers de randonnée, est très fréquenté de Pâques à novembre.

COMMENT Y ALLER ?
Oubliez votre voiture. Elle ne vous sera d'aucun secours dans les Cinque Terre. Il est impossible de relier les villages les uns aux autres par la route. Outre la marche à pied, privilégiez le train ou, mieux, le bateau !

BON À SAVOIR
Compter 4 jours pour visiter les Cinque Terre.
Plus d'infos :
• *lamialiguria.it* •

ITALIE

CINQUE TERRE

Suspendu entre terre et mer

5 petits villages d'origine médiévale qui dégringolent vers la mer, formant un paysage unique au monde !

D'ouest en est, ils répondent aux noms de Monterosso al Mare (le seul doté d'une vraie plage), Vernazza (le plus pittoresque), Corniglia (en balcon sur la mer), Manarola (en pente douce vers son petit port) et Riomaggiore (étagé autour d'une délicieuse cale).

Longtemps coupés du monde – ces villages n'étaient accessibles qu'à pied par des sentiers muletiers, et très difficilement par la mer –, les Cinque Terre ne sont véritablement sortis de leur isolement qu'au début du XXe siècle, consécutivement à la construction du chemin de fer. Car, depuis la nuit des temps, ces cinq-là ont résisté aux envahisseurs : pas un seul port et à peine quelques abris et grèves pour hisser les chaloupes de pêche. Une vie rude aussi, où chaque mètre carré de terre cultivable était arraché à la montagne au prix d'un effort surhumain, décourageant parfois certains, les obligeant à trouver une terre promise outre-Atlantique, comme l'attestent les archives de Riomaggiore…

Désormais réunis sous la double bannière d'un parc national (créé en 1999) et d'une aire marine protégée, les villages mais aussi toute leur aire géographique sont classés au Patrimoine mondial de l'humanité par l'Unesco depuis 1997, et demeurent un véritable paradis pour tous les amateurs de randonnée.

EXPÉRIENCE ROUTARD

Les randonnées dans les Cinque Terre n'ont rien d'évident. Forts dénivelés, chemins pierreux, escaliers… c'est sportif ! Équipez-vous en conséquence : chaussures de marche, casquette ou chapeau, réserve d'eau (surtout l'été), carte des sentiers, etc. D'ailleurs, une loi interdit désormais de s'engager sur les sentiers… en tongs ! Les contrevenants s'exposent à une amende pouvant aller jusqu'à… 2 500 €.

Vernazza

ITALIE

44° 06′ 25″ N, 9° 43′ 45″ E

Une terre de vignoble

Mis à part la culture des oliviers, cette région compte un pittoresque vignoble de 150 ha qui s'étale en étroites terrasses à flanc de montagne. Il produit, sous l'appellation cinque terre DOC, des vins blancs secs, couleur jaune paille, aux arômes délicats. Également le sciacchetrà DOC, un blanc liquoreux exquis et réputé mais produit en petite quantité et difficilement goûtable... À remarquer au cours de vos balades, l'ingénieux système de rails permettant aux viticulteurs de passer d'une terrasse à une autre, tels des acrobates !

Et de randonnée

Les Cinque Terre, c'est avant tout la randonnée pédestre. Rien de tel que d'enfiler de bonnes chaussures et de partir à la découverte de ces sentiers qui serpentent entre vignes, oliviers et maquis méditerranéen, entre mer, montagne et cours d'eau.

Le parcours le plus classique consiste à emprunter le sentier SVA (ex-Azzurro), qui relie en longeant la côte Monterosso al Mare à Riomaggiore. On peut le parcourir d'une seule traite, ou préférer faire des haltes dans les villages ou dans des petites criques pour se baigner ; cependant, une grande partie de cet itinéraire (Corniglia-Riomaggiore), incluant la fameuse via dell'Amore (entre Manarola et Riomaggiore), était fermé à

l'heure où nous écrivons ces lignes. Il arrive que le début du sentier, entre Monterosso al Mare et Corniglia, soit lui aussi partiellement fermé. Bref, renseignez-vous absolument auprès des Cinque Terre Point pour savoir quelle section est praticable, connaître l'état des sentiers et anticiper les conditions météo.

Le sentier côtier est toutefois loin d'être le seul. Demandez une brochure aux offices de tourisme locaux pour découvrir toutes les possibilités de randonnées. Une bonne idée : visiter les sanctuaires où les habitants des Cinque Terre se réfugiaient au Moyen Âge pour résister aux Sarrasins. D'autres chemins serpentent parmi les oliviers ou au cœur des vignes, comme le sentier n° 506 qui part de Manarola en montant vers Volastra par un dénivelé de 400 m et traverse les vignobles en terrasses. À faire absolument au moment des vendanges, fabuleux !

Les possibilités de balades sont multiples, aussi bien dans les hauteurs qu'au ras des flots. Et on ne se lasse jamais du paysage, toujours renouvelé selon les points de vue adoptés.

Enfin, côté grande bleue, on trouve des kayaks à louer sur la plage de Monterosso et au petit port de Riomaggiore. Le plan idéal pour prendre un peu de distance et admirer l'architecture des villages depuis la mer. Et Riomaggiore offre aussi la possibilité de faire de la plongée sous-marine.

Manarola

ITALIE

40° 38′ 00″ N, 14° 36′ 00″ E

25

CÔTE AMALFITAINE

Dolce vita italienne

TYPE
Littoral.

SITUATION
Dans le sud du pays, près de Naples.

NATURE, COMPOSITION
Roche, végétation méditerranéenne.

DIPLÔME
Inscrit au Patrimoine mondial de l'Unesco.

QUELQUES CHIFFRES
60 km de route côtière, de Sorrente à Salerne.

MEILLEURE PÉRIODE
Mai-octobre, mais attention à la foule.

COMMENT SE DÉPLACER ?
Difficile de circuler sur la côte de mi-mai à fin octobre : privilégiez les lignes de bus qui relient les moindres recoins de la côte ou les liaisons maritimes, nombreuses, entre les villes du littoral. Ou mieux les petits bateaux qui font du cabotage d'un port à l'autre. Ou sinon louer un scooter, mais prudence, le trafic rend la circulation difficile.

Avec ses falaises abruptes, ses plages et ses villages aux couleurs pastel, la côte amalfitaine déploie l'un des paysages les plus somptueux d'Italie !

La montagne dévale dans la mer d'une façon vertigineuse, les villages noyés dans la végétation méditerranéenne s'agrippent au versant, et certains sont de vrais nids d'aigle accessibles uniquement par une route étroite et sinueuse. Les maisons en terrasses s'accrochent dans les anfractuosités de la côte, et les villages de pêcheurs cèdent la place à d'élégantes stations balnéaires, quand ce ne sont pas des crèches improvisées qui se cachent dans le creux d'un rocher. De temps à autre, un vieux palace surplombe une mer superbe. Dès le printemps, un parfum envoûtant de citron et d'orange, de jasmin et de figuier embaume l'air. C'est dans ce mouchoir de poche que se loge toute la substance de la « grande Bellezza » de l'Italie, un concentré de l'italianité, son art de vivre, sa gourmandise et sa démesure.

Positano

Le village le plus touristique de la côte amalfitaine épouse un amphithéâtre rocheux suspendu de façon très photogénique entre ciel et mer. Aux XVIe et XVIIe siècle, Positano connut la prospérité grâce à ses navires commerçant avec le Proche et le Moyen-Orient. De ce commerce subsistent quelques traces arabisantes dans l'architecture, notamment les toits bombés d'influence tunisienne. Et puis, en 1936, lorsqu'on ouvrit la première boîte de nuit, le lieu devint le rendez-vous des happy few fortunés. Après 1945, des peintres, réalisateurs, acteurs et écrivains, ensorcelés par l'atmosphère magique et sensuelle de Positano, rachètent des maisons, construisent des villas et font de la station leur refuge doré. Explose alors la célèbre moda Positano, faite de couleurs exotiques et d'extravagance. Aujourd'hui, le gros bourg entretient sa légende et vit essentiellement du tourisme. Mieux vaut s'y rendre hors saison et s'éloigner de l'artère principale.

EXPÉRIENCE ROUTARD

Le sentier des Dieux (Sentiero degli Dei) est de loin la plus époustouflante de toutes les promenades sur la côte amalfitaine. Durant les 3h que dure la randonnée se succèdent, entre falaises abruptes et vallées buissonnantes, des vues spectaculaires sur la côte et les villages de Furore, Praiano et Positano.
Plan de la randonnée disponible dans tous les offices de tourisme de la côte. Départ à Bomerano-Agerola (bus depuis Amalfi), arrivée à Nocelle (bus vers Positano).

Nocelle

Un paysage béni des dieux… Ruelles en escaliers bordées de murets de pierre, végétation méditerranéenne luxuriante, paysages somptueux que l'on peut admirer depuis le belvédère, sur la place de l'église… À Nocelle, on est sur un balcon prêt à décoller comme Icare vers les nuages ! Le temps semble s'être arrêté dans ce village interdit aux voitures. Un petit paradis pour ceux qui recherchent le calme et la quiétude. Pour les randonneurs, c'est le point d'arrivée de la randonnée du sentier des Dieux qui part d'Agerola.

Fiordo di Furore

Vue spectaculaire depuis le parapet, surplombant les eaux couleur émeraude de cet ancien petit port enfoncé dans une faille, et par conséquent préservé de la fureur des flots. On imagine les efforts fournis au XIXe siècle par les travailleurs pour transporter à dos d'homme poissons et marchandises tout au long d'un réseau d'escaliers ne comptant pas moins de 3 000 marches. Les maisons, la chapelle de poche, les moulins et le petit port ont été restaurés, la moitié de l'espace étant occupé par des barques sur la crique couverte de galets.

Sentier des Dieux

Atrani

Agerola

Perché dans une cuvette sur un haut plateau à 600 m au-dessus du niveau de la mer, Agerola est un gros bourg agricole à seulement une vingtaine de kilomètres de la côte mais que l'on ne rejoint qu'après 1h d'une fantastique route en lacet serpentant au milieu des vignobles en terrasses et quelques hameaux photogéniques, avec des perspectives vertigineuses, au fur et à mesure de la montée. Tout autour, les monts Lattari offrent 60 km de sentiers de randonnée (dont le fameux sentier des Dieux qui rejoint Nocelle). À deux pas de la mer et des superbes plages de la côte, Agerola est au centre d'un véritable paradis naturel, formé de belvédères, de vallées, de forêts, de parois abruptes et de cultures en terrasses. Le village est réputé dans toute l'Italie pour son fromage, le *fior di latte*, sorte de mozzarella au goût plus prononcé.

Amalfi

Blottie dans un entonnoir rocheux, au pied des montagnes abruptes et verdoyantes, face à une mer d'un bleu éclatant, cette petite cité a donné son nom à la côte amalfitaine. Cela s'explique par la prépondérance commerciale et financière qu'Amalfi eut dans la région dès l'an 1000. Coupée du reste du monde, inaccessible par la terre (la route côtière n'a été construite qu'au XIXe siècle), Amalfi se tourna très tôt vers la mer, source de richesse, et jusqu'à aujourd'hui, époque de la villégiature balnéaire, la mer a guidé son destin.

Les temps ont bien changé depuis ! Chaque jour en été, la ville est envahie de touristes, et la piazza Duomo se retrouve vite pleine à craquer. Éloignez-vous un peu et vous verrez qu'à quelques rues de là le charme de la ville opère bel et bien ! Une étape à ne pas manquer !

Ravello

Depuis Amalfi, une route étroite et sinueuse (circulation alternée avec feux sur un tronçon) grimpe à flanc de montagne pour atteindre Ravello. Et voici qu'apparaît haut perché à 374 m d'altitude – miracle ou mirage ? – cet admirable village, dans un environnement merveilleux de jardins, palmiers, pins parasols, bougainvillées, jasmin et citronniers.

Il s'étage sur les pentes de la vallée du Dragon (valle del Dragone). De tous côtés, le paysage est étonnant, magnifique ! Ruelles charmantes, passages voûtés, jardins suspendus, riches palais patinés par les siècles et chargés d'histoire.

LE CHANT DES SIRÈNES

Au large de la côte amalfitaine, entre Sant'Agata et Positano, remarquez les trois îlots escarpés appelés Li Galli. Seul le plus grand est habitable et il abrite des ruines antiques. L'archipel, privé, est surtout connu pour les sirènes qu'il abritait jadis et qui attiraient les marins par leur chant afin qu'ils s'échouent sur les rochers. C'est ici qu'Ulysse eut la bonne idée de se faire attacher au mât de son bateau pour écouter ce chant irrésistible, tandis que son équipage esquivait les récifs, les oreilles bouchées ! Selon ces mythes, certains des habitants de ces îles descendraient directement des sirènes. Vérifiez la forme de leurs chaussures.

26

TYPE
Chaîne de montagne.

SITUATION
Nord de l'Italie.

NATURE, COMPOSITION
Roche, forêts, lacs.

DIPLÔME
Inscrit au Patrimoine mondial de l'Unesco.

QUELQUES CHIFFRES
Plus haut sommet à 3 343 m d'altitude ; 18 sommets de plus de 3 000 m.

MEILLEURE PÉRIODE
Juin-septembre, mais il pleut beaucoup en été.

COMMENT Y ALLER ?
Bolzano (à 3h de voiture de Venise) est la porte d'entrée des Dolomites.

BON À SAVOIR
Pour l'hébergement dans le Trentin, pensez aux B & B • *trentinobedand breakfast.it* • et aux agritourismes, logements à la ferme • *agriturismo trentino.com* •

PLUS D'INFOS
• *trentino.to* •

ITALIE

LES DOLOMITES

Cathédrales de pierre

Imposantes et fuselées, ce sont certainement les premiers mots qui viennent à l'esprit quand on découvre ces montagnes spectaculaires.

Avec plus d'une vingtaine de sommets dépassant les 3 000 m, les Dolomites, entre Italie et Autriche, dressent leurs extraordinaires murailles et pics verticaux. Les reflets du soleil sur les parois roses de ces anciens massifs coralliens resteront gravés en mémoire. Les éboulis de dolomies au décor minéral auraient inspiré l'écrivain Dino Buzatti pour son *Désert des Tartares*.

Au cœur des massifs s'étirent de verdoyantes vallées et de magnifiques alpages, où se nichent superbes lacs glaciaires, chalets d'estives traditionnels en bois, chamois et marmottes, sur fond de campanules bleues ou de renoncules dorées. Mélèzes aériens et vallons de pinèdes ont pour toile de fond la dentelle des pics effilés perdus parfois dans le brouillard... Pour assurer la protection de cette nature, plusieurs parcs naturels ont été aménagés, dans lesquels les possibilités de balades - généralement faciles et accessibles à tous - sont multiples.

Non loin de la frontière avec l'Autriche, les Dolomites s'étendent sur deux régions : le Trentin-Haut-Adige (le « Tyrol du Sud ») et la Vénétie. Dans le Haut-Adige, les habitants communiquent entre eux en allemand : historiquement, la région était en effet une possession austro-hongroise jusqu'à la fin de la Première Guerre mondiale. La population, quant à elle, n'a perdu ni son identité ni sa culture et il en résulte un mélange surprenant, où le bilinguisme est de rigueur.

CULTURE BILINGUE

Dans le Haut-Adige, les habitants communiquent entre eux dans la langue de Goethe : historiquement, la région était en effet une possession austro-hongroise jusqu'à la fin de la Première Guerre mondiale. La population, quant à elle, n'a perdu ni son identité ni sa culture et il en résulte un mélange surprenant, où le bilinguisme est de rigueur.

Église Saint-Johann, Ranui

ITALIE

EXPÉRIENCE ROUTARD

Parmi les nombreuses possibilités de parcours et de traversées, ces citadelles de pierre se longent plus facilement en boucle depuis Bressanone, sympathique ville tyrolienne médiévale. Le sentier passe par des cols de plus de 2 000 m en longeant de prestigieux sommets, tels les Tre Cime (2 999 m) et l'aiguille Croda Rossa (3 146 m). Étangs glaciaires à oyats, chalets d'estives en bois à toits de lauzes, chamois et marmottes sur fond de campanules bleues ou renoncules dorées, mélèzes aériens ont pour toile de fond la dentelle des pics effilés perdus parfois dans le brouillard... Les vallons de pinèdes et de mélèzes reposent avant de rejoindre Bressanone. Pour les randonneurs avertis, il existe deux magnifiques parcours traversant intégralement les Dolomites du nord au sud, l'alta via n° 1 et l'alta via n° 2. Ces itinéraires sur les hautes routes permettent une immersion totale au cœur de ces fabuleuses montagnes en dévoilant des paysages spectaculaires. Compter 15 jours pour la traversée. Noter que les Dolomites sont parcourues de nombreuses via ferrata.

Une ancienne mer

Il y a quelques millions d'années, la mer s'étendait à la place des montagnes, et il est resté sur celles-ci du corail sédimenté qui prend des teintes plutôt rosées à l'aube et rouge orangé au crépuscule : un spectacle à ne manquer sous aucun prétexte ! Et puis l'action du vent a sculpté la roche. C'est un Français, Déodat Tancrède Gratet de Dolomieu (1750-1801), qui a laissé son nom à la chaîne de montagnes, en découvrant sa composition chimique : un double carbonate de calcium et de magnésium.

La Mecque du ski

Skier dans un cirque de montagnes aussi impressionnant et si différent de nos Alpes françaises est fabuleux. Le domaine skiable des Dolomites comprend deux massifs répartis de part et d'autre du fleuve Adige : le Dolomiti di Brenta à l'ouest et le Dolomiti di Fassa à l'est, qui proposent chacun un ski pass différent. Ces forfaits permettent de varier les plaisirs en skiant indifféremment dans l'une ou l'autre des stations, un service de bus (skibus) inclus dans le forfait assurant la liaison entre elles. Cortina d'Ampezzo, la « Reine des Dolomites », est la plus célèbre station de ski italienne. Elle a été lancée avec les JO d'hiver en 1956. En été, Cortina d'Ampezzo offre de belles possibilités de randonnée et de trek.

Vue sur les Tre Cime

27

ITALIE (ÎLES ÉOLIENNES)

STROMBOLI

Un volcan sur l'eau

TYPE
Île volcanique.

SITUATION
La plus au nord des îles Éoliennes, au large de la Sicile.

NATURE, COMPOSITION
Volcan.

DIPLÔME
Inscrit au Patrimoine mondial de l'Unesco.

QUELQUES CHIFFRES
Île de 12,6 km^2 ; sommet du volcan à 924 m d'altitude.

MEILLEURE PÉRIODE
Avril-septembre ; randonnée sur le volcan possible de mars à octobre.

COMMENT Y ALLER ?
On accède à Stromboli en bateau depuis Milazzo, en Sicile (2h45).

BON À SAVOIR
Attention, renseignez-vous avant de venir sur les conditions d'accès au volcan. Pour l'ascension, un guide accrédité est obligatoire au-delà d'une altitude de 290 m. L'accès peut d'ailleurs être purement et simplement interdit pour un moment (parfois plusieurs mois !) en raison d'un risque d'explosions paroxysmiques.

Sa forme conique émerge de la mer, laissant échapper quotidiennement fumées et gerbes de lave depuis l'Antiquité. Un volcan explosif, craint autant qu'admiré.

Les Éoliennes ? Sept îles semées sur le bleu de la mer Tyrrhénienne, au nord-est de la Sicile. Sept volcans surgis des eaux au cours des derniers 200 000 ans au gré d'éruptions successives, cernés ici et là de flottilles d'îlots de basalte plus ou moins mangés par l'érosion. La plus excentrée des îles de cet archipel est aussi la plus célèbre et la plus impressionnante. Homère y fait débarquer Ulysse fuyant le Cyclope, Jules Verne y situe le retour des héros du *Voyage au centre de la Terre*, et Roberto Rossellini y tourne son film *Stromboli* tout en brûlant d'amour pour Ingrid Bergman.

Ici, plus qu'ailleurs, on comprend ce que sont les Éoliennes : des cônes plongeant vers le fond de la mer Tyrrhénienne, à plus de 2 km sous la surface. Si vous l'abordez en bateau, inutile de chercher un mouillage sûr : les fonds dégringolent à quelques brasses du rivage. Trônant au-dessus d'un attachant chapelet de hameaux à la blancheur cycladique, striés d'escaliers et de ruelles perpendiculaires à des plages d'une noirceur sépulcrale, le volcan exhale en permanence poussière et gaz, parfois accompagnés d'un *boum* retentissant et de filets de magma. Voilà plus de 2 millénaires que ce « phare de la Méditerranée » brille ainsi quasi continuellement...

Le Stromboli, en activité quasi permanente depuis la plus haute Antiquité, expulse 3 à 7 fois par heure (en moyenne) des lambeaux de lave incandescente jusqu'à 100-200 m de hauteur. À ces explosions coutumières s'en ajoutent d'autres, plus puissantes, dont la force s'échelonne entre « majeures » (2 à 5 par an, projections jusqu'à 500 m de hauteur) et « paroxystiques » (tous les 5-10 ans).

Au gré des phases paroxystiques et des destructions, les habitants ont parfois pris peur, voguant vers d'autres horizons. Ceux qui sont restés, depuis trop longtemps sous la menace, exhibent une sorte de décontraction mêlée de respect pour le monstre qui, du jour au lendemain, pourrait les anéantir. Même le petit port de Ginostra et sa cinquantaine d'habitants, à l'autre bout de l'île, ne sont pas à l'abri...

L'ascension du volcan

Visiter Stromboli sans faire l'ascension du volcan, c'est un peu comme si, à New York, vous boudiez la statue de la Liberté ou l'Empire State Building... Cela dit, renseignez-vous bien sur les restrictions en cours dues à l'activité du volcan. Mais quand bien même le spectacle fascinant des projections de lave est sujet à l'humeur du géant (risque d'explosions majeures ou phases de dormance) et aux facéties d'Éole (vent fort, nuages ou brouillard), il serait dommage de ne pas tenter l'expérience : on n'a pas tous les jours l'occasion d'approcher un volcan actif ! Il ne s'agit, certes, pas d'une balade pour promeneurs du dimanche. Même en grimpant à seulement 400 m, soit à mi-pente, au lieu des 924 m du sommet du cratère (conditions en vigueur en 2022), ce n'est pas rien sous le cagnard.

Dans le passé, certains visiteurs se sont distingués par leur imprudence, cause de nombreux accidents, pour certains mortels. Depuis 2019, des règles strictes ont été fixées pour renforcer la sécurité du site. On le répète : un guide accrédité est obligatoire au-delà d'une altitude de 290 m. Il vous faudra donc faire appel à l'une des agences proposant l'aventure.

Le départ se fait en groupe 2-3h avant le coucher du soleil. Toutes les agences empruntent l'itinéraire principal, bien raide, qui s'élève directement au-dessus du village, puis continue en zigzag le long de l'arête principale. La progression se poursuit sur fond de soleil déclinant dans des sables de scories jusqu'à la mi-pente (400 m), que l'on atteint au terme de 2h30 à 3h d'effort. L'effort est réel, surtout sous le soleil, ne le négligez pas et emportez avec vous au moins 1,5 l d'eau par personne, de quoi grignoter, plus un chapeau et de bonnes chaussures. En haut, on commence à pousser des « Oh » et des « Ah » à chaque lueur orangée. Ensuite, tout est question de chance : le volcan se manifestera-t-il ? Les nuages se tiendront-ils bien à distance ? Suspense. Une heure à méditer sur la beauté du monde pour les uns, ou à chercher le meilleur cliché pour les autres, puis tout le monde redescend, de nuit (environ 1h30), par un sentier raide au début puis assez facile, progressant un petit moment dans la cendre épaisse. C'est là que la frontale révèle toute son utilité. S'il a plu les jours précédents, vous êtes chanceux : la poussière sera réduite. Sinon, le guide distribue un masque, tandis que l'on pense déjà à la bonne douche qui nous attend... Retour après 5h30 à 6h de balade.

Alternative

La *sciara del Fioco*, accessible en bateau depuis le port de Scari ou la plage de Ficogrande, est un couloir à pic de 700 m de large dans lequel dégringolent les lambeaux de lave refroidis une fois éjectés. Pendant les grandes éruptions, la lave s'y écoule jusqu'à la mer, mais c'est rare : une fois tous les 40 ans en moyenne ! Une excursion permet de s'approcher de ce mur vertical impressionnant, où aucune végétation n'a le temps de s'enraciner... On assiste alors, depuis la mer et en temps réel, les yeux écarquillés, à des explosions de magma rougeoyant dans la nuit.

Les plages

Stromboli possède quelques-unes des plus belles plages de sable des Éoliennes – un sable noir, parfois un peu grossier ou mêlé de galets. Celle s'étendant au sud du débarcadère, la *spiaggia della Forgia Vecchia*, offre une vue directe sur le chemin tracé dans le sable qui redescend du volcan. Quelques barques s'y alanguissent. La plus populaire – mais aussi la moins sauvage – est celle de *Ficogrande*. Au niveau de Piscità, plusieurs petites criques se révèlent au débouché de ruelles partant de la via Regina Elena. Notre préférée, dite de la *grotta di Eolo*, est bien ombragée mais toute petite. Une plage de sable noir plus grande, la *spiaggia Lunga*, se dessine juste après Piscità en prenant le chemin de l'observatoire. Le coucher de soleil rose sur fond de sable noir y vaut vraiment la peine...

AVOIR VENT DE L'HISTOIRE

Stromboli n'a jamais vraiment eu bonne réputation. Les Grecs y voyaient le séjour d'Éole, dieu capricieux responsable des tempêtes. Tous les auteurs de l'Antiquité ont décrit le Stromboli avec le même effroi. Plus tard, Grégoire le Grand le pensait comme le siège des damnés, donc la porte de l'enfer sur la terre. Avec tout ça, rien d'étonnant que l'on ait attendu le XVIIe siècle et Torricelli (puis Pascal) pour cesser de croire que les volcans étaient à l'origine des vents qui soufflent sur terre !

MONTÉNÉGRO

42° 26′ 00″ N, 18° 39′ 30″ E

28

BOUCHES DE KOTOR

Calme et majesté

TYPE
Baie.

SITUATION
90 km de Dubrovnik (Croatie).

NATURE, COMPOSITION
Ria et montagnes.

DIPLÔME
Inscrit au Patrimoine mondial de l'Unesco.

COMMENT Y ALLER ?
Depuis la Croatie en voiture, par le bac 24h/24 (à Kamenari à l'aller et à Lepetane au retour) ou en bus depuis Dubrovnik (liaisons régulières).

BON À SAVOIR
Papiers : carte d'identité ou passeport (pas besoin de visa). Si vous franchissez la frontière avec une voiture de location croate, une assurance complémentaire doit être souscrite pour certaines compagnies. Avec votre véhicule personnel, vérifiez que la carte verte d'assurance inclut le Monténégro.

On compare souvent cet immense ensemble de six baies et deux détroits très serrés à un fjord « norvégien ». La Méditerranée en plus !

Les bouches de Kotor *(Boka Kotorska)* sont d'abord un site naturel exceptionnel, un immense ensemble de six baies profondes, avec au fond du décor, pour ajouter au grandiose, de hautes montagnes et le mont Orjen culminant à 1 895 m, à seulement une dizaine de kilomètres de la mer.

La route longe la rive gauche de la baie pour rejoindre Kotor, située à l'est, de l'autre côté des bouches. On conseille de passer la nuit dans cette ville magnifiquement préservée, pour profiter de l'atmosphère détendue en soirée, quand les visiteurs d'un jour sont repartis. Un important séisme en 1979 décida l'Unesco à classer la ville sur la liste du Patrimoine mondial. On entreprit alors un gigantesque programme de travaux de restauration, donnant un nouveau souffle au tourisme. Aujourd'hui, il s'agit d'un des atouts majeurs des bouches de Kotor et plus largement du jeune Monténégro indépendant.

Il est vrai que la cité médiévale constitue un véritable joyau de la baie. L'impressionnante muraille qui l'entoure, longue de 4,5 km, haute de 20 m et dotée d'une dizaine de bastions, grimpe sur le flanc abrupt du mont Lovčen. On peut d'ailleurs accéder librement aux remparts qui offrent une belle vue sur le port et la baie. La visite de la vieille ville, quant à elle, est un enchantement avec trois portes qui permettent d'y accéder. Vos pas vous mèneront jusqu'à la citadelle Saint-Jean, un édifice accroché à 280 m de hauteur. Panorama garanti !

Pour les plages, privilégier la ville d'Herceg Novi, au charme si particulier. Pour la carte postale, viser l'îlot artificiel au large de Perast, créé au XVe siècle au milieu de la baie. Il abrite l'adorable église de Notre-Dame-du-Récif, flanquée de ses ifs et à laquelle on accède en navette (payante). Romantique à souhait !

Cet îlot a été créé par les marins locaux au XVe siècle autour d'un simple rocher, dans le but d'honorer la Vierge qui serait apparue à deux d'entre eux. C'est l'intérieur totalement baroque de l'église qu'il ne faut pas manquer, son superbe plafond, les nombreuses peintures et les ex-voto en argent.

EXPÉRIENCE ROUTARD

Perast est un autre adorable village au bord de l'eau que l'on traverse en longeant la baie jusqu'à Kotor (sauf si l'on prend le bac). C'est aussi le village le plus ancien des bouches de Kotor : on y a trouvé des vestiges remontant à 3500 av. J.-C. ! Il reste l'un des plus beaux exemples d'architecture baroque dalmate de la région, avec ses nombreux palais, églises et terrasses en bord de mer. Accès aux véhicules interdit dans le village. Parkings payants aux entrées est et ouest. Sinon, accès possible de Kotor avec un petit bateau d'excursion; • montenegro-boatexcursions.me •

29

GEIRANGERFJORD

Entre ciel et mer

TYPE
Fjord.

SITUATION
Comté de Møre og Romsdal, 100 km au sud d'Ålesund.

DIPLÔME
Inscrit au Patrimoine mondial de l'Unesco.

COMMENT Y ALLER ?
Par la route depuis Stryn au sud, parcours magnifique. Puis route 15, et route 63 jusqu'à Geiranger. Au nord, accès par Ålesund et Åndalsnes. Sinon en ferry depuis Ålesund et Hellesylt. Accéder à Geiranger en bus n'est pas le plus simple, et possible uniquement en saison.

BON À SAVOIR
Au village de Geiranger, visiter le Norsk Fjordsenter (Centre norvégien du fjord) : • *verdsarvfjord.no* • Ouvert toute l'année. Remarquable, dans un design parfaitement intégré à la nature. Location de kayaks avec • *grande-hytteutleige.no* •

Encastré au pied de montagnes culminant à plus de 1 500 m, le Geirangerfjord est l'archétype du fjord norvégien et l'un des sites les plus visités du pays.

Il faut dire que c'est l'un des plus étroits et des plus impressionnants du pays (110 km jusqu'à l'océan !). Il est dominé par une énorme paroi rocheuse d'où se précipitent de magnifiques cascades, telles les « Sept Sœurs » et le « Voile de la Mariée ». Des panoramas à couper le souffle et une foultitude de randonnées ou activités de pleine nature. L'excursion s'impose.

En arrivant depuis Stryn, au sud, le spectacle est éblouissant et surprend par sa diversité et sa majesté. Descente vertigineuse par une série de lacets incroyables qui vous font passer de 1 000 m d'altitude au niveau de la mer en 10 km. Cette route est parfois fermée pour enneigement jusqu'à la mi-mai. Si c'est le cas, il faut faire un détour par Hellesylt ou prendre le ferry.

Nombreux campings tout au long, souvent au pied d'un lac, encadrés de fières montagnes. La plupart proposent des *hytter* (huttes) très sommaires. Après plusieurs tunnels, les paysages se transforment, des torrents caracolent dans les failles des montagnes pelées, de vastes forêts alternent avec des plateaux rocailleux, des névés apparaissent de-ci, de-là. On peut aussi faire un crochet par la route 258 (la *Nasjonal turisveg Gamle Strynefjellsvegen*), pour éviter les tunnels. C'est réellement splendide, ouvrez grands les yeux ! Par le nord, cette même route 63, dite « la route des Aigles » (*Ørneveien*) est tout aussi variée.

Se rendre au *Geirangermotiv*, l'un des panoramas les plus emblématiques de Norvège ou, encore plus haut, à 1 500 m, au *Geiranger Skywalk*. On domine alors en contrebas le petit village hyper touristique de *Geiranger*, encaissé entre de grandioses montagnes et en bordure du fjord étroit. Juste vertigineux.

FJORD, KÉSAKO ?

Vous allez en Norvège pour en voir et vous ne serez pas déçu. Les fjords sont le résultat de la forte érosion exercée par d'énormes masses de glace sur les sillons étroits des vallées que la mer vint par la suite remplir à la fin de la période glaciaire. Les fjords entaillent ainsi profondément les terres, se ramifiant parfois. Leurs eaux saumâtres sont le résultat du mélange entre l'eau de mer salée et l'eau douce des rivières qui finissent leur course ici, nourries par la fonte des neiges et des glaciers. La plupart des fjords se trouvent dans la région comprise entre Bergen et Trondheim. Au-delà du cercle polaire arctique et des îles Lofoten, les fjords sont aussi nombreux qu'au sud mais moins profonds et moins spectaculaires.

EXPÉRIENCE ROUTARD

Heureux qui comme Ulysse, les chanceux qui arpentent le Geirangerfjord en ferry depuis Hellesylt. On se sent comme un liliputien tandis que les mouettes ont l'habitude de suivre le bateau et ne sont pas farouches. À coup sûr, vous céderez aux sirènes de ce paysage grandiose. Le hic : c'est assez ruineux comme traversée ou excursion pour 1h ou 1h30 de balade. Mais quel enivrement ! En été, arrivez bien à l'avance si vous avez une voiture, et armez-vous de patience.

68° 10′ 00″ N, 13° 45′ 00″ E

30

TYPE
Archipel.

SITUATION
Nord-ouest de la Norvège.

NATURE, COMPOSITION
Fjord, pitons rocheux.

QUELQUES CHIFFRES
25 000 habitants ; 1 227 km².

MEILLEURE PÉRIODE
La saison est courte, grosso modo de la fête nationale (17 mai) à mi-août. En dehors, tout ou presque est fermé.

COMMENT Y ALLER ?
La compagnie aérienne Wideroe • *wideroe.no* • assure des vols avec Bodø, Tromsø et Oslo comme aéroports. En bateau, Express côtier • *hurtigruten.no* • avec Bodø et Tromsø comme arrêts.

COMMENT SE DÉPLACER ?
En voiture et en camping-car, le moyen préféré des visiteurs ; attention toutefois à l'étroitesse des routes. Sinon en bus (bonne desserte), en stop (fonctionne bien), à vélo (gare aux distances toutefois) ou… en bateau individuel.

NORVÈGE

ÎLES LOFOTEN

Un monde à part

Aux confins septentrionaux de l'Europe, laissez-vous conter l'histoire de ces îles échappées de l'océan comme par magie.

La majesté des paysages, l'infinie beauté des fjords, l'étonnante couleur des eaux, la longueur des plages, le charme des cabanes de pêcheurs sur pilotis, appelées ici « *rorbuer* »… On aborde la réalité des Lofoten comme on entre dans un monde imaginaire et lointain, en douceur.

Laissez le charme agir, respirez l'air si pur du large, écoutez le clapotis des vagues, prenez votre temps : les Lofoten ne vous décevront pas. Certains séjournent dans les îles 1 semaine ou 2, voire plus s'ils sont à vélo ou à pied. La portion la plus intéressante (mais ça se discute !) se trouve au sud de Svolvær, en descendant vers Å i Lofoten. Ces îles se présentent comme une chaîne de pitons rocheux dressés vers le ciel et séparés de la côte par un immense fjord, le *Vestfjord*. Cette rangée de montagnes plantée dans l'eau cache aussi de vastes prairies où paissent de gras moutons.

La magnificence des paysages et leur pureté apparente font en effet des îles Lofoten un terrain de prédilection pour la randonnée pédestre. Petit vent frais, moutons qui paissent, océan qui clapote en contrebas du sentier, cascades qui dégoulinent… Un bonheur de randonner dans de telles conditions !

EXPÉRIENCE ROUTARD

Tous les sentiers de randonnée ne sont pas balisés et, lorsqu'ils le sont, c'est avant tout par des cairns (amas de pierres), que l'on peine parfois à repérer. Il convient donc d'être attentif, bien préparé et muni d'une bonne carte. Les offices de tourisme et autres magasins de sport en vendent. Il faut en outre savoir que, par moment, les chemins flirtent avec le vide. Il est important de prévenir quelqu'un de son départ et du retour prévu. Enfin, une fois de plus, prévoyez des vêtements adaptés à toute météo. Le temps change vite.
Sites intéressants : • rando-lofoten.net • (très complet), • lofoten.dnt.no • (association norvégienne de randonnées pédestres).

Reste que l'on ne marche pas ici comme le long du canal du Midi. Aux îles Lofoten, sachez-le, il pleut souvent et le temps change sans crier gare, colorant les cieux de nuances étonnantes. Le temps de traverser un tunnel, on peut passer sur quelques centaines de mètres d'un ciel bleu azur à un brouillard dense, d'un crachin persistant à une éclaircie éblouissante. Les îles possèdent la plus grande anomalie climatique du monde, entendez par là un microclimat exceptionnel : en hiver, la température est en moyenne de 20 °C supérieure à celle qu'on trouve habituellement sous la même latitude ! Ainsi, lorsqu'il fait -20 °C sur la côte, les Lofoten affichent un petit zéro, pas moins. L'hiver n'est donc pas trop rigoureux. En été, la douceur du climat pourra paraître un peu frisquette au visiteur, avec ses 25 °C max. Aussi, mieux vaut prévoir une grosse laine dans sa valise, un coupe-vent, un vêtement imperméable et pourquoi pas bonnet et gants (surtout pour les traversées en bateau).

Vous serez armé pour découvrir l'univers de la morue (*cod*, en anglais), incontournable. Ici, *In cod we trust* ! À l'instar du cochon, « Dans le poisson, tout est bon » ! La morue est exploitée depuis le XIe siècle, non seulement pour ses qualités nutritives, mais aussi pour toutes les applications qui en dérivent. L'huile de foie, autrefois utilisée pour l'éclairage, était prescrite pour combattre le rachitisme et servait aussi à imperméabiliser les vêtements. Les œufs, salés et sucrés, entrent dans la composition du *kaviar* local, une sorte de tarama.

Enfin, sachez qu'il est possible de se baigner, si l'on ne craint pas le froid. La côte est truffée de superbes plages nichées dans d'étroits fjords. Pour les amateurs, barboter dans des eaux si pures peut s'avérer un vrai plaisir. L'eau n'est pas chaude, certes, mais pas glaciale non plus. En tout cas, guère plus qu'en Bretagne durant l'été ! Le Gulf Stream passe par là. Ouf !

UN MONSTRE LITTÉRAIRE ?

Les eaux au large des îles Lofoten sont réputées pour la violence de leurs courants. Les marins d'autrefois étaient hantés par le Moskstraumen. Ce maelström est un terrible tourbillon marin à l'origine de nombreux naufrages. Dans son roman *20 000 lieues sous les mers*, Jules Verne ne fait-il pas disparaître le *Nautilus* du capitaine Nemo au large des Lofoten ? Edgar Poe évoque aussi cette force océanique dans *Une descente dans le maelström*.

SLOVAQUIE

31

GROTTES DU KARST

Entrailles de la terre

TYPE
Parc national.

SITUATION
Frontière sud-est de la Slovaquie

NATURE, COMPOSITION
Grottes karstiques.

QUELQUES CHIFFRES
Parc national de 198 km² ; 350 grottes, plus de 300 km de randonnée.

DIPLÔME
Inscrit au Patrimoine mondial de l'Unesco.

COMMENT Y ALLER ?
En train jusqu'à Rožňava depuis Košice et Bratislava ; également des liaisons en bus, et ça ne prend guère plus de temps.

PLUS D'INFOS
• *slovakia.travel/en/caves-of-the-slovak-karst* • et Informačné Centrum à Rožňava. • *tikroznava.sk* • Fermé le dimanche. Carte intéressante de la région avec les centres d'intérêt touristique. On peut y acheter le très utile *Hiking routes* qui propose, pour chaque randonnée, une fiche technique (en anglais) et une carte détaillée.

Un festival de stalactites et stalagmites, véritables chefs-d'œuvre de la nature, de part et d'autre de la frontière entre la Slovaquie et la Hongrie.

À 71 km à l'ouest de Košice et au sud de la chaîne de montagnes, Paradis slovaque, Rožňava constitue une ville-étape idéale pour visiter les grottes des alentours, parmi les plus remarquables du pays. Sur les 12 ouvertes au public en Slovaquie, la seule région de Rožňava en compte 5, dont la plus belle de toutes : la grotte de Domica.

Longue de 22 km, elle continue sur 6 km vers la Hongrie et se poursuit dans le sous-sol hongrois sur 16 km. Grotte sans frontières ! Découverte en 1926, on y a retrouvé près de 45 000 tessons de poterie datant de plusieurs milliers d'années av. J.-C.

On le dit tout de go : visite inoubliable ! Les formations de stalactites et stalagmites qu'on y admire sont de véritables chefs-d'œuvres naturels à la beauté troublante. L'éclairage, parfaitement orchestré, les met en valeur. Parmi les *must*, la première salle et son plafond de 30 m de haut (avec son orgue de stalactites !) et, si le niveau d'eau le permet, la balade en barque sur les eaux cristallines de la rivière souterraine (la bien-nommée Styx). Si vous n'avez qu'une grotte à visiter en Slovaquie, c'est celle-ci.

Une grotte peut en cacher une autre

À environ 25 km à l'ouest de Rožňava, la grotte Ochtinská Aragonitová est également classée au Patrimoine mondial par l'Unesco. Elle est célèbre pour ses décorations d'aragonites, qui forment des fleurs de cristaux suspendues au plafond (on dirait des coraux). Ces aiguilles de neige jaillissant dans des nids de coton sont une pure merveille de la nature. On trouve ce genre de pierres à seulement deux autres endroits du monde, en Argentine et au Mexique. On imagine la surprise des mineurs qui ont découvert cette grotte par hasard en 1954 en creusant un puits !

UNE FAMILLE DE ROUTARDS

À 6 km au nord de Rožňava, ne pas manquer Betliar Hrad, un château édifié au XVIIIe siècle par les richissimes Andrássy. Cette famille de grands voyageurs et, surtout, de grands collectionneurs a laissé derrière elle tout un bric-à-brac exposé dans un dédale de 41 salles (dont 16 salles de bains !). On reste baba devant la bibliothèque (15 000 ouvrages) et le cabinet des curiosités exotiques. Au sous-sol, on tombe sur une momie égyptienne du prêtre Amon (18e dynastie) ! Un inventaire à la Prévert passionnant et étonnant.

AMÉRIQUE DU NORD

ET AMÉRIQUE CENTRALE

CANADA

51° 10′ 00″ N, 115° 33′ 00″ O

32

TYPE
Parc national.

SITUATION
Près de Calgary, dans l'ouest du pays.

NATURE, COMPOSITION
Forêts, lacs, montagnes.

QUELQUES CHIFFRES
1 600 km de sentiers balisés.

MEILLEURE PÉRIODE
Septembre, juin et octobre peuvent être de bonnes options, même si la météo est alors incertaine, les lacs pas toujours entièrement dégelés et certains sentiers encore fermés (ils ne sont intégralement ouverts qu'à partir de fin juin).

COMMENT Y ALLER ?
Plusieurs compagnies de bus assurent des liaisons quotidiennes depuis et vers Calgary.

CANADA (ALBERTA)

BANFF NATIONAL PARK

Légendaire

Au cœur des Rocheuses canadiennes, un écrin de nature vierge aux sommets majestueux et aux profondes forêts où se nichent des lacs aux eaux émeraude.

La traversée des Rocheuses est le clou d'un voyage au Canada. Sur près de 300 km, de Banff à Jasper se succèdent sur une route enchanteresse (la *Icefields parkway*), des panoramas inoubliables, des paysages ciselés et grandioses, à la plastique parfaite : lacs, rivières, forêts de résineux profondes, sommets aux crêtes acérées, cascades et glaciers où vit une faune variée et abondante. Le décor est planté pour un périple inoubliable dans une terre de pionniers où la magie des grands espaces opère encore. Un voyage dans l'immensité du Far West canadien, à la rencontre d'une nature sauvage et préservée. Vision magique des débuts du monde…

Premier parc national fondé au début du XXe siècle, le parc de Banff est sans doute le plus fréquenté des Rocheuses canadiennes. Ses sommets et ses magnifiques forêts peuplées d'une faune sauvage se prêtent à de très nombreuses balades et randonnées : le parc compte plus de 1 600 km de sentiers balisés. Courtes promenades, randonnées à la journée ou treks de plusieurs jours, il y en a pour tous les goûts et tous les niveaux.

Parmi les mammifères peuplant la région, vous rencontrerez à coup sûr des wapitis et des mouflons des Rocheuses, que l'on compte ici par milliers. Cougars, grizzlis et ours noirs sont (heureusement) plus discrets.

LE TRAIN DE LA MORT

La construction de la ligne de chemin de fer traversant le Canada, reliant l'est à Vancouver, dura 4 ans, de 1881 à 1885. Un chantier colossal et périlleux, auquel s'attelèrent 15 000 ouvriers chinois. 600 d'entre eux y perdirent la vie. Aujourd'hui, s'il n'y a plus de ligne de voyageurs traversant les Rocheuses (hormis le très chic *Rocky Mountaineer*), les trains de marchandises longs comme le Canada empruntent toujours cette ligne mythique, considérée comme la colonne vertébrale à l'origine de l'unification du pays, d'un océan à l'autre.

Lac Moraine

CANADA

51° 10′ 00″ N, 115° 33′ 00″ O

EXPÉRIENCE ROUTARD

La randonnée du Tunnel Loop est une boucle facile de 9,4 km qui offre de très belles vues sur les monts Cascades et Rundle. Avant la fin, on peut emprunter le Hoodoo Trail, de 4 km, qui donne sur la vallée de la rivière Bow ainsi que sur les hoodoos, *d'intrigantes formations rocheuses en forme de cheminées de fée.*
Accès : au nord-est de Banff, par Tunnel Mountain Rd. À faire à pied ou à vélo.

Lake Louise et lake Moraine

Situé 58 km au nord de Banff, le **lac Louise** est au Canada ce que le Mont-Saint-Michel est à la France. Une destination touristique, mais surtout une icône. Reconnaissable entre tous, ce lac de montagne, perché à 1 731 m d'altitude, fait penser à un décor dessiné par un artiste inspiré, tant ses formes et son cadre sont harmonieux.

Ses eaux turquoise, aux tons variant selon les saisons et la lumière, reposent au fond d'un cirque de montagnes recouvertes de sapins, sur fond de glacier et de neiges éternelles. Ce paysage splendide, presque irréel, attire pas mal de monde en été, depuis la construction de l'imposant *Fairmont Lake Louise* au début du XXe siècle.

On conseille de venir tôt le matin, d'y dormir si possible et de prendre de la hauteur, en empruntant le sentier montant vers la *Big Beehive* (superbe panorama), ou encore de rejoindre le spectaculaire glacier Victoria qui surplombe le lac.

Moins célèbre que le lac Louise, le **lac Moraine** (12 km au sud) n'a rien à envier à son illustre voisin. Plus isolé, totalement inaccessible en hiver, il est bordé de sévères falaises rocheuses plongeant dans des eaux d'un bleu vif, contrastant avec le vert profond des résineux. Un spectacle inoubliable, éminemment romantique.

De très beaux sentiers de randonnées partent du lac, pour explorer cette contrée sauvage, fréquentée par les ours. Si vous avez du mal à quitter le lac Moraine (on vous comprend !), un lodge permet d'y passer la nuit. Mais les prix sont à la hauteur de cet endroit vraiment exceptionnel.

43° 04′ 46″ N, 79° 04′ 29″ O

33

CANADA, ÉTATS-UNIS

CHUTES DU NIAGARA

Que d'eau ! Que d'eau !

TYPE
Chutes d'eau.

SITUATION
À la frontière entre les États-Unis et le Canada.

QUELQUES CHIFFRES
Plus de 50 m de haut, 675 m de large, débit de 2 800 m³ à la seconde.

MEILLEURE PÉRIODE
Mi-mai à octobre.

COMMENT Y ALLER ?
De Toronto (à 130 km), bus et trains quotidiens vers les chutes. Des excursions sont également organisées depuis Toronto.

BON À SAVOIR
En haute saison – de mi-mai à octobre –, préférez les visites tôt le matin pour éviter la foule et apprécier ainsi toute la majesté du lieu. Sinon, venez en hiver : loin de la ruée touristique, vous ferez des économies, car les prix des hébergements fondent comme neige au soleil et le spectacle des chutes prises dans la glace s'avère exceptionnel !

Mondialement connues, les chutes du Niagara n'en finissent pas d'émerveiller par leur puissance incomparable.

Si les chutes du Niagara sont les plus connues au monde, ce n'est pas pour leur hauteur (une cinquantaine de mètres au plus), mais plutôt pour leur largeur (675 m pour le Fer à cheval, la plus grande !) et surtout pour leur puissance et leur bouillonnement surréaliste !

Elles sont bien plus belles – mais hélas fortement commercialisées – du côté canadien, car on les y observe toutes de face. Toutes, car on compte en fait trois chutes proprement dites : côté américain, *American Falls* (la grande) et *Bridal Veil Falls* (« la chute du Voile de la Mariée », la petite à droite) ; et, faisant la jonction avec le Canada, *Horseshoe Falls* (« chute du Fer à cheval », à cause de sa forme). Les Américains, moins chanceux, ne les voient que de côté. La traversée de la frontière est néanmoins intéressante, d'autant qu'à pied, c'est peu onéreux. On profite alors de la charmante balade dans le verdoyant *Niagara Falls State Park*, cerné par les flots tumultueux de la rivière. L'environnement, beaucoup plus bucolique que du côté canadien, ravira les amateurs de nature préservée.

Croisière au pied des chutes

Une croisière jusqu'au pied des chutes, que ce soit du côté américain ou du côté canadien, est absolument incontournable. On vous donne un poncho à la montée sur le bateau, et c'est parti pour une bonne séance de brumisateur dans les remous au cœur du Fer à cheval.

Côté canadien, les bateaux, très gros, peuvent accueillir près de 700 personnes. Côté américain, ils sont plus petits et plus beaux. Autre avantage de ce côté de la frontière : on a accès à l'*Observation Tower* (où se trouve l'ascenseur pour l'embarcadère) qui offre une vue plus dégagée des *Horseshoe Falls*. Au retour de la balade, on peut emprunter une série d'escaliers qui conduisent au pied des *American Falls*.

Table Rock

Immense balcon dominant les chutes, où, chaque année, quelque 8 millions de visiteurs venus de toute la planète s'accoudent pour admirer ce spectacle grandiose ! Très impressionnant, car on surplombe littéralement les *Horseshoe Falls* à l'endroit même où elles tombent.

43° 04' 46" N, 79° 04' 29" O

EXPÉRIENCE ROUTARD

Tous les soirs de l'année, les chutes sont illuminées aux couleurs de l'arc-en-ciel. Feu d'artifice à 22h les vendredi, dimanche et jours fériés de mi-mai à mi-octobre, tous les soirs de mi-juin à début septembre, plus à certaines autres dates et horaires hors saison.

• niagarafallstourism.com/fireworks •

Cave of the Winds

Cette attraction-là, vous ne la trouverez pas côté canadien ! On vous donne un poncho jaune et des sandales antidérapantes, puis c'est la descente en ascenseur. Et 35 m plus bas, au bout d'un long tunnel humide, on se retrouve sur un enchevêtrement formidable de passerelles de bois qui épousent le pied des chutes américaines. Le fun consiste à s'en approcher le plus possible pour les toucher du doigt (si, si !) ou se faire arroser un max dans un bruit d'enfer ; le *Hurricane Deck* est là pour ça ! On est complètement trempé, mais la sensation est unique ! C'est l'une des scènes emblématiques du film *Niagara*, de Henry Hathaway, qui lança la carrière de Marilyn Monroe en 1953. La pluie porte chance !

HISTOIRE D'EAU

Le 29 mars 1848 reste une date clé dans les annales de Niagara Falls. Ce jour-là, les chutes cessèrent de couler ! Les gens affluèrent pour assister à ce spectacle insolite et improbable. Certains en profitèrent même pour traverser à pied la rivière Niagara. L'explication de ce phénomène étrange était en fait très rationnelle : un énorme bloc de glace entravait la rivière en amont. Deux jours plus tard, la glace avait fondu et les chutes retrouvaient leur panache !

34

TYPE
Parc national.

SITUATION
Alaska, borough de Denali.

NATURE, COMPOSITION
Sommets montagneux, glaciers et taïga.

QUELQUES CHIFFRES
6 190 m (sommet) ; 24 600 km².

MEILLEURE PÉRIODE
De fin mai à fin août, (juillet peut être assez pluvieux).

COMMENT Y ALLER ?
Le Denali Star Train relie Anchorage à Fairbanks en passant par Wasilla, Talkeetna et Denali. Sinon avec les bus de la compagnie Interior Alaska Bus Lines (• *interioralaskabusline.com* •) ou en avion (• *alaskaair.com* •).

BON À SAVOIR
Optez plutôt pour le camping et les auberges de jeunesse. Hôtels chers et souvent complets. Consulter • *travelalaska.com* • (site officiel du tourisme en Alaska).

ÉTATS-UNIS (ALASKA)

DENALI NATIONAL PARK

Force de la nature

Le parc le plus connu d'Alaska abrite le sommet de l'Amérique du Nord, de nombreux glaciers et plus de 12 000 lacs. L'Alaska, quoi !

L'Alaska est immense : 3 800 km d'est en ouest, 2 300 km du nord au sud, soit trois fois la France pour bien moins d'1 million d'habitant, mais auusi 1 500 orignaux, 110 000 ours noirs, 35 000 grizzlys et 100 000 glaciers. Quelques routes – si peu en fait – se perdent dans cette immensité.

Plusieurs chaînes de montagnes y dressent leurs herses de sommets enneigés, jusqu'au point culminant de l'Alaska Range, l'emblématique mont Denali (6 194 m). Même s'il pleut moins par ici, le roi des sommets américains ne se découvre entièrement qu'un jour sur cinq, en moyenne...

Le Denali National Park est situé au centre de l'Alaska et s'étend sur 24 585 km². Il abrite donc le Denali, surnommé « Celui qui est haut » par les Indiens, un mont coiffé de neiges éternelles et de glaciers. C'est le plus haut sommet de l'Alaska du Nord. L'ascension est extrêmement difficile, mais rien ne vous oblige d'y grimper ! Il fut vaincu pour la première fois en 1913. Jusqu'en 2005, il portait le nom de mont McKinley, mais a retrouvé depuis son nom autochtone.

C'est en tout cas un territoire de prédilection pour les ours bruns et les grizzlys, friands des saumons et truites qui peuplent les 30 000 km de rivières. Mais aussi celui des caribous, élans, mouflons, loups, lynx... Et que dire des plus de 150 espèces d'oiseaux recensées comme le très élégant jaseur d'Amérique, la grue du Canada ou encore le majestueux aigle royal.

EXPÉRIENCE ROUTARD

La Denali Highway (Alaska Route 8) est sans doute la route la plus photogénique d'Alaska. Longue de 134 miles, dont seulement 15 % est asphalté, elle relie Paxson à Cantwell. Lors de son ouverture en 1957, elle était la seule route qui connectait l'est de l'Alaska au parc national de Denali. Aujourd'hui on la parcourt lentement pour en apprécier les paysages singuliers et le silence absolu. Au fait, tout le long, guère de possibilités d'hébergements et de restauration, à part des campings basiques.

À UN POIL PRÈS

Comment reconnaître un grizzly d'un ours brun ? Question cruciale quand on a la chance (ou la malchance) d'apercevoir un plantigrade ! Le premier est plus facile à observer (en prairies ouvertes), il a l'arrière-train plus bas que les épaules, une bosse sur le dos, une grosse tête et des petites oreilles. Le second reste reclus dans la forêt, possède des oreilles bien distinctes et a un arrière-train haut placé. Dans les deux cas, si l'un d'eux vous attaque (ce qui est très rare !), la même méthode s'applique : faites le mort. Good luck !

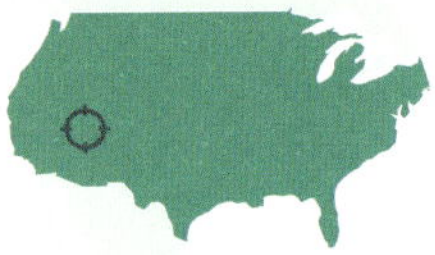

35

TYPE
Canyons.

SITUATION
À la frontière entre l'Arizona et l'Utah, dans l'ouest du pays.

NATURE, COMPOSITION
Roche de grès rouge.

MEILLEURE PÉRIODE
D'avril à octobre, de préférence entre 11h et 14h (mais ces créneaux sont à réserver très en amont et sont majorés).

COMMENT Y ALLER ?
Las Vegas est à 450 km (4h30) de route. La ville la plus proche des canyons, Page, se trouve à 10 km.

BON À SAVOIR
Les deux canyons sont fermés les jours d'orage (et même parfois les suivants) à cause des risques de crue, qui peuvent provoquer de terribles inondations.

ÉTATS-UNIS (ARIZONA)

ANTELOPE CANYONS

Vagues minérales

Deux sites fabuleux que l'on croirait taillés dans de la guimauve, et qui, selon la lumière, prennent des formes fantastiques couvrant toute la palette des ocres.

Upper Antelope Canyon

Découvert en 1931 par une jeune bergère navajo, ce canyon, somptueux défilé large de 2 m à peine et long de près de 200 m, tient son nom des nombreux *pronghorns* (l'antilope d'Amérique) qui peuplaient autrefois les environs. On croirait s'engouffrer dans un coquillage, forgé dans l'écorce d'un plateau gréseux, le magnifique grès rouge et beige caractéristique de la région. Vues de l'intérieur, les parois, étonnamment sculptées par les crues et le vent, évoquent d'étranges vagues minérales. Les couleurs changent selon l'inclinaison du soleil, prenant à la mi-journée d'extraordinaires tonalités orangées. C'est en effet quand les rayons solaires sont verticaux que le site est le plus beau.

Lower Antelope Canyon

Le canyon, qu'on aborde ici par le haut (contrairement à l'Upper Antelope Canyon), est proche du parking où sont installées côte à côte les agences qui baladent les visiteurs. On le remarque pourtant à peine, et l'on pourrait très bien dépasser cette fine entaille sans imaginer un seul instant les trésors qu'elle cache. Ici, la visite se confond avec un amusant parcours accidenté, une balade haute en couleur où l'on se plaque contre la roche pour traverser un étroit défilé, avant de dégringoler de palier en palier, au gré d'escaliers. Le parcours s'étend sur quelques centaines de mètres, avant de remonter pour revenir par le dessus. Ainsi, contrairement à l'Upper Antelope Canyon, on traverse la faille dans sa longueur plutôt que de rebrousser chemin. Lower Antelope Canyon a peut-être notre préférence, d'autant qu'il est nettement moins cher que l'Upper pour un spectacle tout aussi fascinant.

LAC POWELL

Le spectacle d'énormes falaises ocre tombant dans les eaux bleu ciel du Lake Powell est l'une des visions magiques de l'Ouest américain. Il est assez rare que l'intervention de l'homme pour modifier l'aspect de la nature ait un effet esthétique aussi positif ! Situé juste au centre du « Grand Circle », un cercle imaginaire de 800 km de diamètre incluant les parcs nationaux de Zion, Grand Canyon, Arches et Monument Valley, entre autres, le lac s'est formé suite à l'élévation d'un barrage pour contrôler le débit du fleuve Colorado et produire de l'électricité. C'est aujourd'hui une étape incontournable de tout road trip dans la région !

ÉTATS-UNIS (ARIZONA)

GRAND CANYON

Merveille du monde

TYPE
Parc national.

SITUATION
Arizona.

NATURE, COMPOSITION
Gorges.

QUELQUES CHIFFRES
445 km de longueur ; profondeur moyenne 1 600 m.

MEILLEURE PÉRIODE
Pour plus de sérénité, tôt le matin ou un peu après le coucher du soleil. Le haut du Grand Canyon se situant à 2 000 m, il peut y faire frisquet (voire froid !) jusqu'en mai-juin ou dès septembre-octobre. Même en été, il n'est pas superflu de prévoir une petite laine.

COMMENT Y ALLER ?
Service de bus entièrement gratuit (et accessible aux personnes handicapées) qui relie les différents points de vue le long de la corniche. D'une rive à l'autre, même si ça n'en a pas l'air, compter 345 km par la route (et 5h de trajet) ! Navettes possibles également, pratiques si l'on fait la traversée à pied.

PLUS D'INFOS
• *trans-canyonshuttle.com* • (résa des navettes).

L'un des phénomènes géologiques les plus spectaculaires et les plus photogéniques de notre planète. À voir une fois dans sa vie.

Griffant en dents de scie le vaste plateau qui s'étend du sud de l'Utah au nord de l'Arizona, le Colorado s'est taillé dans la roche (parfois tendre, parfois dure, ce qui explique ses innombrables méandres) une superbe « route » sinueuse sur près de 445 km. Le canyon peut atteindre 1 857 m de profondeur pour une largeur maximale de près de 29 km. À l'américaine, quoi ! Avant 1963, date de la construction du barrage de Glen Canyon, le fleuve charriait même 500 000 t de sable par jour.

L'entrée principale du parc du Grand Canyon se trouve à 120 km de Flagstaff, 440 km de Las Vegas et environ 780 km de Los Angeles. En arrivant devant le Grand Canyon, on a le souffle coupé. La nature nous en met plein les yeux avec cet abîme grandiose, fruit de quelque 2 milliards d'années d'évolution géologique... Bon, ça, c'est pour l'âge des roches les plus anciennes qu'on y trouve, à savoir le schiste de Vishnu, tassé au bas du Canyon. Les plus récentes et les plus superficielles seraient les roches d'origine volcanique vieilles de 100 000 ans à 3 millions d'années. Entre les deux se situent des roches de différentes périodes, ce qui fait du site le dépositaire de couches géologiques parmi les plus complètes de la planète.

EXPÉRIENCE ROUTARD

Il y a 4 façons de découvrir le Grand Canyon. L'observation depuis le haut des falaises est la plus populaire, la plus rapide et la plus économique. Divers points de vue facilement accessibles par des sentiers de la corniche. Pour ceux qui ont peu de temps (mais un peu d'argent !), il y a le survol en hélico ou en avion. 3e option : la descente à pied sur un des versants. Une bonne condition physique s'impose, mais c'est la meilleure manière d'explorer le canyon « en profondeur ». Enfin, on peut découvrir la gorge d'en bas, en parcourant le fleuve en raft. Sensations fortes garanties, mais il faut avoir du temps, réserver sa place très longtemps à l'avance et aimer la compagnie.

La diversité rocheuse qui en résulte procure au canyon cette très riche palette de teintes… pour le plus grand plaisir des photographes et des amoureux de la nature ! Cela étant, la crevasse elle-même, si large soit-elle par endroits, est bien plus jeune que ses composantes : à peine 5 à 6 millions d'années (soit plus jeune que Lucy !).

Du fait de l'importante dénivelée, 5 grandes zones climatiques sont identifiables au Grand Canyon, depuis le Colorado au fond (saules, tamaris…) jusqu'aux chênes, pins et peupliers faux-tremble (qu'on confond avec des bouleaux à cause de leurs troncs blancs) tout là-haut, en passant par les plantes des déserts américains sur les pentes.

C'est simple, au Grand Canyon, le végétal est roi avec plus de 1700 espèces répertoriées dont une douzaine de plantes endémiques (qui ne poussent nulle part ailleurs). On dénombre également plus de 300 espèces d'oiseaux et 76 espèces de mammifères. N'oubliez pas vos jumelles !

La rive sud est de loin la plus fréquentée (99 % des visiteurs ne viennent qu'ici !). Un petit village artificiel s'y est développé. Vu la fréquentation du site, pour un premier contact plus « intime » avec le Grand Canyon, on conseille plutôt de l'aborder par l'entrée est *(Desert View)*, et à l'aube, de préférence.

CIEL !

Noter que le Skywalk, la fameuse passerelle de verre perchée au-dessus du Grand Canyon, ne se trouve pas à Grand Canyon Village (South Rim) mais à Grand Canyon West, soit à 400 km (par la route) plus à l'ouest, vers Las Vegas. Le gros hic : c'est horriblement cher et… photo interdite. Tant qu'à dépenser des dollars, on conseille plutôt d'acheter un pass *America The Beautiful*. Il est valable 1 an et vous accorde la gratuité dans la plupart des parcs de l'Utah et de l'Arizona pour vous, accompagné de 3 personnes et de votre voiture. Il est valable pour le Grand Canyon. Franchement, y a pas photo !

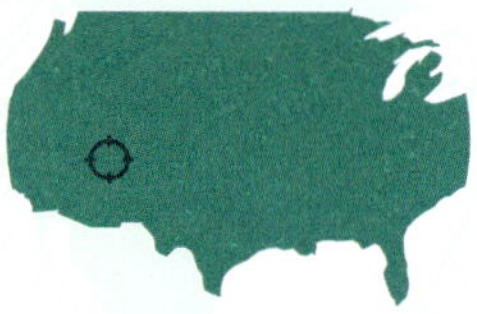

36° 52′ 49″ N, 111° 31′ 11″ O

37

ÉTATS-UNIS (ARIZONA)

HORSESHOE BEND

Grand angle

Ce point de vue plongeant sur un magnifique piton rocheux, enserré par l'un des méandres du Colorado, est l'un des plus spectaculaires qui soit.

TYPE
Canyon.

SITUATION
Près de Page (Arizona), dans l'ouest du pays.

NATURE, COMPOSITION
Falaises de grès, fleuve.

QUELQUES CHIFFRES
Falaises de 340 m ; courbe du méandre à 270°.

MEILLEURE PÉRIODE
Avril-juin et septembre-octobre pour éviter les grosses chaleurs. En fin de matinée et en début d'après-midi, le site est entièrement au soleil ce qui est préférable pour prendre des photos.

COMMENT Y ALLER ?
On accède au site en 20 mn de marche depuis le parking.

BON À SAVOIR
En arrivant au bord de la falaise, soyez prudent car la roche à certains endroits est friable.

Située non loin de Page et du Lake Powell, cette curiosité géologique en forme de fer à cheval géant se rejoint après une courte marche. Là, le contraste entre les eaux vert émeraude du fleuve, les falaises de grès ocre et la végétation luxuriante des berges offre une vision spectaculaire à ne pas manquer ! Les couleurs des roches et du fleuve en contrebas varient en fonction de la position du soleil, faisant de chaque heure de la journée un spectacle unique. Les photographes préfèreront les heures les plus chaudes, quand le canyon est entièrement baigné de lumière, mais les levers et couchers de soleil sur le site sont envoûtants.

LE LAKE POWELL

Le spectacle d'énormes falaises ocre tombant dans les eaux bleu ciel du Lake Powell est l'une des visions magiques du Sud-Ouest américain. Il est assez rare que l'intervention de l'homme pour modifier le dessein de la nature ait un effet esthétique aussi positif ! Personne, lorsque le barrage fut mis en service, ne pensait que les objectifs premiers (contrôle du débit du fleuve Colorado et production d'électricité) seraient rapidement relayés par une autre industrie plus importante : le tourisme. Le lac est en effet situé juste au centre du « Grand Circle », un cercle imaginaire de 800 km de diamètre incluant les parcs nationaux de Zion, Grand Canyon, Arches et Monument Valley, entre autres merveilles naturelles. Ni, bien sûr, le lac Powell lui-même, devenu le grand terrain de jeux des habitants des villes de la région, qui affluent avec leurs énormes camping-cars tirant un hors-bord ou une paire de jet-skis (de 10 °C en hiver, l'eau atteint 26 °C en août !). Reste que la sécheresse dont est victime la région depuis des années commence à poser de sérieux problèmes. De nombreux bras, inondés les premières années de la mise en eau, sont désormais difficilement navigables, ce qui oblige les plaisanciers à faire de longs détours.

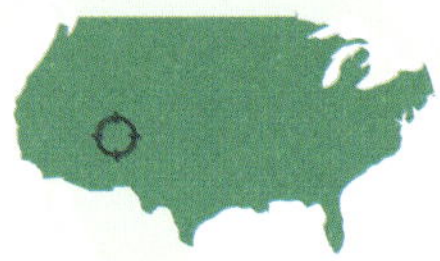

38

ÉTATS-UNIS (ARIZONA, UTAH)

MONUMENT VALLEY

Légende de l'Ouest

TYPE
Site naturel géologique.

SITUATION
Arizona et Utah.

NATURE, COMPOSITION
Pitons rocheux, plateau du Colorado.

MEILLEURE PÉRIODE
Climat désertique aux hivers froids et étés chauds, ces derniers toutefois tempérés par l'altitude. Nuits fraîches avec des températures chutant rapidement après le crépuscule.

COMMENT Y ALLER ?
Pas de transport en bus (ni en train ni en avion…). L'accès au site (payant) se fait par la route 163, entre Kayenta et Mexican Hat, juste après avoir quitté l'Arizona et pénétré en Utah en venant du sud.

PLUS D'INFOS
Visitor Center, à environ 6 km à l'est de la 163.
• *navajonationparks.org* •

L'un des paysages les plus emblématiques des États-Unis, devenu un décor mythique des westerns.

Souvenez-vous des films de cowboys : *La Chevauchée fantastique, Le Massacre de Fort Apache, Rio Grande, La Charge héroïque…* Mais aussi la course folle de *Forrest Gump* ou encore le générique de *Lucky Luke* sur fond de « I'm a poor lonesome cowboy ». Au premier plan, le héros. Au fond, d'étonnants pitons de roche rouge qui atteignent jusqu'à 300 m. Le jeu des couleurs, variant de l'ocre au rose en passant par le rouge et le marron, revêt un charme incroyable à l'aube et au coucher du soleil. Les paysages n'ont pas changé depuis le passage du Pony Express. Il ne reste plus qu'à imaginer les cow-boys jouant du lasso et les Indiens lançant leur cri de guerre… À travers ses films, John Wayne forgea sa légende d'homme de l'Ouest, franc, rude, lent intellectuellement mais courageux, loyal et déterminé. Bref, l'archétype du bon Américain, même si le bonhomme n'était pas toujours des plus sympathique dans la vraie vie. Et évidemment, dans les films, les Indiens payaient toujours les pots cassés. Ils étaient fréquemment employés comme figurants. Hosteen Tso, un chaman local, servit même de météorologue sur les tournages.

Aujourd'hui, la vallée est toujours le domaine des Navajos, qui vivent encore parfois de l'élevage de moutons mais surtout du tourisme, ainsi que de la vente d'objets artisanaux, bijoux en argent et couvertures tissées.

LA NAISSANCE D'UNE LÉGENDE

Pour faire connaître Monument Valley, alors inconnu du grand public, et pour remplir ses caisses, Harry Goulding, propriétaire d'un hôtel, se rend à Hollywood pour rencontrer John Ford. Il poireaute 3 jours devant son bureau pour lui montrer ses photos. Enfin, Ford arrive. Impressionné, le cinéaste décide sur-le-champ de venir y tourner son prochain western, *La Chevauchée fantastique*. Nous sommes en 1939. La légende cinématographique de Monument Valley est née ! Des 140 films que ce géant de Hollywood tourna entre 1917 et 1966, 9 le furent à Monument Valley.

36° 57′ 04″ N, 109° 55′ 26″ O

Visite sur place

Il y a grosso modo deux manières d'explorer Monument Valley. La plus économique consiste à emprunter avec votre propre véhicule la piste principale de 27 km (la « Valley Drive ») qui sinue entre les plus belles formations rocheuses. Celles-ci s'appellent *butte* quand elles sont plus hautes que larges et *mesa* quand elles sont plus larges que hautes. Compter 2h à 2h30 pour faire la boucle en incluant les (nombreux) arrêts photo. Vitesse limitée à 15 mph, soit 24 km/h. Au coucher du soleil, l'un des plus beaux points de vue est le fameux John Ford's Point. A contrario, le matin, choisissez plutôt Artist's Point.

L'autre solution, beaucoup plus chère, consiste à faire une excursion avec une agence, laquelle permet cependant d'accéder à des pistes interdites aux touristes individuels. Le parc étant géré par les Navajos, les agences sont en grande majorité issues de leur communauté.

Les balades en solitaire à cheval sont strictement interdites dans le parc, en revanche, il est toujours possible de partir accompagné d'un guide et de jouwer à John Wayne, le nez enfoui dans son bandana et le Stetson enfoncé jusqu'aux rotules.

Toujours est-il qu'en fin de journée, lorsque les derniers rayons de soleil enflamment les vieux colosses rocheux, le moindre galop prend des allures de chevauchée fantastique...

EXPÉRIENCE ROUTARD

Un sentier en boucle (6,3 km), le Wildcat Trail, permet de se balader seul en effectuant le tour de West Mitten Butte. Départ depuis le terrain de camping, au début de la Valley Drive. Il y fait horriblement chaud en pleine journée (aucune ombre) et il y a de nombreux passages sablonneux, mais la balade est relativement facile et sympa au coucher du soleil, d'autant qu'assez peu de monde s'y aventure.

39

ÉTATS-UNIS (CALIFORNIE)

SEQUOIA NATIONAL PARK

Arbres géants

Les plus grands arbres de la terre sont regroupés ici, véritables mastodontes plusieurs fois millénaires. Voilà qui pousse à l'humilité…

TYPE
Parc national.

SITUATION
En Californie, dans l'ouest du pays, à environ 130 km au sud du Yosemite à 320 km au nord de Los Angeles.

NATURE, COMPOSITION
Forêts, sommets granitiques, rivières.

QUELQUES CHIFFRES
2000-2500 m d'altitude ; arbre record de 83 m de haut et 31 m de circonférence.

MEILLEURE PÉRIODE
Juin-septembre. Évitez de vous y rendre avant juin : les routes sont enneigées.

COMMENT Y ALLER ?
Il n'y a que 2 entrées : l'une au sud, Ash Moutain Entrance, sur la route 198, et l'autre par la 180, la Big Stump Entrance. Il n'y a pas d'entrée à l'est du parc, ce qui implique un grand détour si l'on vient de Las Vegas ou de Death Valley.

PLUS D'INFOS
• *nps.gov/seki* •

Une splendide région, à plus de 2 000 m d'altitude, qui regroupe d'imposants sommets granitiques, des gorges profondes, des lacs, des rivières, des forêts d'arbres millénaires et, notamment, des séquoias géants, dont le célèbre *General Sherman Tree*. Du haut de ses 83 m, avec un tronc de 31 m de circonférence et de 11 m de diamètre, c'est l'organisme vivant le plus imposant au monde. On le découvre dans la Giant Forest, sur la route principale qui traverse de parc du sud au nord. Vers la sortie ouest du parc, on accède à son concurrent, le séquoia *General Grant*, en se baladant entre d'autres géants, en particulier le *Fallen Monarch*, un séquoia couché dans lequel on peut marcher, comme dans un tunnel. Moins vieux que le *General Sherman Tree*, le *General Grant* est également un poil moins haut (82 m), mais plus grand à sa base (diamètre de 12,30 m).

Du sommet de Moro Rock, un dôme en granit situé dans la Giant Forest, se déploie une vue imprenable sur la partie ouest du parc. On y accède par un escalier assez raide, qui permet de gravir les 91 m du rocher. En poursuivant vers l'est, on peut passer en voiture à travers le tronc d'un séquoia couché, avant d'atteindre Crescent Meadows, lieu de villégiature préféré des ours bruns.

UN CHEF INDIEN TRANSFORMÉ EN ARBRE

Avec plus de 100 m de haut, le séquoia géant américain est le plus haut des conifères et peut donc être considéré comme le roi des forêts. Ce nom lui fut attribué par un botaniste autrichien en mémoire du chef indien Sequoyah (1767-1843), inventeur de l'alphabet cherokee.

EXPÉRIENCE ROUTARD

ALERTE INCENDIES

Le patrimoine naturel exceptionnel du parc national est menacé par la recrudescence des incendies qui ravagent la région, ces dernières années. En 2020, pas moins de 10 % des séquoias présents sur terre sont partis en fumée. Et rebelote en 2021 où quelque 2 200 arbres géants ont tragiquement brûlé.

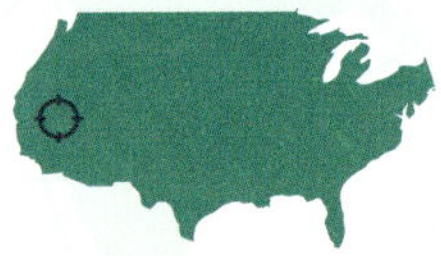

40

TYPE
Parc national.

SITUATION
Sierra Nevada, Californie.

NATURE, COMPOSITION
Montagnes, séquoias géants.

QUELQUES CHIFFRES
3 108 km² ; créé en 1864.

MEILLEURE PÉRIODE
L'été pour randonner, sinon, il fait très froid, même en avril-mai (avec souvent de la neige). Cela dit, les paysages hivernaux et pour soi seul, c'est magnifique ! Important : chaînes obligatoires entre octobre et avril. Le hic : en été et les week-ends de mai à septembre, il y a beaucoup beaucoup de monde.

COMMENT Y ALLER ?
De San Francisco ou Los Angeles, train jusqu'à Merced (4h ou 6h), à 130 km de Yosemite Village, puis rejoindre le parc avec la Yarts Bus Line (3h de route). En voiture, 4 entrées, compter 2h pour traverser le parc.

PLUS D'INFOS
• *nps.gov/yose* • (site internet très complet) ;
• *travelyosemite.com* • (activités).

ÉTATS-UNIS (CALIFORNIE)

YOSEMITE NATIONAL PARK

Généreux de nature

L'image même que l'on se fait des montagnes de l'Ouest américain.

À environ 515 km au nord de Los Angeles et 290 km à l'est de San Francisco, Yosemite fut le premier site protégé du monde, dès 1864, par un décret signé par Abraham Lincoln en personne ! Grâce à l'intense travail de lobbying de John Muir (1838-1914), un Écossais botaniste et géologue, il devint officiellement un parc national en 1890. Son nom (prononcer « os-sémiti ») fut donné en référence à une tribu indienne, les Uzumatis, exterminée au milieu du XIXe siècle.

Étagé entre 600 et 3 960 m d'altitude, couvrant plus de 300 000 ha en plein cœur de la Sierra Nevada, le parc symbolise l'image même que l'on se fait des montagnes de l'Ouest américain : profondes forêts de pins et séquoias géants, vertigineuses parois de granit, panoramas à couper le souffle, avec tous les animaux sauvages (loups, ours, pumas et daims) qui complètent superbement le tableau !

À Mariposa Grove, délicieuse balade dans un bosquet de séquoias géants qui émergent d'une forêt de pins. Parmi les spécimens les plus spectaculaires, le *Grizzly Giant*, 1 800 ans au compteur, 64 m de haut et 29 m de circonférence ou encore le *California Tunnel Tree*, dont le tronc a été creusé d'un passage pour les diligences en 1895, pour faire office d'entrée symbolique du parc.

TIPS POUR LA RANDO

Yosemite est l'un des meilleurs spots de randonnée pédestre aux États-Unis : le parc compte près de 1 350 km de chemins de randonnée, bien balisés, de tous niveaux et de durées variées, dont une bonne dizaine dans la Yosemite Valley et une quinzaine ailleurs dans le parc. Les rangers sont là pour vous aider à choisir. Si vous partez plus de une journée, il vous faut obtenir un permis *(wilderness permit)* • *nps.gov/yose/planyourvisit/wildpermits.htm* •, à réserver à l'avance, certains sentiers étant soumis à des quotas.

La vallée de Yosemite (au centre du parc), dominée par El Capitan et le Half Dome, de fantastiques monolithes uniques au monde, est l'un des plus beaux exemples de vallée glaciaire qui soient, caractérisée par des flancs hauts et abrupts et un fond plat, où coule la Merced River, vestige du lit du glacier.

Les millions de visiteurs annuels se lancent volontiers sur les centaines de kilomètres de sentiers du parc, de quelques heures à 10 jours. Mais on peut aborder le parc de multiples manières. La baignade dans la rivière Merced, qui coule au creux de la vallée, est ainsi possible de mi-juillet à septembre. Le reste de l'année, les rapides et la température glaciale de l'eau ne rendent pas la baignade très agréable ni prudente ! Plus tranquille et bordé de plages de sable clair, le lac Tenaya, sur Tioga Road, offre une eau limpide, calme et pas si froide que ça.

La réputation de Yosemite dans le monde de la grimpe n'est par ailleurs plus à faire. C'est le royaume des *big walls*, des murs verticaux. C'est le point de rendez-vous des *free climbers*. Impressionnant. Autres sensations : le rafting, les balades à cheval et les excursions à vélo. Pour le dodo, le parc compte une douzaine de campings (mieux vaut réserver au plus tôt).

Au fait, vous pouvez laisser votre téléphone au fond du sac, le réseau est très capricieux dans le parc. Ça tombe bien, on est venu pour décrocher !

EXPÉRIENCE ROUTARD

Les ours sont très nombreux à Yosemite et moins gentils que ceux de Walt Disney ! Il est impératif de respecter les règles de sécurité données par les rangers si vous campez ou partez en randonnée. Conserver toute la nourriture, ainsi que tout ce qui sent bon dans une grosse boîte en fer (bear boxes) *présente à chaque emplacement de camping. Ne rien laisser non plus dans votre tente, ni dans votre voiture (les ours arrachent les portes avec une étonnante facilité). Autres enquiquineurs : les moustiques, moins dangereux mais beaucoup plus nombreux ! Un répulsif efficace est obligatoire.*

25° 19′ 00″ N, 80° 56′ 00″ O

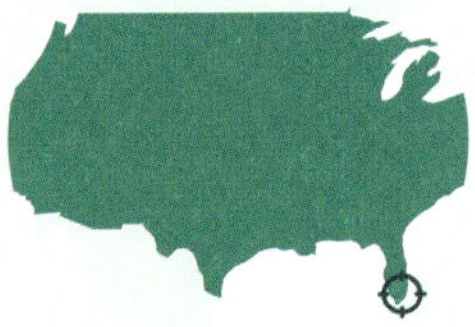

41

TYPE
Parc national.

SITUATION
À la pointe sud de la Floride, avant d'arriver dans les Keys.

NATURE, COMPOSITION
Prairies, mangroves, forêts.

DIPLÔME
Inscrit au Patrimoine mondial de l'Unesco.

QUELQUES CHIFFRES
6 400 km² ;
400 espèces d'oiseaux.

MEILLEURE PÉRIODE
L'hiver, sec et ensoleillé. La chaleur y est agréable (19 à 24 °C) et la vie sauvage s'y affiche au grand jour (les oiseaux débarquent du nord et les alligators se regroupent dans les points d'eau). Mieux encore, les moustiques marquent à cette époque-là une pause salutaire !

COMMENT Y ALLER ?
L'entrée principale du parc est située à 17 km au sud de Florida City et à 70 km au sud de Miami.

BON À SAVOIR
La route bitumée de Shark Valley n'est pas accessible en voiture. On peut parcourir cette portion du parc en petit tramway, à vélo (recommandé) ou à pied.

ÉTATS-UNIS (FLORIDE)

EVERGLADES NATIONAL PARK

Royaume des alligators

Aux portes de Miami, le parc national des Everglades forme un immense et luxuriant marécage subtropical.

Les Indiens séminoles l'appelaient *Pa-hay-Okee*, les « eaux herbeuses ». Ce gigantesque marécage, qui s'étendait jadis depuis le grand lac Okeechobee jusqu'à la pointe sud de la Floride (sur plus de 10 000 km²), forme un ensemble d'écosystèmes interdépendants d'une grande richesse : prairies humides, lacs, forêts de cyprès chauves, étendues de pins, mangroves…

Les alligators sont ici chez eux, tout comme les oiseaux, dont on dénombre 400 espèces : ibis, tantales (cigognes), spatules roses, hérons divers et variés, balbuzards, pélicans… Si les ratons laveurs et les lamantins se montrent facilement, il en va tout autrement des rares panthères de Floride et des lynx. Les moustiques, eux, sont vraiment innombrables, surtout les soirs d'été.

Pour découvrir le parc, de nombreux sentiers de randonnées pédestres ont été aménagés, notamment depuis l'entrée principale, et des circuits en canoë permettent de se faufiler dans la mangrove.

Et sur l'US 41, à 62 km à l'ouest de Miami (Mile 36), ne pas manquer Shark Valley.

Ce secteur du parc des Everglades se résume à une boucle goudronnée de 24 km qui traverse la sawgrass (littéralement « herbe-scie »), parsemée d'îlots de végétation dense (palmiers, ficus, etc.) appelés *hardwood hammocks*. À mi-chemin, un mirador de 19 m de haut offre une vue panoramique sur la prairie inondée.

La faune est particulièrement riche ici, et vous verrez des alligators comme nulle part ailleurs… Plus inoffensifs, on observe également de nombreuses espèces de hérons (petits patapons… mais aussi grands, bleus, gris), des aigrettes en pagaille, des gallinules (des poules d'eau arc-en-ciel !), des balbuzards (les seuls rapaces pêcheurs) et des vautours à tête noire (urubus) ou rouge (auras, plus rares). Les belles spatules roses se montrent parfois. Les tantales (cigognes américaines) et les ibis, au long bec orange incurvé, semblent préférer la sawgrass, vers le milieu du parcours.

ALLIGATOR OU CROCODILE ? CAÏMAN LA MÊME CHOSE ?

L'alligator a une tête en forme de U, plus large et plus courte que celle du crocodile. Il aligne « juste » 92 dents, contre 120 pour son cousin ; seules les supérieures restent visibles quand sa mâchoire est fermée, contrairement au crocodile, qui les montre toutes en même temps. Enfin, l'alligator a la réputation d'être moins dangereux pour l'homme...

EXPÉRIENCE ROUTARD

Chaque année, début février, des Indiens de toutes les tribus américaines (et quelques descendants d'Aztèques) se retrouvent à Hollywood (FL) pour le Seminole Tribal Fair and Pow Wow. Défilés, danses rituelles, chants de guerre... et même des combats avec des alligators ! Mieux qu'au cinéma. • semtribe.com •

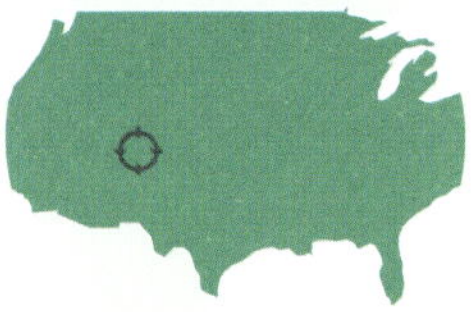

42

ÉTATS-UNIS (UTAH)

ARCHES NATIONAL PARK

Dentelle de roche

TYPE
Parc national.

SITUATION
Dans l'est de l'Utah, à l'ouest du pays.

NATURE, COMPOSITION
Zone semi-désertique, roche de grès rouge.

QUELQUES CHIFFRES
305 km² et plus de 2 000 arches de pierre.

MEILLEURE PÉRIODE
Avril-juin et septembre-octobre pour éviter les intenses chaleurs estivales.

COMMENT Y ALLER ?
Las Vegas est à 720 km (6h30) de route. La ville la plus proche du parc, Moab, se trouve à 8 km.

BON À SAVOIR
De mi-mars à mi-octobre, les rangers organisent des balades guidées de 1h à la découverte d'un site et des activités de nuit au Devil's Garden Campground... Renseignements et résas au Visitor Center. Attention, vous êtes ici dans un environnement désertique et les températures peuvent facilement atteindre 40 °C en été (pointes à 48 °C en juillet). Il est conseillé de boire au minimum 4 l d'eau par jour et par personne

Les quelque 2 000 arches de roche rouge, spectaculaires, qui jalonnent le parc en font l'une des plus belles merveilles de l'Ouest américain.

Ce petit parc est l'un des plus étonnants et des plus célèbres du pays. Les fortes amplitudes thermiques et les forces conjuguées de la nature (pluie, neige, gel) y ont façonné au fil des millénaires des paysages somptueux, marqués avant tout par la présence du plus grand nombre connu d'arches de pierre : on en dénombre plus de 2 000 ! Courtes ou longues, massives ou effilées, elles confèrent au paysage un caractère unique et spectaculaire, renforcé encore par la présence d'autres formations fantaisistes : rochers en équilibre, cheminées de fées, falaises rouges vertigineuses.

Une route goudronnée d'environ 37 km traverse tout le parc du sud au nord et en offre un bel aperçu. Depuis les différents parkings partent des sentiers bien balisés permettant de s'approcher davantage des formations rocheuses.

Parmi toutes ces formations aux noms évocateurs : *Three Gossips*, « les 3 commères » ; *Balanced Rock*, rocher en équilibre à 39 m du sol, assez surréaliste ; *Parade of Elephants*, d'énormes rochers rouges sculptés par l'érosion ; *Double Arch* la bien nommée. Impressionnante, c'est la plus haute et la 3e plus longue du parc.

Autre arche mythique : *Delicate Arch*. Magnifique formation posée comme par miracle au bord de la falaise. On grimpe auprès de cette dernière au flanc d'un gros mamelon rocheux. Là-haut, en fin de journée, la roche s'illumine d'oranges intenses, se détachant sur fond de montagnes enneigées. Magique !

43

ÉTATS-UNIS (UTAH)

BRYCE CANYON NATIONAL PARK

Cheminées de fées

TYPE
Parc national.

SITUATION
Dans le sud de l'Utah, dans l'ouest du pays.

NATURE, COMPOSITION
Roche calcaire.

QUELQUES CHIFFRES
145 km² ; point culminant à 2 748 m d'altitude.

MEILLEURE PÉRIODE
De mai à septembre. Les mois de mai-juin sont les plus secs, le mois d'août est le plus arrosé (il pleut souvent l'après-midi).

COMMENT Y ALLER ?
Las Vegas est à 480 km de l'entrée du parc par la splendide nationale 12.

BON À SAVOIR
De mai à octobre (mais aussi en hiver pour une partie du programme), les *rangers* organisent des interventions gratuites pédagogiques (en anglais) sur la géologie, la faune, l'astronomie, etc. Calendrier disponible au *Visitor Center*.

le **Navajo Loop Trail** est une boucle de 2-3h qui se faufile entre les pitons, dans d'étroits goulets rouge sang. La montée s'effectue alors par une gorge abrupte mais au frais car rapidement à l'ombre.

Un univers minéral hérissé de spectaculaires cheminées de fées, qui prennent au lever du soleil de sublimes teintes orangées.

Situé entre 2 018 et 2 748 m d'altitude, Bryce se dissimule dans un écrin de forêt et ne se dévoile qu'au dernier moment. Ce n'est pas vraiment un canyon, plutôt un plateau calcaire ciselé par l'érosion en une fantastique armée de cheminées de fées, colonnes rocheuses déchiquetées aux couleurs variant du jaune orangé au rouge profond, et auxquelles s'ajoute le vert des sapins du Colorado. La palette des tons est infinie, et se révèle époustouflante au lever du soleil. Le paysage est tellement différent de ceux des autres parcs qu'il mérite absolument un détour. Le coin est naturellement très fréquenté, mais il suffit de filer sur les sentiers couleur de sang pour que la sérénité reprenne le dessus.

Une dizaine de points de vue absolument superbes se succèdent le long de la route qui pénètre dans le parc sur une trentaine de kilomètres, jusqu'à Rainbow Point, tout au sud. La meilleure lumière se capte le matin – idéalement au lever du soleil –, mais on peut aussi faire de très belles photos en fin d'après-midi à condition d'arriver avant que les sites ne soient dans l'ombre .

Pour le lever du soleil, rejoindre *Sunrise Point*, le long d'une promenade parfaitement aménagée. De là, on surplombe une armée de *hoodoos*, profusion de pinacles déployant à perte de vue une palette de couleurs entre les ocres et les rouges. Une vision d'une absolue délicatesse.

Et pour le coucher du soleil, comme une proue de navire s'enfonçant dans le cirque, *Bryce Point* livre un panorama particulièrement impressionnant à plus de 180° sur l'horizon et sur les roches blanches, jaunes, orangées et rouges. Forêt d'aiguilles, cavités creusées dans la roche et, droit devant, un massif rocheux baptisé *Alligator*. Au loin, le village de Tropic.

HOW DO HOODOOS ?

Les *hoodoos*, ou pinacles, sont le résultat de quelque 200 nuits d'hiver rigoureux annuelles. L'eau, en gelant, écartèle la roche et la déshabille peu à peu de ses sédiments les plus friables. Les coloris, eux, sont le fruit de l'oxydation des minéraux : les oranges, roses et rouges sont dus au fer, le violet au manganèse, les parties blanches sont du pur calcaire.

17° 18′ 56″ N, 87° 32′ 04″ O

44

BLUE HOLE (GRAND TROU BLEU)

L'œil du monde

Un grand trou bleu posé au milieu de la mer des Caraïbes, cerné par un gigantesque anneau de corail.

TYPE
Cénote sous-marin.

SITUATION
À 80 km au large de Belize City, en Amérique centrale.

NATURE, COMPOSITION
Barrière de corail.

DIPLÔME :
Inscrit au patrimoine mondial de l'Unesco.

QUELQUES CHIFFRES
300 m de diamètre et 130 m de profondeur.

MEILLEURE PÉRIODE
De novembre à mi-avril, durant la saison sèche.

Le site de plongée le plus célèbre du pays. Imaginez un grand cercle bleu saphir de 300 m de diamètre et 130 m de fond. C'est le deuxième plus grand « trou bleu » du monde après le Dean's Blue Hole des Bahamas (202 m de profondeur). Son cercle est presque parfait et d'une beauté inouïe... Mais la perspective idyllique de cette parure corallienne autour de ce bleu intense n'est visible que d'une certaine altitude. Il faut la survoler en avion pour l'admirer. Depuis un bateau, l'impression est très différente.

Les clubs embarquent aussi bien plongeurs que snorkelers. La plupart des plongées s'effectuent entre 25 et 30 m de profondeur, mais ce n'est qu'à 40 m de profondeur que l'on atteint la cavité renfermant les fameuses stalactites et stalagmites mesurant plus de 5 m. Pour les adeptes du snorkeling, les récifs coralliens entourant le trou regorgent de poissons multicolores.

COMMENT Y ALLER ?
Les excursions sont organisées depuis les îles alentour (notamment Caye Caulker, accessible en ferry et en avion) et Belize City.

BON À SAVOIR
Certains clubs de plongée n'exigent des plongeurs qu'un niveau I (Open Water Diver), mais les niveaux un peu plus confirmés (à partir du II) en profiteront davantage.

LA BOUCHE DES DIEUX

C'est en 1971, à bord de sa *Calypso*, que Cousteau, le fameux commandant au bonnet rouge, rendit célèbre ce « trou bleu ». Cela dit, les Mayas connaissaient depuis belle lurette les *cenotes* (« puits sacrés » en maya hispanisé), ces gouffres dont le plafond s'est effondré avant d'être recouvert par la mer après la fonte de la calotte glaciaire. Comme au Yucatán, où ils sont très nombreux, les Mayas y voient une bouche communiquant avec les dieux des entrailles de la terre. Ils y stockaient de l'eau douce, y jetaient leurs offrandes ou... des victimes de sacrifices rituels.

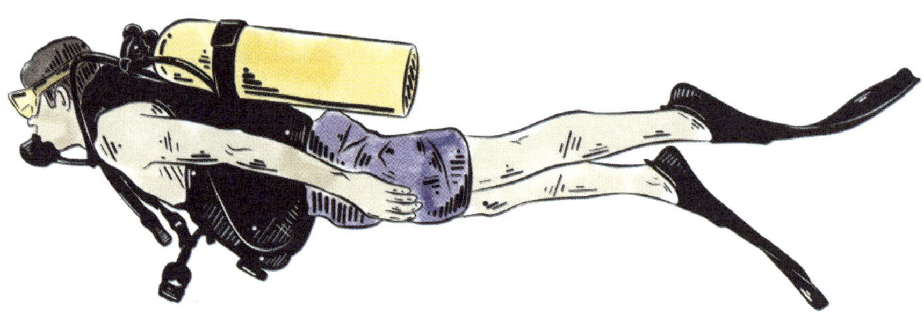

EXPÉRIENCE ROUTARD

Entre Caye Caulker et Ambergrisk, à environ 30 mn en speed boat depuis Caye Caulker, de nombreux clubs de snorkeling et de plongée organisent une belle excursion dans la Hol Chan Marine Reserve. Hol Chan signifie « petit canal » en maya : c'est une cassure dans la barrière de corail, promettant de belles plongées. La réserve a été divisée en trois zones : la barrière de corail avec poissons et coraux multicolores ; les lits d'algues avec l'accès à la Boca Ciega, caverne mystérieuse remplie de poissons et la zone de mangroves. L'idée est de montrer que les trois zones sont interdépendantes pour les espèces.

45

TYPE
Réserves naturelles.

SITUATION
Dans le nord du pays.

NATURE, COMPOSITION
Forêt tropicale.

QUELQUES CHIFFRES
2,50 m de pluie par an ; taux d'humidité de 100 % ; point culminant 1 840 m.

MEILLEURE PÉRIODE
Mars est le mois le plus sec. Monteverde jouit d'un microclimat exceptionnel : la température moyenne y est de 18 °C et l'humidité très forte, avoisinant les 100 %. En moyenne, il tombe 2,50 m de pluie chaque année, ce qui explique la couleur verte dominante et permanente de la forêt.

COMMENT Y ALLER ?
Santa Elena est le principal point de chute de la région. On la rejoint en voiture ou en bus depuis San José.

BON À SAVOIR
Deux réserves majeures composent la région. Monteverde et Santa Elena. Si la première est plus réputée, elle est aussi plus fréquentée. Le must est de visiter les deux et de venir dès l'ouverture pour tenter d'éviter la foule.

FORÊTS NUAGEUSES DE MONTEVERDE

La montagne verte

Voici le « cœur vert » du nord-ouest du Costa Rica, un immense périmètre où la nature est reine et les jungles, majestueuses.

Monteverde, qui est effectivement très verte, est une superbe région sauvage au sud du volcan Arenal. Au cœur de la cordillère de Tilaran, c'est un secteur montagneux couvert de forêts primaires denses et protégées. L'environnement y est sauvegardé et les jungles préservées du progrès. Même si la route principale est relativement entretenue, pas mal d'adresses et de sites sont accessibles par des pistes pas toujours très douces. Vous voilà prévenu. Pour vivre heureux, vivons loin de l'agitation du monde !

Cette région fait partie d'une sorte de zone exclusive et intouchable, la *Zona Protectora Arenal-Monteverde*. Son rôle est d'assurer la protection de la biodiversité des jungles et des écosystèmes. On y découvre quelques réserves naturelles (souvent privées) classées parmi les plus remarquables d'Amérique centrale. La plus belle, pionnière dans le domaine de l'écotourisme, est sans conteste la *Reserva Biológica Bosque Nuboso Monteverde* (« Réserve biologique de la forêt nuageuse de Monteverde »), mais plus modeste et tout aussi captivante est la *Reserva Bosque Nuboso Santa Elena*.

En toute saison, ne soyez pas étonné de découvrir dans ces réserves une forêt ténébreuse et imposante, aux arbres enveloppés de brouillard : c'est l'origine de son nom de « forêt nuageuse ».

UN AS DU CAMOUFLAGE

Le superbe morpho, emblème du pays, enchante le visiteur lorsqu'il s'envole et affiche soudain un superbe bleu électrique. Mais au repos, c'est un génie du camouflage. Non seulement le revers de ses ailes est marron, mais il affiche sur chaque aile un véritable trompe-l'œil, et c'est le cas de le dire, en faisant croire aux prédateurs qu'il s'agit de l'œil (énorme d'ailleurs) d'un oiseau ou d'un serpent.

La forêt nuageuse de Monteverde

Cette grande jungle sauvage a été reconnue comme une des plus belles réserves de forêt tropicale humide en Amérique centrale. Elle culmine à une altitude variant entre 860 et 1 840 m au-dessus de la mer, couvrant une surface de 4 125 ha, soit, d'après le parc, 2,5 % de la biodiversité mondiale à elle seule... Mais seulement 3 % de la réserve sont ouverts au public. Le reste est un espace strictement protégé et fermé à la visite.

Monteverde jouit d'un microclimat exceptionnel. La température moyenne y est de 18 °C et l'humidité très forte. En moyenne, il tombe 2,50 m de pluie chaque année, ce qui explique la couleur verte dominante et permanente de la forêt. Mars est le mois le plus sec. En toute saison, ne soyez pas étonné de découvrir une forêt ténébreuse et magnifique, aux arbres enveloppés de brouillard : c'est l'origine de son nom de « forêt nuageuse ».

La réserve a été fondée en 1972 par le scientifique George Powell et par Wilford Guindon, un des premiers quakers établis dans la région. Pour contrer la menace d'une avancée destructrice du progrès au détriment de l'écosystème, sujet ô combien d'actualité brûlante, ces deux pionniers de l'environnement créèrent le *Tropical Science Centre*, association à but non lucratif destinée à l'étude de la forêt, de sa faune et de sa flore. Devant les résultats positifs, le gouvernement du Costa Rica confia la gestion et l'administration de Monteverde à Guindon et Powell. C'est donc aujourd'hui le *Centro Científico Tropical* qui assure la sauvegarde de cette réserve remarquable.

COSTA RICA

10° 18′ 00″ N, 84° 49′ 00″ O

Huit sentiers de randonnée parcourent la réserve, tous connectés les uns aux autres. Mis bout à bout, ils totalisent 13 km. Plusieurs tours guidés sont programmés chaque jour : un tour d'histoire naturelle, durant lequel un guide naturaliste vous explique la faune et la flore ; un tour d'observation des oiseaux ; et un tour nocturne pour observer de nuit des mammifères terrestres, des oiseaux, des chauves-souris…

La forêt nuageuse de Santa Elena

À 1 650 m au-dessus de la mer, on y trouve le même type d'environnement qu'à la *Reserva Biológica Bosque Nuboso Monteverde*. Parmi les 310 ha qui la composent, près de 80 % de la surface sont composés de forêt primaire, le reste étant de la forêt secondaire où la lumière naturelle pénètre davantage. On y observe, entre autres, singes-araignées, paresseux, fourmiliers, colibris et le célèbre quetzal (avec un peu de chance et beaucoup de patience).

Les 13 km de sentiers sont très bien aménagés et balisés, impossible de se perdre. La rando la plus facile est le sentier *Youth Challenge* (1,4 km), qui possède un mirador d'où l'on peut voir le volcan Arenal par temps clair. Le sentier le plus long est le *Caño Negro* (4,8 km ; durée 3h-3h30). Ici aussi, plusieurs tours guidés sont organisés.

EXPÉRIENCE ROUTARD

La région de Monteverde a été la première à proposer des balades dans la canopée, sur des ponts suspendus et des activités sportives comme la tyrolienne. Plusieurs agences proposent ce genre d'activités. Certaines ont un bureau dans le centre de Santa Elena, où il est possible de réserver son excursion à l'avance. Pour les autres, on trouve toutes les infos sur leurs sites internet. Les parcs d'activités sont tous situés à l'extérieur de Santa Elena, dans la partie nord de Monteverde. On y accède par des pistes en mauvais état (4x4 obligatoires). Sky Adventures est un des sites les plus complets par le nombre d'activités proposées. Le Sky Walk est une randonnée pédestre qui traverse la forêt et passe par 6 ponts suspendus (dont un de 236 m de long et un autre fixé jusqu'à 70 m, le plus haut du Monteverde). • skyadventures.travel/monteverde •

10° 27′ 47″ N, 84° 42′ 11″ O

46

VOLCAN ARENAL

Explosif !

TYPE
Volcan.

SITUATION
Au nord du pays.

NATURE, COMPOSITION
Forêt tropicale, coulées de lave.

QUELQUES CHIFFRES
1 633 m d'altitude et parc de 12 000 ha.

MEILLEURE PÉRIODE
De novembre à février.

COMMENT Y ALLER ?
Le volcan et son parc national sont situés à 15 km à l'est de La Fortuna, elle-même à 80 km au nord de San José (accès possible en voiture de location ou en bus).

BON À SAVOIR
Plusieurs sentiers de randonnée permettent d'explorer le parc, chacun de longueur et de niveau de difficulté différents, ainsi que des itinéraires aménagés avec des ponts suspendus. Mais aussi, vélo, rafting, tyroliennes, windsurf. Il y en a pour tous les goûts !
Attention, l'accès au Cerro Chato (le petit frère du volcan Arenal) est fermé depuis 2017 et formellement interdit. Malgré la fermeture officielle, des guides peu scrupuleux proposent toujours l'excursion. L'accès y est pourtant difficile et dangereux.

Le plus beau volcan d'Amérique centrale domine une jungle tropicale dense et luxuriante, formant à sa base une grande écharpe végétale.

Par son omniprésente silhouette culminant à 1 633 m au-dessus de la mer, l'Arenal, de forme conique presque parfaite, domine la petite ville de La Fortuna. Naguère, les Indiens effrayés l'ont probablement vénéré, croyant qu'il cachait la demeure souterraine des dieux et des démons de l'univers…

Par temps dégagé, le volcan se dresse dans l'immensité du paysage, tel un superbe cône jupitérien. Certains jours, on pourrait même passer à côté de ce géant sans le voir tant il est noyé dans les nuages. Vu sa situation géographique, à la rencontre des influences de l'Atlantique et du Pacifique, son sommet est parfois coiffé d'une sorte d'auréole nuageuse que le vent dissipe vite. Une auréole de saint ? Sûrement pas, car cet Arenal ne changera pas de nature, c'est avant tout un diable cosmique. Quand jaillissent des fumerolles, le volcan ne menace personne mais annonce qu'il est toujours actif. Quand il explose, alors il peut être très violent et destructeur.

Un volcan endormi mais toujours prêt à jaillir

Méfiez-vous du volcan qui dort car il peut se réveiller à tout moment. Selon les experts, la couche de magma en fusion ne se trouverait qu'à 22 km sous la surface de l'écorce terrestre. L'Arenal n'est qu'une cheminée à l'air libre, les fourneaux incandescents et invisibles brûlent dans les entrailles de la terre. Les vulcanologues estiment qu'il serait né il y a près de 7 000 ans. C'est un jeune volcan classé dans la famille des stratovolcans.

Parfois, quand il est en colère, il crache de la lave en fusion, formant des halos rougeoyants bien visibles la nuit, et cela peut s'aggraver. Le pire a déjà eu lieu dans le passé. On recense ainsi plusieurs éruptions historiques : en 900 et en 220 av. J.-C., puis en 1080 apr. J.-C., en 1525 et en 1750. Après deux siècles de sommeil, le volcan s'est réveillé à nouveau le 29 juillet 1968. La région fut frappée par un violent tremblement de terre qui fracassa le sommet du volcan. Un nouveau cratère se forma. Les éruptions de cendres, de gaz et de roches, mais surtout les coulées de lave dévastèrent le versant ouest, anéantissant plusieurs hameaux et tuant 87 personnes. L'onde de choc fut telle que des habitants du Colorado (États-Unis) l'auraient ressentie ! L'Arenal fit ensuite semblant de dormir, mais il se réveilla encore en 1993, 1998, 2000, 2001, 2007 (mais sans gros dégâts ni victimes). Le 24 mai 2010, le cratère se mit à cracher quelques fumerolles et des coulées de lave que les touristes s'empressèrent de photographier de nuit. Si une éruption se produit, pas la peine de traîner dans le secteur, vous l'aurez compris...

Le parc national

Le parc national entourant le volcan Arenal a été créé en 1995 pour préserver ce site naturel d'une beauté rare. Le Parque Nacional Volcan Arenal est le siège d'une biodiversité palpitante, regroupant plus de la moitié des espèces de mammifères pouvant être observées au Costa Rica comme le puma, le jaguar, des singes, mais aussi des reptiles et des oiseaux tropicaux rares et menacés comme le *bobo picoquilla*, le *pavón* et le *pájaro campana*. Le cœur du parc est bien sûr le volcan, trônant majestueusement sur la région. Vous profiterez également de beaux panoramas dont une vue imprenable sur le lac Arenal.

Essentiellement constitué de forêts primaires, il est divisé en 2 secteurs : le secteur Volcan (à 14 km à l'ouest de La Fortuna) et le secteur Peninsula (par une piste parfois un peu difficile selon la saison). Des sentiers mènent à des tours d'observation avec vue panoramique sur le volcan et la forêt du parc.

Sources thermales

Comme autour du mont Fuji au Japon, de nombreuses sources thermales (*aguas termales* en espagnol, ou *hot springs* en anglais) jaillissent du sous-sol du volcan Arenal, chauffées par géothermie. Ces eaux chaudes, pures et naturelles sortent de terre à une température oscillant entre 25 et 38 °C, parfois plus. Réputées pour leurs vertus thérapeutiques, elles soulagent les rhumatismes et les contractures musculaires. Parfait en retour d'excursion. Elles ont aussi des vertus dermatologiques pour leur effet naturellement exfoliant : rien de tel, donc, qu'un bon bain pour recouvrer une peau de bébé. Contrairement aux sources thermales européennes, ici on se baigne dans l'eau, mais on ne la boit pas.

Cet « or blanc » constitue l'activité principale de nombreux établissements thermaux alignés le long de la route entre La Fortuna et le lac Arenal, sur les flancs du volcan.

La majorité des agences de La Fortuna propose des forfaits incluant transport et baignade dans l'un des bains thermaux. On peut aussi choisir d'y aller par soi-même.

EXPÉRIENCE ROUTARD

De nombreuses agences de La Fortuna organisent des sorties nature (tours dans la canopée, tyroliennes, ponts suspendus…) à la fois écologiques et sportives. Ecoglide Arenal Park (• arenalecoglide.com •), sérieuse, propose randonnées pédestres sur des sentiers au cœur de la forêt tropicale, étendue sur les versants du volcan Arenal, et parcours de tyroliennes et Tarzan Swing (suspendu par un harnais à un câble, on dévale des pentes à toute vitesse). D'autres agences, comme Bike Arenal (• bikearenal.com •), sont spécialisées dans les excursions à VTT sur les pentes du volcan et d'autres proposent des sorties en eau vive (rafting, canyoning, canoë).

COSTA RICA

10° 27′ 47″ N, 84° 42′ 11″ O

19° 23′ 00″ N, 87° 47′ 30″ O

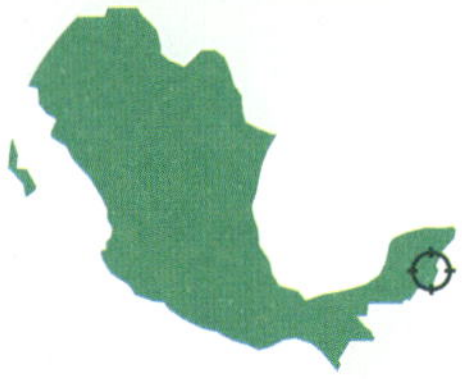

47

TYPE
Réserve naturelle.

SITUATION
Sur la côte est du pays, près de Tulum, sur la péninsule du Yucatán.

NATURE, COMPOSITION
Forêt tropicale, lagunes, mangroves, plages.

DIPLÔME
Inscrit au Patrimoine mondial de l'Unesco.

QUELQUES CHIFFRES
5 280 m² et 310 espèces de... moustiques (pas tous voraces !)

MEILLEURE PÉRIODE
Novembre à mai.

COMMENT Y ALLER ?
Deux options : s'offrir une sortie en bateau sur la Laguna Campechén depuis la route de Boca Paila et monter à la tour d'observation du *Centro de visitantes* (à 9 km de l'entrée, au niveau du pont de Boca Paila) ; ou passer par la zone archéologique de Muyil (à 21 km de Tulum en direction de Bacalar), pour rejoindre la Laguna Chunyaxché. Cette deuxième option offre des points de vue et des paysages plus variés.

MEXIQUE

RÉSERVE NATURELLE SIAN KA'AN

Incursion en terre maya

Un paradis vert et préservé au cœur du Yucatan, piqueté de lagunes aux eaux translucides et de ruines mayas. On s'y sent vite comme un explorateur !

De superbes plages de sable blanc côté Caraïbes, des fonds marins exceptionnels, mais aussi des sites archéologiques de premier plan... La péninsule du Yucatán, qui fait face à Cuba et à la Floride dans le golfe du Mexique, fait partie des régions les plus touristiques du Mexique, à juste titre. Et il y a foule dans certains endroits... Plutôt que de s'attarder dans les énormes complexes hôteliers et les machines à dollars de Cancún, le routard prendra bien vite les routes du Yucatán pour découvrir de superbes réserves naturelles, comme celle de Sian Ka'an.

Sian Ka'an, c'est « l'origine du ciel ». Grand comme un département français, cet immense parc naturel étiré sur 120 km du nord au sud comprend aussi bien des forêts tropicales que de vastes lagunes habitées par les lamantins et les alligators, des mangroves, des plages sauvages superbes, où viennent pondre les tortues marines, et des récifs coralliens. Plus de 300 espèces d'oiseaux y ont été recensées, ainsi que 120 mammifères.

L'idéal est d'explorer la réserve en petit bateau à partir du site archéologique de Muyil. Entouré par la forêt, ce dernier fut occupé dès 300 av. J. C. et jusqu'au début du XVIᵉ siècle. Après la visite, on embarque sur des lagunes aux eaux turquoise et des canaux creusés dans la mangrove par les Mayas. Parmi les temps forts : 40 mn de dérive sur un canal avec gilet de sauvetage. Autre option : la balade guidée en kayak de 3h.

MEXIQUE

19° 23' 00" N, 87° 47' 30" O

EXPÉRIENCE ROUTARD

S'il est très visité, le grande cenote est néanmoins très agréable pour une séance baignade : on se met à l'eau dans un premier puits naturel au cadre assez luxuriant, puis on ressort dans un second, plus petit, en nageant sous une voûte basse ! On peut y voir poissons, tortues (introduites) et chauves-souris.
Situé à environ 3,5 km de Tulum sur la route de Cobá.

AMÉRIQUE DU SUD

48

ARGENTINE, BRÉSIL, PARAGUAY

CHUTES D'IGUAZÚ

Grandes eaux

TYPE
Chutes d'eau.

SITUATION
À la frontière entre l'Argentine, le Brésil et le Paraguay.

NATURE, COMPOSITION
Abrupte faille géologique en arc de cercle au cœur de la forêt tropicale.

QUELQUES CHIFFRES
275 cascades, dont la plus haute atteint 80 m.

MEILLEURE PÉRIODE
Mars pour un débit spectaculaire, mais la bruine soulevée gâche un peu la vue ; septembre pour mieux distinguer les différentes chutes, mais le débit est moindre ; dans tous les cas, éviter le week-end.

COMMENT Y ALLER ?
Depuis Foz do Iguaçu côté brésilien, depuis Puerto Iguazú côté argentin. Côté brésilien, un bus permet de rejoindre le départ du sentier depuis l'entrée du parc. Côté argentin, un petit train mène aux départs des sentiers, mais on peut aussi parcourir la distance à pied.

Les chutes d'Iguazú comptent parmi les plus impressionnantes au monde, formant un fantastique arc de cercle aquatique au débit d'une puissance incomparable.

Iguaçu, en langue guaraní, signifie « grande eau ». Un bel euphémisme ! Le fleuve Iguazú, long de 1 320 km et faisant jusqu'à 1,5 km de large lorsqu'il atteint les frontières du parc national, forme par la suite une boucle plus serrée : un U ample, encombré d'îlots et d'écueils. Les eaux s'y divisent en bras multiples avant d'être littéralement « avalées » par une abrupte faille géologique en arc de cercle : les chutes d'Iguazú, plus de 250 chutes sur un front de 2,7 km au cœur une végétation tropicale exubérante.

Les cascades étagées se jettent les unes dans les autres, tantôt en de minces filets perçant au travers du manteau vert, tantôt en de larges et hautes cataractes déversant des milliers de tonnes d'eau à la seconde dans un grondement assourdissant. Aucun endroit au n'impressionne autant par sa puissance ! Le caractère spectaculaire du site et la sauvegarde de la forêt tropicale qui lui sert d'écrin (la deuxième plus grande d'Amérique du Sud, par ailleurs menacée) lui ont valu d'être classé au Patrimoine mondial par l'Unesco en 1984.

Côté brésilien

Un unique sentier assez court égrène plusieurs points de vue sur les chutes argentines (les plus nombreuses). La vue d'ensemble y est absolument saisissante et vertigineuse ! Privilégiez le matin, quand le soleil est dans votre dos, pour admirer les arcs-en-ciel formés par la bruine. Le parcours se termine par une passerelle qui s'avance dans les entrailles de la gorge du Diable *(garganta del Diablo)*, en contrebas des chutes. Un nuage permanent de vapeur d'eau vous enveloppe dans un grondement tonitruant. Un ascenseur vitré, pratiquement collé aux chutes, permet ensuite de rejoindre le départ du sentier.

25° 41' 43" S, 54° 26' 12" O

EXPÉRIENCE ROUTARD

Naturellement, la question se pose : vaut-il mieux voir les chutes du côté argentin ou du côté brésilien ? La réponse est simple : les deux, mon commandant ! Côté argentin, les chemins aménagés sur plusieurs niveaux sont plus nombreux et variés, ce qui permet une véritable immersion au cœur de la forêt. Mais c'est du côté brésilien que l'on bénéficie de la vision panoramique la plus complète, et que l'on se rend vraiment compte de l'ampleur du site. Compter au moins 2-3h de visite du côté brésilien et 5-6h côté argentin.

Côté argentin

Plusieurs sentiers de visite ont été aménagés. On évolue de belvédère en belvédère en immersion totale dans un splendide écrin de forêt tropicale. Il est parfois possible de s'approcher à quelques mètres seulement des chutes. Au fil des balades, vous aurez l'occasion de croiser d'adorables coatis à la queue annelée (petit mammifère proche du raton laveur), des papillons (énormes) et, à condition d'avoir l'œil, des toucans. En point d'orgue, le Paseo Garganta del Diablo offre le point de vue le plus spectaculaire du parc : une passerelle qui mène juste au-dessus de la gorge du Diable *(garganta del Diablo)*, là où le débit d'eau est le plus élevé. Idéalement, comptez une journée entière pour découvrir tous les points de vue, faire toutes les balades et, si l'envie vous en prend, un tour en bateau.

PORTUGNOL

Dans cette zone de triple frontière (Brésil au nord, Argentine au sud et Paraguay à l'ouest), on parle un dialecte composé à la fois de portugais et d'espagnol, saupoudré d'un peu d'anglais et de guaraní, la langue locale. Ce langage hybride évolue constamment. Aujourd'hui, le portugnol est même utilisé dans des chansons ou poésies.

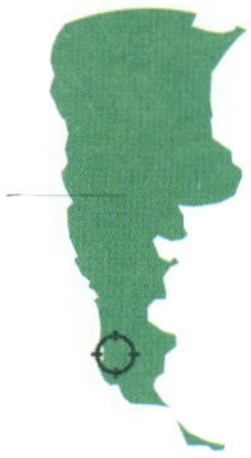

ARGENTINE

50° 00′ 00″ S, 73° 14′ 58″ O

49

TYPE
Parc national.

SITUATION
Patagonie argentine.

NATURE, COMPOSITION
Glacier.

QUELQUES CHIFFRES
Le parc s'étend sur 350 km du nord au sud, et est large de 50 km, et compte une quarantaine de glaciers dont le Perito Moreno, qui couvre à lui seul 250 km^2 et avance de 2m/j.

DIPLÔME
Inscrit au Patrimoine mondial de l'Unesco.

MEILLEURE PÉRIODE
janvier et février sont les moins froids et les moins pluvieux ; les journées sont également plus longues.

COMMENT Y ALLER ?
L'entrée sud du parc se trouve à 50 km à l'ouest d'El Calafate, mais il faut faire encore 28 km pour arriver au bout de la route, face au glacier (en tout, 2h de voiture depuis El Calafate).

BON À SAVOIR
Pour éviter la foule, y aller tôt le matin ou en fin d'après-midi. L'heure de pointe s'étale de 10h à 16h.

ARGENTINE

LOS GLACIARES (PERITO MORENO ET EL CHALTÉN)

Géants de glace

Los Glaciares, troisième plus grand champ de glace au monde, après l'Antarctique et le Groenland, séduit par ses paysages absolument envoûtants.

Créé en 1937, le parc national Los Glaciares compte une quarantaine de glaciers, dont les mythiques Perito Moreno, Upsala et Viedma, tous trois accessibles. Mais tous ces glaciers ne sont, en réalité, que les terminaisons du gigantesque Campo de hielo, une calotte glaciaire d'environ 16 000 km^2, à cheval entre l'Argentine et le Chili. Ils aboutissent dans plusieurs lacs et leur donnent une couleur d'un bleu laiteux et turquoise inoubliable. On ne se lasse pas de contempler, depuis El Calafate, le plus grand lac d'Argentine, ce lago Argentino que les locaux ont surnommé le *Dulce de glaciar* pour son aspect onctueux et sa couleur si spéciale.

Le parc est divisé en deux parties distinctes. Dans la partie sud du parc, qui abrite le mythique glacier Perito Moreno, les paysages, entre pampa et montagnes, sont arides, les couleurs minérales, la beauté brute. Plus au nord, à El Chaltén, c'est un tout autre monde : forêts verdoyantes et vallées s'étendent au pied des montagnes, dont le Fitz Roy, sommet mythique qui attire les alpinistes du monde entier. On y vient pour marcher, grimper, camper... Bref, c'est plus sportif ! Et l'accès à cette partie du parc est gratuit, du moins jusqu'à nouvel ordre. Profitez-en ! Le mieux est, évidemment, de partager son séjour entre El Calafate et El Chaltén, afin de découvrir les deux aspects du parc.

Le glacier Perito Moreno

Le clou d'un voyage en Patagonie ! Voilà le plus spectaculaire des glaciers andins et le plus facile d'accès. Véritable monstre de 14 km de longueur sur 5 km de large, il culmine à 60 m au-dessus du niveau du lac Argentino. Difficile de rester insensible face à cette majestueuse beauté. On l'aperçoit de loin, et dès le premier tête-à-tête, il en impose ! C'est l'un des seuls glaciers encore en expansion, une vraie force de la nature ! La glace se forme en haut des montagnes, à 2 000 m d'altitude, puis descend peu à peu en épousant les reliefs des versants, ce qui explique les nombreux pics acérés et cassés qui témoignent de la vie du glacier. L'eau qui s'écoule en permanence sous la glace contribue à son déplacement.

Il grince, craque, gronde, résonne : le moindre bloc qui s'en détache s'effondre avec fracas. Lorsque le pan de glace est important, il peut, en tombant dans l'eau, provoquer un mini-raz-de-marée qui recouvre alors les rives sur plusieurs dizaines de mètres. Les chutes de blocs sont plus fréquentes en fin d'après-midi, lorsque le glacier a été réchauffé par le soleil. Les craquements de la glace avant de tomber sont impressionnants. Des belvédères ont été aménagés pour admirer à loisir le géant… Et on pourrait passer des heures à l'observer sans se lasser. D'autant qu'il est très rare de voir un glacier de si près et à si basse altitude, dans un paysage de vallée.

CRAC, BOUM, HUE !

Dans ses bonnes périodes, le glacier peut avancer de 2 m par jour au centre et de 70 cm sur les côtés. Il arrive que la masse de glace atteigne la masse rocheuse de la péninsule de Magellan face à lui, et bloque peu à peu l'écoulement de la rivière en se transformant en pont de glace. L'eau s'accumule, la pression devient de plus en plus intense et finit par briser cette digue naturelle dans un fracas gigantesque. Ce phénomène naturel s'appelle la « rupture » et a lieu environ tous les 4 ans.

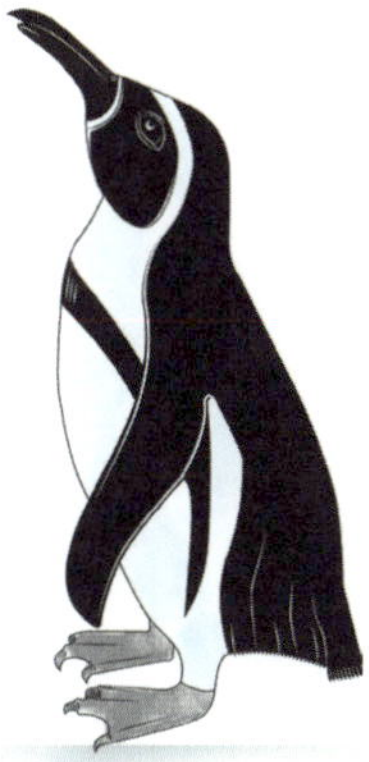

50° 00' 00" S, 73° 14' 58" O

EXPÉRIENCE ROUTARD

Une belle expérience à vivre, si vous en avez les moyens, est de faire un minitrekking sur le glacier. La marche sur le glacier dure en elle-même 1h30 à 2h, mais compter une journée d'excursion. Il faut emporter son pique-nique (et sa crème solaire !). D'abord, un petit bateau traverse le lac, puis on marche dans une belle forêt pour arriver au pied du glacier. Des guides expérimentés fournissent les crampons pour marcher sur la glace. Chaussures de marche conseillées, mais les baskets s'adaptent aussi aux crampons. Se pratique toute l'année sauf juin et juillet. La seule agence habilitée est Hielo y Aventura.

El Chaltén et le mont Fitz Roy

Sans doute l'un des plus beaux coins de Patagonie. Au moindre rayon de soleil, tout devient magique ! En venant d'El Calafate, on traverse d'abord une steppe désertique, troublée de temps à autre par l'apparition de quelques guanacos et nandous. Puis émerge ce petit village au bout de tout, au cœur des Andes et au pied du mythique Fitz Roy.

Si El Calafate accueille les touristes du monde entier, El Chaltén est davantage fréquenté par les amateurs de trek ou d'alpinisme (ici, on dit « andinisme »). On y vient pour profiter du rythme de vie tranquille et des superbes environs. Pour les novices, ce sera de longues balades dans un décor idyllique (forêts, vallées, rivières…). Pour les plus aguerris, pourquoi pas une véritable expédition de 2 semaines sur les plus grands glaciers du monde ou l'ascension du Fitz Roy (3 441 m) et du cerro Torre (3 138 m) ?

Pour la petite histoire, le nom du village est celui que les Aonikenks donnaient au Fitz Roy. Ils l'appelaient *Chaltén* (« la montagne qui fume ») en raison des épais nuages qui l'enveloppent régulièrement, lui donnant des airs de volcan en perpétuelle éruption.

Mont Fitz Roy

BOLIVIE

50

LAGUNA COLORADA

Comme un mirage

Cette incroyable étendue d'eau rouge, au pied des volcans, apparaît comme un mirage au milieu du désert.

BOLIVIE

22° 11′ 55″ S, 67° 46′ 52″ O

TYPE
Lac.

SITUATION
Sur l'altiplano bolivien, tout au sud du pays, près de la frontière avec le Chili.

NATURE, COMPOSITION
Lac salé, plaine d'altitude.

QUELQUES CHIFFRES
4 278 m d'altitude ; 60 km^2.

MEILLEURE PÉRIODE
L'été austral (novembre-mars), pour observer les parades amoureuses des flamants roses, qui sont bien plus nombreux à cette période.

COMMENT Y ALLER ?
En 4x4 depuis la ville la plus proche (3-4h de route), San Pedro de Atacama, au Chili. Autre option, partir de Potosi ou d'Uyuni, en Bolivie, mais c'est bien plus loin.

Le vaste plan d'eau peu profond, situé à plus de 4 000 m et entouré de volcans aux cimes enneigées, prend aux heures chaudes une teinte rouge sang. Ce sont des algues microscopiques, base de la nourriture des flamants, qui réagissent à la lumière en produisant du bêtacarotène. Durant l'été austral, période de reproduction des trois espèces présentes sur le site, l'image des flamants qui dansent par milliers pour séduire leur partenaire est inoubliable.

Juste au sud du poste de contrôle, ne manquez pas les *islas de hielo* : non, ce n'est pas de la glace, mais du borax (sorte de cristaux) accumulé sur 1 m d'épaisseur, qui prend des airs de fausse banquise ! Ne vous approchez pas trop : les abords de ces plans d'eau saumâtres sont constitués d'une boue salée dans laquelle on s'enfonce jusqu'à en perdre ses chaussures ! De la rive sud, un point de vue offre un panorama imprenable sur le lac. Côté nord, un centre d'information se penche sur l'écologie des lieux, l'une des réserves naturelles les plus importantes de Bolivie, et des flamants.

EXPÉRIENCE ROUTARD

Partir de San Pedro de Atacama vous permettra de découvrir du même coup, entre autres, la fabuleuse Laguna Verde, autre merveille de la région. À 4 350 m d'altitude, elle est bien plus que simplement « verte » : lorsque le vent se lève et brasse l'arsenic en suspension, ses eaux prennent une teinte d'un lagon turquoise. Superbe, surtout avec le volcan Licancabur en toile de fond !

51

SALAR D'UYUNI

Le désert blanc

Le spectacle est tout simplement saisissant ! D'une blancheur immaculée, parfaitement plat, le salar d'Uyuni offre un panorama presque irréel.

TYPE
Désert.

SITUATION
Au sud de la Bolivie.

NATURE, COMPOSITION
Sel, roche volcanique.

QUELQUES CHIFFRES
Plus de 10 000 km² ; 120 m d'épaisseur.

MEILLEURE PÉRIODE
Toute l'année, mais entre janvier et mars, le salar se couvre d'une fine pellicule d'eau en surface. Si l'effet miroir produit est magnifique, le désert est alors en général moins accessible (les abords le sont). Les températures en juillet-août peuvent être extrêmement froides (jusqu'à -25°C).

COMMENT Y ALLER ?
Depuis Uyuni (Bolivie) ou San Pedro de Atacama (Chili) via un tour organisé en 4x4.

BON À SAVOIR
Plus au sud débute le Sud-Lípez, une région sauvage en diable que l'on découvre, non pas sur une couche de sel, mais sur des pistes rocailleuses le plus souvent cahotantes.

À 3 650 m d'altitude s'étend le plus vaste désert de sel du monde. Sur 120 m d'épaisseur alternent une douzaine de couches de sel, de sédiments et de minéraux, sulfates et carbonates, résultant de l'évaporation de grands lacs salés préhistoriques. On croirait marcher sur la neige de la banquise : le sel craque de la même façon.

Le paysage est spectaculaire : à perte de vue s'étend une croûte éclatante de blancheur sous le soleil, semée, de loin en loin, de rares îlots rocheux hérissés de centaines de cactus, dépassant pour certains 10 m de haut. C'est le cas de l'île volcanique d'Incahuasi, étape incontournable du road trip, qui offre à son sommet un superbe panorama à 360° sur cette vaste étendue blanche.

Après l'été austral (janvier-mars) la fine couche d'eau qui couvre la mer de sel s'assèche, formant d'étranges et superbes formes polygonales et hexagonales qui apparaissent en surface, et se répètent à l'infini dans certains secteurs... : superbe au coucher du soleil lorsque l'ombre les souligne. De ce paysage hallucinant se détache, au loin, l'ocre des montagnes et le volcan Thunupa (5 321 m d'altitude), à la limite nord du désert.

EXPÉRIENCE ROUTARD

Les agences bon marché proposent toutes des circuits similaires et partent pour la plupart à la même heure... Du coup, sur chaque « spot », les 4x4 s'empilent, gâchant l'expérience de la solitude dans le désert. Seuls les tours privés permettent vraiment de dessiner son propre itinéraire pour éviter les foules – et encore, certains lieux, comme Incahuasi, ne désemplissent pas. Sachez aussi que, selon les conditions météo (chutes de neige et vents violents en hiver, inondations en été...), les circuits peuvent être modifiés, les agences zappant alors certaines zones pour raison de sécurité. Il arrive qu'on se retrouve bloqué dans un refuge à cause de la neige, voire que l'on tombe en panne en plein milieu de nulle part, les véhicules n'étant pas toujours récents.

DU SEL AU LITHIUM.

Dans cet enfer blanc, quelques centaines d'hommes piochent à longueur d'année pour arracher sel et briquettes de sel. Trimant la tête couverte d'un passe-montagne et de lunettes noires contre la réverbération du soleil, ils le façonnent en *camels* (petits tas), avant de l'emporter à Colchani en camion pour le traiter et le vendre. L'extraction de lithium, elle, nécessite beaucoup d'eau.

52

CHILI

DÉSERT D'ATACAMA

Sauvage et sublime

Un désert exceptionnel, entre lagunes turquoise, salars d'un blanc étincelant, geysers impressionnants et volcans culminant à plus de 6 000 m d'altitude.

TYPE
Désert.

SITUATION
Au nord du pays.

NATURE, COMPOSITION
Croûtes de sel, lagunes, geysers, vallées rocheuses.

QUELQUES CHIFFRES
Désert de 100 000 km² avec 12 mm de pluie/an en moyenne ; geysers de 4m de haut, 3 200km² pour le salar de Atacama.

MEILLEURE PÉRIODE
Durant l'été austral (octobre-avril).

COMMENT Y ALLER ?
San Pedro de Atacama est le point de départ des excursions. On y accède en voiture, en bus ou en navette depuis Calama (aéroport à 100 km).

BON À SAVOIR
4 ou 5 jours au minimum sont conseillés pour découvrir la région. Une semaine entière n'étant pas de trop, puisqu'il faut s'acclimater à l'altitude. Prendre en compte les distances parfois importantes entre les sites. Nombreuses agences à San Pedro. Il est donc très facile de réserver son circuit une fois sur place. Réserver à l'avance ses tours privés est préférable.

San Pedro de Atacama, adorable gros village aux basses maisons d'adobe, se love au cœur d'une oasis clairsemée perdue en plein désert d'Atacama. Ses ruelles en terre, sa petite église pittoresque et sa jolie place ombragée, d'où l'on aperçoit le majestueux volcan Licancabur culminant à 5 916 m, lui confèrent un charme indéniable malgré le développement important du tourisme. Planté à 2 440 m d'altitude, le bourg est en effet le point de départ idéal (et incontournable) pour d'inoubliables excursions dans l'immensité du désert et sur l'altiplano : l'envoûtante valle de la Luna déchirée par l'érosion, vers les silencieuses lagunes peuplées de flamants roses du salar d'Atacama, les geysers du Tatio perchés à 4 300 m et le salar de Tara à pourtant 130 km de là. Plus haut encore : la Voie lactée, les étoiles semées à l'infini dans un ciel d'une pureté incomparable.

Valle de la Luna

La vallée s'étend sur 12 km, parcourus par une bonne piste, avant de se terminer en cul-de-sac. On passe alors par la *duna mayor*, d'une teinte pétrole. Du sommet, un étroit chemin longe une crête vertigineuse, qui permet d'embrasser un point de vue exceptionnel sur la vallée. C'est le point de rendez-vous favori de tous au coucher du soleil. Cette crête sépare en fait deux petites vallées, blanchies par le sel après les pluies... Lunaire, vraiment, irréel même. Striées d'ocre et de blanc, les roches torturées se multiplient à l'infini et changent de tonalités à chaque instant. Quel morceau de géologie !

Plus loin, un second sentier mène vers un autre point de vue, tout aussi époustouflant et embrassant un panorama à 360°. On arrive ensuite au site baptisé *Las Tres Marias*. C'est le bout de la piste, marqué par trois petites concrétions rocheuses censées symboliser le Christ (la plus haute), entouré de trois représentations de la Vierge. Les locaux y voient plutôt... des étoiles.

Valle de la Muerte

À l'origine, on l'avait baptisée « Valle de Marte » (vallée de Mars), pour son relief évoquant la planète rouge. Avec le temps, « Marte » s'est transformée en « Muerte » (là ; on rigole moins). Au cœur de la Cordillera de la Sal, torturée par l'érosion, une piste carrossable s'avance dans un petit canyon bordé de formations où se mélangent argile, sable, calcaire, un peu de quartz et d'oxyde de cuivre. Après 3 km, on parvient au pied d'une grande dune qui vient mourir contre cette herse de rochers acérés.

Salar de Atacama

Dominée par la ronde des volcans, balayée par les tourbillons de sable, cette immense dépression saline de 3 200 km² s'étend à 2 300 m d'altitude sur plus d'une centaine de kilomètres. C'est le plus grand *salar* du Chili, formé par la condensation, sous l'effet de la chaleur intense, du sel contenu dans les eaux de ruissellement souterraines et superficielles. En dehors des lagunes ponctuant la vallée de loin en loin, l'espace est essentiellement occupé par une croûte de sel, bétonnée par la poussière, formant un relief hostile et chaotique, ou dessinant des vaguelettes rugueuses comme pétrifiées. On estime que l'épaisseur de sel maximale peut atteindre 1 450 m par endroit ! Au lever et au coucher du soleil, le lieu prend des teintes ocre, rose et beige.

Au cœur du Salar, plusieurs lagunes permettent des incursions dans cet univers étrange et sauvage. Les Lagunas de Baltinache (ou lagunas Escondidas), sont un ensemble de 7 petites lagunes turquoise, dont deux sont autorisées à la baignade. La Laguna Tebenquiche, en partie couverte d'une épaisse couche de sel, est le refuge de quelques flamants roses. Dans l'eau, le matin seulement, se reflètent ciel, nuages et volcans. Près de la Laguna de Chaxa, qui est l'un des sept secteurs de la reserva nacional Los Flamencos, on peut observer de près trois espèces de flamants : flamant de James à la livrée très claire et aux pattes rouges, flamant du Chili aux « genoux » roses et au bec majoritairement noir, et le spectaculaire flamant andin, aux plumes des ailes écarlates (et aux pattes jaunes). Se nourrissant sur le plan d'eau en journée, ils regagnent le soir leur lieu de nidification, non loin de là, dans trois autres lacs entièrement préservés de la fréquentation humaine. Spectaculaire de les voir s'envoler ainsi, par petits groupes ! Tout autour, un paysage de concrétions salines à la blancheur éblouissante.

Salar de Tara

Excursion inoubliable, à ne manquer sous aucun prétexte, mais un guide ou un tour avec une agence s'avère absolument indispensable. Non seulement il faut un 4x4, mais surtout un guide-chauffeur qui connaisse bien les lieux. Aucun repère visuel, pas de piste, pas de réseau téléphonique, même avec un GPS vous risquez de vous perdre.

La route passe par la lagune de Cristal (flamants roses), avec le volcan Pili (6 046 m) en toile de fond, une montagne sacrée pour les Atacamènes. Au déboulé d'un col, on aperçoit les roches volcaniques des *Monjes de la Pacana* émergeant des collines. Ces concrétions fantastiques ont été formées par de la lave en fusion figée par l'eau des glaciers présents à l'époque et ciselées ensuite par le vent au cours des millénaires ; on salue le « gardien du salar » et son acolyte « Pablo Neruda » puis on se dirige vers le salar de Tara, sa lagune, étendue sur une surface de 3 à 25 km^2 selon la saison, bordée des *Catedrales de Tara*, évoquant une muraille de château crénelée. Des paysages enchantés à tomber d'admiration, avec flamants roses et des dizaines d'espèces d'oiseaux à observer. Voici l'altiplano dans toute sa splendeur !

Geysers du Tatio

L'arrivée est spectaculaire, avec l'aube qui baigne d'une lumière rose les volcans et montagnes aux cimes enneigées et les fumerolles des geysers au premier plan... Sur un vaste plateau cerné de montagnes verdoyantes, à 4 320 m d'altitude, voici une quarantaine de petits geysers bien visibles et 60 sources chaudes. Les geysers les plus grands atteignent 3-4 m et les fumerolles une dizaine de mètres. C'est en hiver que les geysers sont les plus impressionnants. Après 9h-9h30, les fumeroles s'amenuisent rapidement et ne sont plus guère visibles. Elles réapparaissent en fin de journée lorsque la température redescend. Au cœur de la journée, les geysers dorment et le site est presque désert, mais les vigognes sont plus nombreuses. Après la visite, on se dirige vers le bassin d'eau chaude naturelle, organisé en une sorte de piscine et où il est autorisé de se baigner.

EXPÉRIENCE ROUTARD

Visiter les sites décrits ici en autonomie avec une voiture de location s'avère la meilleure option pour découvrir les sites et la nature sauvage à votre rythme, en décalage avec les excursions organisées par les agences locales. Attention, il n'y a que deux loueurs à San Pedro. Il est souvent plus facile de louer un véhicule à l'aéroport de Calama si vous arrivez par avion. Pensez à réserver, surtout en haute saison. Choisissez de préférence un véhicule 4x2, voire 4x4, pour vous déplacer sans crainte sur les pistes de la région.

Volcan Licancabur

POURQUOI LES FLAMANTS SONT-ILS ROSES ?

Ils se nourrissent en fait d'une crevette, elle-même rose, qui vit dans les eaux des lagunes et des étangs saumâtres. Grâce à son bec particulier doté d'un filtre, le flamant capture le petit crustacé, dont la couleur provient de ce qu'il ingère, à savoir des micro-algues de couleur rose car chargées en bêta-carotène. Celles-ci contiennent des pigments (comme ceux de la carotte) qui seront ensuite transmis tout le long de la chaîne alimentaire. Ainsi plus un flamant vieilli, plus il devient rose.

51° 02′ 20″ S, 73° 07′ 28″ O

53

TYPE
Parc national.

SITUATION
Patagonie chilienne.

NATURE, COMPOSITION
Glacier, sol granitique.

QUELQUES CHIFFRES
181 000 ha ; point culminant 3 050 m d'altitude.

DIPLÔME
Réserve de biosphère de l'Unesco.

MEILLEURE PÉRIODE
Été austral (octobre-mars), mais évitez absolument les mois de janvier et février, lors des grandes vacances des Chiliens.

COMMENT Y ALLER ?
Depuis Puerto Natales, deux routes mènent au parc : l'une va vers le lac Grey, l'autre les Torres. Nombreuses liaisons en bus.

BON À SAVOIR
Le parc était extrêmement fréquenté en haute saison, mieux vaut réserver vos hébergements plusieurs mois à l'avance, notamment le long du trek « W ». Attention, les conditions climatiques peuvent être très difficiles (rafales de vent, tempêtes, nuits glaciales).

CHILI

TORRES DEL PAINE

Pics iconiques

Avec ses sommets acérés et ses glaciers bleutés, Torres del Paine est sans aucun doute l'un des plus beaux espaces sauvages d'Amérique du Sud.

La diversité de ses paysages de steppes, forêts, montagnes, lacs, cascades et glaciers, ainsi que la richesse de sa faune et de sa flore, l'ont fait connaître mondialement auprès des amateurs de randonnée. Ici, en plein cœur de la Patagonie, au sein d'une nature grandiose, l'homme se sent parfois bien petit.

En vedette, les emblématiques Torres, des blocs de granit en saillie qui donnent l'impression d'être découpées aux ciseaux et semblent chatouiller le ciel de leurs sommets acérés – quand elles ne sont pas, comme souvent, englouties par les nuages.

Plus loin, une croisière sur le lago Grey jusqu'au Glaciar Grey révèle des icebergs hauts comme des petits immeubles et une infinie variété de tons de bleu et de vert, résultat d'une heureuse alchimie entre pression de l'air et jeux de lumière. Vraiment saisissant, éblouissant ! On se retrouve à moins de 50 m du glacier le plus imposant du parc, et le plus facilement accessible. Un grand moment que de voir de près son front, haut de 20-30 m, dégringoler dans les eaux du lac.

Ces deux merveilles de la nature sont accessibles à la journée au départ des hôtels *Lago Grey* (pour le lac) et *Las Torres* : facile ! Mais on peut également les approcher en empruntant le mythique circuit de randonnée « W », le plus fréquenté du parc.

Le trek « W »

Marcher est le meilleur moyen de visiter le parc. On peut se contenter de balades à la journée, ou s'attaquer au célébrissime trek « W », l'itinéraire emblématique du Paine – et l'un des plus réputés au monde. La saison à laquelle vous visitez les lieux et la météo joueront un rôle déterminant. Là, tout est une question de chance : en été, vous pouvez avoir de la pluie plusieurs jours de suite ou pas du tout. Vous ne serez pas seul sur le « W » et cela pourra sembler pénible à ceux qui aiment randonner tranquillement et dans le calme ! L'itinéraire le plus fréquenté du parc se parcourt en 4-5 jours et n'est pas très ardu en dehors de la (courte) section raide montant à la base des *Torres*. Pour le reste, le trek « W » – ainsi nommé en raison de sa forme – a plutôt tendance à longer les rives des lacs.

Les randonneurs chevronnés pourront envisager de s'attaquer à la grande boucle, surnommée circuit « O », qui prolonge le « W » en contournant intégralement le massif du Paine. Cet itinéraire de 8-10 jours comprend le passage d'un col, le *paso John-Garner* (altitude : 1 200 m), entre les *campamentos Los Perros* et *Paso*. Comme le parcours est plus éprouvant et plus long, il est beaucoup moins fréquenté que le « W ».

EXPÉRIENCE ROUTARD

*Pour se reposer les jambes, plusieurs sentiers assez faciles et de courte durée (1 à 3h) partent des hôtels et campings du parc. Notre préféré ? Depuis l'*Hostería Lago Grey*, on peut se promener sur la berge sud du lac, jusqu'à une presqu'île s'avançant dans ses eaux. La belle forêt littorale est le domaine du* carpintero*, le pic à tête rouge. D'autres courts sentiers mènent à des miradors (Ferrier, Cóndor, Cuernos, etc.).*

Faune et flore

Le parc présente une végétation qui varie selon l'altitude. Plus de 270 espèces de plantes et d'arbres y ont été recensées, appartenant à quelque 17 écosystèmes différents. La faune y est également très riche, avec plus de 180 espèces d'oiseaux (condors, cygnes, flamants roses) et 25 de mammifères. Regroupés en larges bandes, les guanacos (apparentés aux lamas) sont légions et peu farouches. Vous remarquerez toutefois qu'ils disparaissent le soir : en fait, ils se hissent sur les sommets pour se mettre à l'abri d'une éventuelle attaque de puma. Le félin est bien installé dans la région, en particulier dans la partie est du parc. Il n'est pas rare de croiser les deux espèces de renard du coin (dont une que l'on nomme abusivement « loup »), et plus rarement le *gato montes* (chat sauvage) ou le tatou. Autre curiosité, le nandou, un oiseau coureur comme l'autruche, aux mœurs inhabituels : c'est le mâle qui couve les œufs et élève les petits nandounets. En plus, il prend la fuite en effectuant des zig-zags comme un ailier au rugby.

54

COLOMBIE

PARC NATIONAL DE TAYRONA

Paradis tropical

TYPE
Parc national.

SITUATION
Côte nord de la Colombie, au bord de la mer des Caraïbes.

NATURE, COMPOSITION
Forêts, falaises, plages.

QUELQUES CHIFFRES
Superficie de 30 km² en mer, 150 km² sur terre.

MEILLEURE PÉRIODE
Décembre-avril.

COMMENT Y ALLER ?
Il y a quatre portes d'entrée dans le parc. Les deux principales, qui permettent d'accéder aux sentiers, sont Calabazo (km 20,4) et El Zaíno (km 30,5), sur la route entre Santa Marta et Riohacha. On peut aussi y accéder par bateau depuis Tatanga.

BON À SAVOIR
Il y a un quota de visiteurs quotidiens fixé à 6 900 personnes. Résa fortement conseillée en saison (décembre-mars et jours fériés). La baignade est autorisée sur seulement quelques plages en raison des courants qui peuvent être violents.

Une épaisse forêt tropicale bordée de plages de sable fin et d'une eau turquoise… Ce tableau paradisiaque est l'un des plus beaux endroits de Colombie !

Aux portes de Santa Marta, le parc national Tayrona protège un vaste pan de forêt tropicale humide et de littoral préservé, entre la baie de Taganga et l'embouchure du río Piedras. Côté mer des Caraïbes, il englobe récifs coralliens, mangroves, plages de sable blanc désertes et longues péninsules dévalant en mer comme autant de doigts. De l'autre, il s'adosse, jusqu'à 900 m d'altitude, aux contreforts de la fantastique Sierra Nevada de Santa Marta, le plus haut massif côtier du monde, elle-même protégée par un immense *parque nacional natural*. Parmi les plus visités des parcs colombiens, Tayrona se découvre au gré de quelques sentiers balisés, canalisant l'essentiel des visiteurs. Le plus beau tronçon va de Cañaveral à Arrecife, sur la côte (compter 1h de marche de l'entrée El Zaíno jusqu'à Cañaveral, puis 45 mn jusqu'à Arrecife).

Sous le couvert forestier, jonché de gros rochers épars, les cris des singes hurleurs retentissent parfois à l'aube et au couchant. Une centaine d'espèces de mammifères vit ici, dont les singes capucins (communs), 40 sortes de chauves-souris, le daguet rouge (une sorte de biche) et le roi de la jungle : le très (très) discret jaguar. Tayrona est aussi un sanctuaire pour 396 espèces d'oiseaux et d'innombrables races de lézards (certains bleu turquoise !) et ses récifs abritent une multitude d'espèces de poissons. Quatre espèces de tortues de mer fréquentent également le parc et viennent pondre sur certaines de ses plages, qui comptent parmi les plus belles de Colombie. Idéales pour la baignade et excellents spots de snorkeling, les plages de La Piscina, Cristal et Bahia Concha sont très courues, notamment le week-end. Le Cabo San Juan, plage emblématique du parc, offre un décor paradisiaque de sable blanc et de roches volcaniques.

DES CIMES À LA MER.

La Sierra Nevada de Santa Marta culmine à 5 775 m d'altitude. Situé à une quarantaine de kilomètres de la mer des Caraïbes, c'est le plus haut massif côtier du monde.

EXPÉRIENCE ROUTARD

Au cœur sauvage de la Sierra Nevada de Santa Marta, sur les terres des Indiens Kogis, les escaliers de pierre et les terrasses de la Ciudad Perdida (Teyuna), redécouverte en 1972, baignent dans une aura de mystère qui ne peut que séduire les aventuriers en herbe. Pas de route pour s'en approcher, juste des sentiers. Ce n'est pas une simple promenade de santé, mais un trek de 4 ou 5 jours en pleine forêt tropicale, entre montagnes, rivières et cascades. Il s'adresse aux routards en bonne condition physique, aguerris à la marche avec sac à dos sous une chaleur humide… et ne craignant pas trop les moustiques !
Départ du sentier au niveau du village d'El Mamey, à env 1h30 de route à l'est de Santa Marta.

55

TYPE
Archipel.

SITUATION
Au nord-est de l'océan Pacifique sud, à environ 1 000 km des côtes équatoriennes.

NATURE, COMPOSITION
Roche volcanique, végétation rare.

QUELQUES CHIFFRES
22 îles et une centaine d'îlots, et seulement 5 îles habitées.

COMMENT Y ALLER ?
On accède aux Galápagos uniquement par avion. Ces derniers partent de Quito ou de Guayaquil pour rejoindre l'un des 2 aéroports de l'archipel : Baltra, l'aéroport qui dessert l'île de Santa Cruz (la plus peuplée et fréquentée) ou San Cristóbal (la capitale administrative mais beaucoup moins animée).

BON À SAVOIR
Attention, un séjour aux Galápagos coûte très cher ; la vie sur place y est au moins 2 fois plus élevée que sur le continent.
Il existe une possibilité originale de découvrir les Galápagos, mais il faut avoir du temps et tout le monde n'est pas pris (mieux vaut être étudiant) : en postulant comme bénévole auprès de la station Darwin. Pour plus d'infos : · *darwinfoundation.org* ·

ÉQUATEUR

ÎLES GALÁPAGOS

L'origine des espèces

Les Galápagos… Peu de noms possèdent un tel pouvoir de rêve et provoquent une telle excitation au moment d'atterrir !

On arrive ici non sur un simple archipel mais sur une planète inconnue, échouée dans l'univers liquide, merveilleuse désolation volcanique aux couleurs mystérieuses conférant à l'endroit un aspect lunaire. Cactus géants, champs de lave noire, cônes volcaniques, falaises abruptes, plages de sable noir, blanc ou rouge… Un environnement intense, si exceptionnel qu'en 1978 l'archipel des Galápagos fut le premier site à être inscrit sur la liste du Patrimoine mondial de l'Unesco.

L'extrême isolement de ces îles a entraîné le développement d'une faune unique venue de la nuit des temps, vierge d'intervention humaine. Les espèces les plus intéressantes sont, bien sûr, les fameuses tortues géantes, les iguanes, mais aussi les crabes aux pattes rouges et bleues, dont les ancêtres traversèrent l'océan. Les espèces y ont évolué en s'adaptant à leur milieu naturel. Ainsi vous verrez des oiseaux de même espèce qui, d'une île à l'autre, ont des ailes ou un bec différents, car le sol et la végétation y sont différents. Avec cette évolution, on comprend que Darwin y ait fait tant de découvertes ! « Un laboratoire vivant », disait-il en 1835 lors de son séjour dans l'archipel. La faune sous-marine, protégée par la réserve marine des Galápagos, est également d'une exceptionnelle diversité : iguanes marins, otaries, baleines, requins… Plusieurs excellents spots de snorkeling et de plongée permettent de découvrir de remarquables reliefs sous-marins, de nager près de superbes bancs de poissons, et même parfois d'approcher manchots (qui n'ont pas peur de vous) et raies géantes.

Île Bartolomé

EXPÉRIENCE ROUTARD

Les îles Galápagos ont un microclimat peu ordinaire, dû à la confluence de plusieurs courants marins. On peut distinguer deux saisons : la saison sèche ou période de garua : de fin mai à fin décembre (de 20 à 26 °C). Peu de précipitations mais nombreuses apparitions de la garua, sorte de brouillard quasi permanent couvrant le sommet des îles ; la saison chaude, de novembre à mai avec des pluies fréquentes (de 22 à 30 °C), avec une forte humidité.

Un peu d'histoire

Bizarrement, personne ne vint sur ces îles avant le XVIe siècle. Tout est donc demeuré intact depuis la nuit des temps, l'homme n'ayant pas eu l'occasion de forger la nature à son gré. Découvertes par hasard en 1535 par Tomás de Berlanga, elles servirent surtout de refuge aux marins naufragés, aux pirates et aux pêcheurs de baleines qui y introduisirent les premiers animaux domestiques et commencèrent, au XVIIIe siècle, à y chasser les tortues géantes.

En 1832, les Galápagos devinrent une province de l'Équateur et, en 1835, Charles Darwin y séjourna 5 semaines. 24 ans plus tard, il publia la *Théorie de l'évolution des espèces*.

En 1959, le gouvernement équatorien, en raison du caractère unique des Galápagos, créa un parc national. En même temps naissait la Fondation Charles-Darwin dont la mission était de préserver cet écosystème exceptionnel. En 1978, l'archipel des Galápagos fut le premier site à être inscrit sur la liste du Patrimoine mondial de l'Unesco. En 1986, León Febres Cordero, président de l'époque, établit la « Réserve des ressources marines des Galápagos », afin de préserver l'écologie unique de ces îles.

Découverte de l'archipel

Pour découvrir l'archipel, vous avez deux possibilités : soit vous vous établissez sur l'une des îles habitées, préférez Santa Cruz pour avoir le plus de choix d'excursions, et réalisez des sorties en bateau à la journée (une île par jour en général) ; soit vous optez pour une croisière de plusieurs jours (3 à 8 jours en général), qui vous permettra de combiner plus simplement la visite de plusieurs îles et de ne pas perdre de temps en allers-retours. Les deux options sont valables, cela dépend de votre budget (la croisière est souvent plus chère) et du nombre d'îles que vous souhaitez visiter.

UNE PETITE DANSE ET L'AFFAIRE EST DANS LE SAC !

S'il y a une chose à ne pas rater, c'est bien la danse des albatros ! Le mâle et la femelle respectent un étonnant rituel : ils restent bec à bec pendant des heures, exécutent des pas compliqués, bougent la tête en émettant un petit bruit et vont jusqu'à croiser le fer (si l'on peut dire). D'après les spécialistes, cette danse les excite : ils sécrètent alors une huile lubrifiante…

2° 50′ 18″ N, 53° 46′ 20″ O

56

PARC AMAZONIEN DE GUYANE

Éden de la biodiversité

TYPE
Parc national.

SITUATION
Guyane, Amérique du sud.

NATURE, COMPOSITION
Forêt et fleuves tropicaux.

QUELQUES CHIFFRES
3,4 millions d'hectares, soit un tiers de la Guyane.

COMMENT Y ALLER ?
Depuis le littoral, uniquement par avion ou en pirogue ; par la route depuis le Suriname et le Brésil, en traversant respectivement les fleuves Maroni et Oyapock.

PLUS D'INFOS
• *parc-amazonien-guyane.fr* • ; maisons du Parc à Rémire-Montjoly (siège), Maripa-Soula, Taluen, Papaïchton, Saül et Camopi.

Le plus grand parc national de France et de l'Union européenne forme, avec son voisin des montagnes du Tumucumaque au Brésil, l'espace protégé de forêt tropicale le plus vaste du monde.

Annoncé lors du Sommet de la Terre à Rio de Janeiro en 1992, le parc national mettra 15 années à voir le jour, en 2007. Une gestation longue pour parvenir à l'implication des populations locales de Maripasoula, Papaïchton, Camopi, Saint-Elie et Saül, mais aussi pour imaginer un nouveau modèle de parc national qui ne soit pas un conservatoire pur et simple mais un territoire portant les valeurs de développement durable.

Le parc concerne tout le sud du département de la Guyane et les villes de l'intérieur entrevoient de nouvelles perspectives économiques, grâce notamment à l'essor de l'écotourisme. Dans ces contrées isolées, les diverses communautés qui y résident mènent une vie simple, essentielle, sans l'agitation urbaine et automobile : Teko, Wayãpi, Wayana, Apalaï, Tilïo, Aluku. Et les visiteurs de passage peuvent vite prendre le rythme, suivre les rituels et devenir presque familiers des lieux.

Dans cette forêt tropicale humide, d'où émergent des reliefs (appelés *inselbergs*) atteignant jusqu'à 850 m d'altitude, l'eau est partout, formant un réseau hydrographique d'une grande densité. Les fleuves Maroni et Oyapock notamment font partie de la vie de tous les jours, pour se nourrir, se déplacer, etc.

La richesse de la biodiversité est inouïe : plusieurs milliers d'espèces végétales, plus de 150 espèces d'arbres pouvant se retrouver sur un même hectare (soit 10 fois plus qu'en forêt tempérée), une centaine d'espèces de mammifères, 450 d'oiseaux, 200 reptiles et amphibiens, 200 espèces de poissons… Quant aux invertébrés, on ne vous dit pas !

Porte d'entrée du parc amazonien de Guyane, le village de Saül est écotouristique jusqu'au bout de ses 45 km de sentiers. Saül est même devenue une véritable capitale de la randonnée avec ses quatre anciens chemins remis en état, créant le plus vaste réseau de sentiers de Guyane, jusqu'au plus profond de la forêt amazonienne. À l'extrême ouest, sur la frontière du Suriname et au bord du fleuve Maroni, Maripasoula est quant à elle présentée comme l'une des plus grandes communes de France : 18 360 km². Sa densité démographique est à l'inverse une des plus faibles : 0,6 hab/km² !

PIÈGES À CARBONE

Sur la skyline éternellement verte de la forêt amazonienne pointent ici et là quelques houppiers au-dessus de la mêlée. Lorsqu'on se promène en forêt, ces géants ne se découvrent souvent qu'au dernier moment, une fois face au tronc colossal ! Chacun est une aubaine pour la planète puisqu'un tronc de 1 mètre de diamètre capture l'équivalent de 7 années d'émission carbone d'un Français !

57

PÉROU

9° 21′ 49″ S, 77° 25′ 27″ O

TYPE
Massif montagneux.

SITUATION
Au nord du Pérou.

NATURE, COMPOSITION
Vallées glaciaires, hauts plateaux, sommets.

QUELQUES CHIFFRES
3 400 km² ; point culminant à 6 768m d'altitude ; 25 itinéraires de randos.

DIPLÔME
Inscrit au Patrimoine mondial de l'Unesco.

MEILLEURE PÉRIODE
Durant la saison sèche (mai-septembre).

COMMENT Y ALLER ?
Si Huaraz reste le point de départ de la majorité des randonneurs (pas moins de 40 agences spécialisées), Yungay, Mancos et Caraz sont aussi de bonnes bases, notamment pour celles et ceux qui veulent entreprendre le fameux trek de Santa Cruz, mais ce sera plus difficile d'y trouver un troquet digne de ce nom après la rando.

BON À SAVOIR
Certaines zones autour de Huaraz ne sont pas très sûres. Avant de partir, renseignez-vous auprès des professionnels pour connaître les endroits à éviter.

PÉROU

PARC NATIONAL DE HUASCARÁN

Une cordillère en majesté

On est au cœur de la cordillère Blanche, la chaîne de montagnes tropicales la plus haute de la planète, avec 35 sommets de plus de 6 000 m !

Le parc naturel de Huascarán est l'un des joyaux du Pérou et un haut lieu de l'andinisme. Les alpinistes les plus chevronnés viennent ici se mesurer aux sommets de plus de 6 000 m. Emblématique de cette irrésistible envie de hauteur, le Huascarán, qui domine la vallée à 6 768 m, mais aussi le Huandoy avec ses 6 395 m. Tout aussi réputé pour sa beauté, le massif de l'Alpamayo, en forme de diamant, culmine à 5 947 m.

C'est aussi dans cette région qu'on trouve l'une des plus curieuses plantes de la cordillère des Andes, la *Puya raimondii*. Une plante de la famille des broméliacées (comme l'ananas) qui fleurit une seule fois dans sa vie et dont la fleur peut atteindre 15 m de haut.

Du trekking, la fleur aux dents entre potes, à l'escalade de murs de roche et de glace la plus technique, chacun trouvera sommet à la hauteur de ses envies de nature.

Le trek de Santa Cruz

Cette rando, l'une des plus populaires du parc, permet d'apprécier en 3 ou 4 jours l'un des tronçons les plus spectaculaires de la cordillère Blanche. Vous évoluerez dans un incroyable paysage de cordillère tropicale, avec quantité de fleurs et d'oiseaux multicolores, sur fond de roches granitiques, de cascades et de torrents. Le tout serti de glaciers et de sommets de plus de 6 000 m avec, en vedette, l'Alpamayo, élue plus belle montagne du monde, rien que ça ! Enfin, vous y apercevrez aussi l'arbre vivant le plus en altitude au monde (3 800-4 600 m), le Polylepis (appelé *queñoales* par les locaux).

Départ à Vaquería ou à Cashapampa. Le mérite de commencer le trek à Cashapampa est de vous permettre de vous acclimater à l'altitude, car ça grimpe progressivement mais… sérieusement.

UN SOMMET DANS LES ÉTOILES.

Les montagnes du parc Huascarán sont si belles que la Paramount a choisi l'une d'entre elles pour son logo : le sommet couronné d'étoiles qui apparaît au début de chacun de leurs films est celui de la montagne Artesonraju, que vous verrez si vous faites le trek de Santa Cruz.

EXPÉRIENCE ROUTARD

Randonner seul ou avec une agence ? Avec ou sans guide ? Avec ou sans mule ? Les gens du coin vous conseilleront de prendre un guide, voire une mule (pour vos bagages) et son muletier. Sachez quand même que tout ce petit monde mérite salaire et qu'un muletier ne broute pas de l'herbe, il faudra lui assurer le gîte et le couvert ; même chose pour le guide. Au bout du compte, l'addition peut vite grimper. Dans la pratique, un trek comme celui de Santa Cruz est tellement fréquenté que le guide ne s'impose pas, bien qu'il soit en principe obligatoire d'après le règlement du parc. Mais pour un trek de 3 ou 4 jours comme celui-ci, vous porterez au moins 12-15 kg sur les épaules. Ça grimpe sérieux, et le rythme cardiaque a tôt fait de s'emballer ! Si vous voulez assurer le coup, optez plutôt pour une agence.

5° 58′ 03″ N, 62° 32′ 08″ O

58

VENEZUELA

SALTO ÁNGEL (ANGEL FALLS)

Toujours plus haut

TYPE
Parc national.

SITUATION
État de Bolivar, Canaima.

NATURE, COMPOSITION
Chute d'eau et haut plateau.

QUELQUES CHIFFRES
979 m ; premier survol en 1933.

DIPLÔME
Inscrit au Patrimoine mondial de l'Unesco.

BON À SAVOIR
L'intégralité ou une grande partie du pays est déconseillée par le ministère français des Affaires étrangères. Consulter le site • *diplomatie.gouv.fr/fr/conseils-aux-voyageurs* •

La plus haute chute d'eau du monde constitue l'attraction number one du parc national de Canaima. Plus haute que la tour Burj Khalifa à Dubai !

Situé dans la Guyane vénézuélienne, le parc national de Canaima regorge de paysages magnifiques, dont la laguna de Canaima et ses belles chutes d'eau. Toute proche se trouve Angel falls ou Salto Ángel (« Saut de l'Ange »), la plus haute chute d'eau du monde. Les chanceux ne peuvent l'admirer qu'en avion ou après une excursion de plusieurs heures en bateau.

La chute est alimentée par le rio Kerep, rivière appartenant au bassin versant de l'Orénoque, et se jette en un unique saut de 807 m (record mondial) du haut de l''uyan Tepuy. Au pied, la rivière poursuit son cours vers le Río Churún. Les *tepuys* sont de vastes plateaux bordés de falaises abruptes. On observe ces formations géologiques au Venezuela, en Guyane, au Brésil, en Colombie... Ailleurs, comme au Cap, en Afrique du Sud, on parle de *table mountain* ou de *tafelberg*. L'Auyan Tepuy, particulièrement haut perché, est l'un des plus connus du Venezuela et signifie « Montagne du Diable » en langue arekuna.

La « Montagne du diable », un clin d'œil au « Saut de l'Ange » ? La chute d'eau tient en réalité son nom d'un aviateur américain, Jimmy Angel, qui le premier survola ce paysage en 1933 et le fit connaître, même si d'autres avant lui connaissaient le site, à commencer par les Indiens autochtones et vraisemblablement un explorateur vénézuélien dès 1910. De retour en 1937, Jimmy Angel tenta de poser son avion sur le plateau, mais l'appareil fut accidenté. L'aviateur mit plusieurs jours pour redescendre, à pied.

Ce n'est qu'en 1955 que l'aventurier Aleksander Laime escalada jusqu'au sommet de l'Auyan Tepuy où il découvrit l'avion, 18 ans plus tard ! Il ouvrait ainsi la voie aux premiers touristes privilégiés qui viennent admirer la chute depuis le bas ou depuis le haut de la falaise.

ON TOMBE BIEN BAS

La hauteur officielle de l'Angel Falls est sujette à interprétations. C'est au cours d'une expédition de 1949 que le journaliste américain Ruth Robertson annonça les 979 m que l'on connaît. Erreur ? Ce qui est sûr, c'est que le Salto Ángel s'élance en une seule fois, à la verticale, sur 807 m, au départ d'une altitude de 1 500 m. Puis la chute se poursuit en cascades sur 400 m environ, mais sans trop de dénivelée et à nouveau en une chute d'une trentaine de mètres. Alors, que retenir ? La première chute de 807 m seulement ou l'ensemble ? Mais peu importe les querelles de clocher, le spectacle grandiose met tout le monde d'accord, à admirer notamment depuis le point de vue du Mirador Laime.

CARAÏBES

59

VALLÉE DE VIÑALES

Pains de sucre

TYPE
Parc national.

SITUATION
Dans l'ouest de Cuba.

NATURE, COMPOSITION
Vallées, forêts, plantations, collines.

QUELQUES CHIFFRES
Jusqu'à 300 m de haut pour les plus grands *mogotes*.

DIPLÔME
Inscrit au Patrimoine mondial de l'Unesco.

MEILLEURE PÉRIODE
De novembre à avril.

COMMENT Y ALLER ?
Bus et *colectivos* (minibus) relient La Havane à Viñales (190 km).

BON À SAVOIR
Nombreuses possibilités de randonnées à Viñales. Plusieurs balades guidées sont proposées, fort sympathiques et vraiment instructives. On peut aussi faire des balades à cheval partout.

Ici, la campagne est au bout du chemin ! Et de ce paisible paysage surgissent d'impressionnants pains de sucre : les mogotes.

Pour atteindre Viñales, on traverse la verdoyante vallée éponyme, dans un paysage hérissé de hautes collines rocheuses, érodées et ciselées par le temps : les *mogotes*. Ces curieux pains de sucre calcaires forment la toile de fond du paysage de Viñales, dominant la plaine agricole et ses fermes. Selon une légende locale, ces énormes protubérances rocheuses sont les piliers d'une gigantesque grotte qui se serait effondrée après l'éternuement d'un dinosaure ! On n'est pas très loin de la vérité. Certains y voient un exemple intéressant de relief karstique, d'autres un spectacle superbe, émouvant et surréaliste à la fois, lorsque, au petit matin, ces monts émergent des brumes blanches...

Dans cette nature fraîche et nourricière, tout pousse ! Il y a de l'eau et du soleil, et quasiment jamais de sécheresse. Les bouquets de flamboyants, orangers, bougainvillées et les plants de tabac rappellent que Cuba est aussi une terre d'une grande fertilité. Ici et là, la campagne est parsemée de petites maisons paysannes traditionnelles en bois peint de couleurs joyeuses, aux toits de palmes, avec un minuscule bout de véranda devant... Tout inspire la sérénité et une certaine qualité de vie. De part et d'autre des champs de tabac, les *casas de tabaco*, ces hautes et curieuses maisons au grand toit pentu, servent au séchage des feuilles de tabac. Cette plante ancienne et remarquable (déjà connue des Indiens taïnos) fait vivre des milliers de familles de la région. Voici une campagne prospère où les charrues à bœufs – *el tractor natural* (!) –, les attelages à cheval et les *macheteros* sont toujours à l'œuvre dans les plantations (tabac, canne à sucre, cultures maraîchères), au rythme des saisons.

EXPÉRIENCE ROUTARD

On trouve des centaines de grottes partout dans la région, pour la plupart inexplorées. Certaines abritent jusqu'à 150 km de galeries et d'autres un lac souterrain. Caractéristique locale : contrairement aux grottes françaises qui s'enfoncent dans la terre, celles de Cuba ne descendent pas en profondeur, ce qui est plus rassurant pour les débutants voulant tenter la spéléo. Mais, attention, il est interdit de visiter les grottes sans encadrement officiel. La plus grande de Cuba est la Cueva de Santo Tomás. Une grotte majestueuse, avec 47 km en tout sur 8 niveaux ! C'est même la 3e plus grande d'Amérique latine (paraît-il !).

Viñales

Le village consiste en une longue rue principale, coupée par quelques petites venelles perpendiculaires. L'ensemble est d'une grande unité architecturale, avec des maisons basses de style colonial mais très simples, peintes dans des couleurs vives et de belles vérandas à colonnes. La placette centrale, agréable, est dominée par une petite église coloniale. Le tout est populaire et simple, baigné d'une vraie douceur de vivre...

IN-FIDÉL-ITÉ HISTORIQUE !

Le mural de la *Prehistoria* (à 4 km de Viñales) est censé représenter la chaîne de l'évolution à Cuba, depuis la première amibe jusqu'à l'homme civilisé. Mais Fidel souhaitait qu'on ancre de manière marquante les racines cubaines dans l'Histoire, aussi décida-t-on de peindre de grands dinosaures sur la paroi rocheuse. Bien qu'il n'y ait jamais eu de dinosaures sur l'île ! Cette fresque de 120 m de long nécessita le travail d'une vingtaine d'artisans durant 4 ans.

60

16° 02′ 38″ N, 61° 39′ 48″ O

GUADELOUPE

LA SOUFRIÈRE

Le toit de la Guadeloupe

TYPE
Volcan.

SITUATION
Sur l'île de Basse-Terre, en Guadeloupe.

NATURE, COMPOSITION
Forêt tropicale, roche volcanique.

QUELQUES CHIFFRES
1 467 m d'altitude.

MEILLEURE PÉRIODE
De décembre à avril, pendant la saison sèche, mais le sommet est quasiment toujours dans les nuages.

COMMENT Y ALLER ?
Jolie route forestière (D 11) au départ de Saint-Claude. Départ du sentier au parking des Bains Jaunes (6,4 km, 500 m de dénivelé, 3h30 de marche aller-retour).

BON À SAVOIR
Au sommet, il est impératif de bien respecter les barrières de sécurité pour éviter d'être intoxiqué par les vapeurs acides.

Le point culminant des Petites Antilles se drape souvent dans les brumes, mais par temps clair s'y dévoile l'un des plus beaux paysages des Antilles.

Sur les pentes du volcan de la Soufrière, il tombe près de 10 m d'eau de pluie par an, ce qui constitue l'un des records de pluviométrie dans le monde ! Et puis, sans crier gare, le sommet se dégage parfois quelques instants. C'est alors un merveilleux spectacle, surtout si vous n'êtes pas loin de l'atteindre.

Pour rejoindre le sommet, on emprunte d'abord le pas du Roy, sentier pavé par l'armée coloniale en 1887, qui fut longtemps le seul accès au volcan. À travers l'une des forêts primaires les mieux conservées des Petites Antilles, ce sentier conduit à la Savane-à-Mulets, au pied du dôme de la Soufrière. De cet ancien parking désormais fermé, la vue sur Basse-Terre est magnifique. Ensuite, on attaque réellement les flancs du volcan par le chemin des Dames. Tout le long, vous trouverez des panneaux avec devinettes sur la faune, la flore et l'histoire du volcan. La réponse se trouve au panneau suivant : ça motive ! À l'intersection de la Grande Faille, on grimpe jusqu'à la partie sommitale. Le sommet, baptisé « La Découverte », est signalé par un petit panneau. Par temps clair, il est possible de voir quelques zones actives en contrebas, notamment de nombreux solfatares, sortes de cheminées laissant échapper des fumerolles à l'odeur d'œuf pourri, caractéristiques de la Soufrière.

Les jours de beau temps, le panorama est exceptionnel : toute la chaîne montagneuse de Basse-Terre et les îles et îlets qui entourent la Guadeloupe s'offrent au regard.

EXPÉRIENCE ROUTARD

C'est en 1887 qu'on construisit les deux bassins mitoyens des Bains Jaunes, fréquentés toutes les heures de la journée… et même de la nuit, dit-on ! Ces incroyables bassins d'eau tiède font le bonheur de ceux qui viennent de grimper dur. Profitez-en, c'est gratuit et le soufre a de bons effets sur les rhumatismes.

61

MARTINIQUE

MONTAGNE PELÉE

Au calme depuis 120 ans

TYPE
Volcan.

SITUATION
Dans le nord de la Martinique, Antilles.

NATURE, COMPOSITION
Végétation de prairies et bananiers côté Caraïbes, grands arbres sur les autres versants, puis fougères, plantes de haute montagne et blocs de lave en arrivant vers le sommet.

QUELQUES CHIFFRES
1 397 m d'altitude.

MEILLEURE PÉRIODE
De décembre à avril (saison sèche), mais le sommet est quasiment toujours dans les nuages. Partez tôt (avant 8h) pour ne pas subir le soleil à la montée et pour arriver sur le dôme avant les nuages.

COMMENT Y ALLER ?
Trois sentiers permettent d'accéder au sommet. Le plus simple d'accès en voiture est celui au départ du parking de l'Aileron (4,7 km, 600 m de dénivelé, 4 h de marche aller-retour).

BON À SAVOIR
Attention, balade très physique réservée aux randonneurs confirmés. Trois refuges sommaires permettent de s'abriter.

Le toit de la Martinique, au passé plus que tumultueux, offre, par temps clair et au prix de quelques efforts, des vues exceptionnelles.

De loin, quand on la voit si dénudée sur ses flancs ouest et sud, on s'imaginerait transporté en Auvergne, sur la chaîne des Puys. Avec ses petits 1 397 m, la montagne Pelée, point culminant de la Martinique, sait pourtant se faire craindre de la population. L'éruption de 1902 a laissé de terribles souvenirs dans la mémoire collective.

La randonnée pour atteindre le sommet de la Montagne Pelée, appelé le Chinois, offre un panorama exceptionnel sur une grande partie de la côte atlantique, jusqu'à la presqu'île de la Caravelle.

Si elle commence par une succession de marches éprouvantes pour les cuisses mais faciles à grimper, la suite est plus ardue et il faut souvent s'aider des mains pour monter. On atteint d'abord le dôme de l'Aileron (1 108 m), d'où le panorama est déjà splendide. Pour gagner le deuxième refuge (le premier étant sur le parking de départ), à 1 245 m, il faut emprunter le sentier du plateau des Palmistes. De là, la vue sur le cône de 1902 est imprenable. Le parcours se poursuit sur la crête nord du cratère en bordure de la caldeira, pour enfin atteindre le 3e refuge. Enfin, il reste 500 m pour terminer l'ascension du Chinois. Dans cette dernière portion, attention aux trous et crevasses parfois couverts de végétation. Et voilà le sommet ! Par temps dégagé, la Martinique s'offre à vous à 360°.

1902, ANNÉE TERRIBLE

Même s'il semble être plongé dans un profond sommeil, le volcan est considéré comme actif. Il a donné son nom à un type d'éruption volcanique, dit péléen, qui ne prévient pas ! Ainsi, le 8 mai 1902, malgré de nombreuses nuées ardentes et quelques éruptions de boues fumantes, personne ne pouvait prédire la catastrophe. Car ses laves acides ne provoquèrent que peu d'écoulements et se solidifièrent dans la cheminée principale pour en obstruer l'entrée. Sans soupape de sécurité, pas de coup de semonce, et le couvercle de la cocotte sauta sans prévenir. En quelques minutes, la nuée ardente, composée de gaz, de cendres et de blocs de taille variable, dévala les pentes du volcan, détruisit entièrement la plus grosse ville de l'île, Saint-Pierre, et décima ses habitants (plus de 30 000 morts).

14° 48′ 33″ N, 61° 09′ 55″ O

62

SAINTE-LUCIE

PITONS DE SAINTE-LUCIE

Entre ciel et mer

TYPE
Aiguilles volcaniques.

SITUATION
Caraïbes.

QUELQUES CHIFFRES
620 km² (superficie de l'île) ; 2 910 ha (site des pitons).

DIPLÔME
Inscrit au Patrimoine mondial de l'Unesco.

MEILLEURE PÉRIODE
Climat tempéré toute l'année par les alizés (température moyenne annuelle 27 °C). La saison sèche s'étend de janvier à mai et la saison des pluies de juin à décembre. La période la plus chaude s'étend de juin à août, où il peut faire facilement 35° C.

COMMENT Y ALLER
En avion, vols jusqu'à Fort-de-France (Martinique) ou Pointe-à-Pitre (Guadeloupe), puis correspondance. En bateau, liaisons régulières avec la Martinique et la Guadeloupe.

PLUS D'INFOS
• *stlucia.org/fr/* • Le site officiel de l'île.

Deux pitons de carte postale dressés au-dessus de la mer des Caraïbes sont de formidables repères pour les marins.

Située au sud de la Martinique et au nord de Saint-Vincent, Sainte-Lucie fait partie de ces îles que l'on appelle du joli nom d'« îles au Vent » ou « Sous-le-Vent ». Cette île montagneuse, qui émerge d'un relief sous-marin souvent ébranlé par des perturbations sismiques, offre une végétation encore sauvage, plusieurs jolies plages, quelques cours d'eau...

Mais l'image la plus marquante de l'île est celle des deux pitons, le grand et le petit, affichant fièrement 770 m et 743 m de hauteur, qui bordent la côte au sud de la ville de Soufrière. Ces cônes volcaniques acérés en forme de pains de sucre semblent défier le ciel. Ils sont reliés par la crête du Piton Mitan et un dôme intérieur, appelé la dépression Qualibou. Le tout couvert d'une forêt tropicale et de zones de rares bois de lutins sur les sommets. Les deux sommets accueillent à eux seuls plus de 150 espèces de plantes, dont 8 d'arbres rares, nombre d'oiseaux (dont 5 espèces endémiques), des rongeurs indigènes, des chauves-souris...

Le secteur de Soufrière forme donc un site naturel fabuleux, avec ses deux pitons, donc, mais aussi tout un ensemble volcanique : champ géothermique, fumerolles de soufre et sources chaudes au programme. Pour l'ascension du Gros Piton, le départ se fait de l'Anse l'Ivrogne (!). Nous conseillons vivement de prendre un guide. Compter 5 à 6 h de marche en tout. On est évidemment récompensé par une superbe vue.

La partie moins visible, ce sont les fonds marins, en majorité des récifs coralliens d'une très grande richesse et d'une beauté époustouflante. Ils abritent, entre autres, 170 espèces de poissons. Cette bande côtière s'étale sur 11 km de long pour 1 km de large. Autres invités vedettes : les tortues à écailles, les requins baleines et les baleines pilotes (plus au large).

EXPÉRIENCE ROUTARD

Sulphur Springs est un site fascinant, formé d'un ancien cratère et de bains sulfureux. Déjà, à l'entrée du site, une forte odeur de soufre se dégage. De toute part la terre bouillonne, le soufre en ébullition dégage une odeur âcre. Ces sources constituent le signal d'alarme permanent du volcan. Si, par malheur, ces émanations cessaient, cela signifierait qu'une pression est en train de s'accumuler à l'intérieur du volcan ; il y aurait alors risque majeur d'éruption. La dernière explosion remonte à 1780... Une source sulfureuse permet de prendre un petit bain décapant. En outre, cette eau noire possède des vertus thérapeutiques pour soulager les allergies.

INFO RANDO

Ne pas manquer les randonnées pédestres dans la Rain Forest (forêt humide), une excursion à faire avec un guide. Vous aurez peut-être la chance de voir des perroquets. Depuis la Soufrière, deux points de départ : des Cartiers ou de l'Edmund Forest Reserve. À partir de ce point, on peut gravir le mont Gimie, 915 m, le sommet de l'île. Prévoir une bonne journée de randonnée. Ici, parlons plutôt d'escalade !

AFRIQUE
ET OCÉAN INDIEN

24° 00' 41" S, 31° 29' 07" E

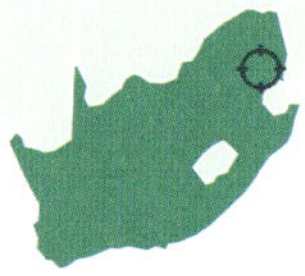

63

AFRIQUE DU SUD

PARC NATIONAL KRUGER

Safari XXL

TYPE
Parc national.

SITUATION
Dans le nord-est du pays, près des frontières avec le Mozambique et le Zimbabwe.

NATURE, COMPOSITION
Savane.

QUELQUES CHIFFRES
Environ 20 000 km^2, 2 500 km de routes et de pistes, 500 variétés d'oiseaux.

MEILLEURE PÉRIODE
L'été, d'octobre à mars, c'est la saison des pluies. Tout est vert, les herbes sont hautes (faune plus difficile à observer). Avril-septembre, c'est la saison sèche. Amateurs de photos, vous gagnerez en lumière et en ciel bleu ce que vous perdrez dans les verts.

COMMENT Y ALLER ?
Compter 5 à 6 h de route depuis Johannesburg. Et au moins 3-4 jours pour explorer le parc.

BON À SAVOIR
Ne pas oublier son répulsif antimoustiques ni de suivre un traitement antipaludéen si la saison l'exige. Et bien sûr, ne jamais sortir de la voiture, sauf aux endroits dûment indiqués.

L'un des parcs les plus célèbres au monde, l'un des plus étendus, le plus ancien... Bref, quasiment élevé au rang de mythe !

Il mesure, du nord au sud, 350 km de long et, d'ouest en est, en moyenne 60 km. Superficie totale : 19 633 km^2 ce qui est comparable à la taille du Pays de Galles ou d'Israël. On y trouve pas moins de 16 zones de végétation différentes et 2 500 km de routes et pistes. Sans vous assommer par les chiffres, l'occasion exceptionnelle d'observer plus de 500 variétés d'oiseaux, 110 sortes de reptiles, près de 150 espèces de mammifères, 230 de papillons, 330 d'arbres, un nombre incalculable de toiles d'araignées tendues d'arbuste en arbuste... et, bien entendu, nos remarquables *Big Five* (lion, éléphant, rhinocéros, buffle et léopard) ! Qui sont de loin les plus recherchés par les touristes, mais aussi par les braconniers.

Malgré le grand nombre de visiteurs, on n'a jamais l'impression de foule (sauf peut-être en haute saison dans le sud du parc, et encore). Une telle superficie avec un tel réseau de routes et de pistes possède la capacité d'absorber sans problème son million de visiteurs annuels. Cadre sauvage intact, fléchage impeccable, pistes dans un superbe état garantissent en outre le maximum de confort. Ne reste plus qu'à rouler doucement, à s'armer de patience, à être attentif aux moindres bruissements des feuilles et, pour certains d'entre vous, à avoir un bon guide animalier...

Un peu d'histoire

Lorsque les Boers colonisèrent la région au XIXe siècle, ils furent soumis à des conditions d'existence redoutables. Non seulement le paludisme faisait des ravages parmi eux, mais la mouche tsé-tsé en endormit aussi quelques-uns, et les lions se chargèrent de croquer ceux qui en réchappaient. Le lion fut abondamment chassé sauf dans les régions les moins fertiles et pas encore exploitées. En 1898, pour préserver cette nature encore sauvage, il est décidé de créer une réserve gouvernementale dans la région de la rivière Sabie (actuellement, la partie du parc autour de Skukuza). C'est une première en Afrique ! Cette tentative faillit échouer à cause des désastreuses conséquences de la seconde guerre anglo-boer entre 1899 et 1902.

En 1902, c'est pourtant un Anglais, Stevenson-Hamilton, qui est nommé responsable de la réserve (les Boers n'y étaient en fait guère favorables). Pendant 44 ans, malgré de nombreuses difficultés, il va s'acharner à la préserver, la faire vivre, l'agrandir. En 1912, il présente l'idée d'un parc national, de l'ouvrir au public et de faire payer les visiteurs. Après des débuts timides, en 1926, la cause est gagnée et le Kruger National Park est créé. Aujourd'hui, le parc reçoit environ 1 million de visiteurs par an !

Les différentes zones du parc

Le parc est découpé en trois zones, du sud au nord. Le rêve, bien entendu, c'est de couvrir l'ensemble, doucement, à son rythme, pour bien sentir les changements subtils de paysages et de végétation.

La **zone sud** est la plus fréquentée car la plus proche des villes de Pretoria et Johannesburg. On y entre par la Numbi Gate ou la Kruger Gate. C'est également là qu'en principe on voit le plus d'animaux, notamment lions et rhinocéros. La petite capitale du parc, Skukuza, se trouve dans cette zone.

La **zone centre** est également bien pourvue en faune, notamment en lions, hyènes, chacals, et vous aurez beaucoup plus de chances de voir le rare lycaon. Les élans du Cap y sont nombreux. Les éléphants aussi, puisque les *mopanes* y poussent (ces arbres sont une de leurs délicates gourmandises). Au camp d'Oliphants se déploie l'une des plus jolies vues du parc. À partir de là, vers le nord, les chances augmentent d'apercevoir l'antilope de Roan, l'une des plus rares.

La **zone nord** est plus sauvage et attire moins de visiteurs. On y entre par la Punda Maria Gate et la Pafuri Gate. Les collines et forêts sont nombreuses autour de Punda Maria. C'est le royaume des éléphants et des buffles, mais on aperçoit plus rarement lions, léopards et guépards. En revanche, les ornithologues y trouveront leur bonheur. À une quarantaine de kilomètres au nord de Punda Maria, on découvre de superbes baobabs.

EXPÉRIENCE ROUTARD

Les meilleurs moments pour observer les animaux ? Tôt le matin, les prédateurs achèvent leur chasse nocturne, d'autres vont boire. Comme vous, ils apprécient la fraîcheur. Dès que la chaleur monte, les félins, à part le guépard, vont dormir. Vers midi, les autres animaux se rendent par groupes aux points d'eau pour boire, chacun à leur tour. À 15h, le soleil cesse d'écraser les couleurs. En allant doucement vers 18h, la lumière devient de plus en plus rasante, sublime. Ça tombe bien, les bêtes se retrouvent à nouveau aux points d'eau.

Randonnées et balades guidées

Ces marches de 3-4h sont à faire absolument, même pour les marcheurs peu expérimentés ! Le cœur battant, on frôle les lions (heureusement le plus souvent repus et endormis), on titille les hyènes… Avec un ranger qui aime son métier, c'est une intime et fascinante approche de la nature et des plantes. En plus des anecdotes passionnantes distillées tout du long, on apprend à reconnaître des traces et à analyser fientes et os trouvés en chemin.

Autre option intéressante : les balades en véhicules aménagés. Ces balades offrent l'avantage d'une observation en hauteur, appréciable en période de hautes herbes, et un espace aéré. Les guides-chauffeurs, compétents, connaissent bien leur secteur. Plusieurs types de balades sont disponibles, au lever et au coucher du soleil, et de nuit.

LA LOI DE LA JUNGLE

La lutte contre le braconnage (anti-poaching) n'a jamais été aussi proche d'une guérilla dans la brousse. Les rangers ne suffisent pas. Le gouvernement recrute des mercenaires (des anciens de l'armée) pour chasser les braconniers venus du Mozambique tuer les rhinocéros afin de s'emparer de leurs cornes. Depuis 2010, plus de 500 braconniers ont été tués par les mercenaires. Quand ces derniers les débusquent, ils tirent sur eux sans sommation…

64

TYPE
Massif montagneux.

SITUATION
Sud de l'Algérie, région de Tamanrasset.

NATURE, COMPOSITION
Désert.

QUELQUES CHIFFRES
540 000 km² ; point culminant à 2 918 m (Tahat, également sommet de l'Algérie).

COMMENT Y ALLER ?
Compte-tenu de la proximité avec la frontière malienne et pour des raisons sécuritaires, il n'est pas possible de voyager sans guide dans le Sahara algérien. Prendre impérativement contact avec les agences de voyage spécialisées (comme Terres d'Aventure) avant de se déplacer dans la zone de Tamanrasset. Site du ministère français des Affaires étrangères : • *diplomatie.gouv.fr/fr/conseils-aux-voyageurs* •

BON À SAVOIR
Visa de tourisme obligatoire pour se rendre en Algérie, auprès des consulats d'Algérie (liste sur • *amb-algerie.fr/reseau-consulaire/* •).

ALGÉRIE

DÉSERT DU HOGGAR

Puissance et beauté

Ce massif montagneux qui occupe le sud de l'Algérie est indissociable du peuple touareg, des méharées et des somptueux paysages désertiques du Sahara.

Le nom du Hoggar provient du tamachek *Ahaggar*, qui signifie « noble ». Il couvre une superficie de 540 000 km², ce qui représente le quart de la superficie totale du pays. Son plus haut sommet, le mont Tahat, au centre de l'Atakor, culmine à 2 918 m. Tamanrasset, à 1 400 m, en constitue un point de passage obligé, à 1 900 km au sud d'Alger, 400 km au nord du Mali. « Tam» pour les intimes offre l'image d'une bourgade somnolente balayée par la poussière. Ses rues désertées sont ombragées par des rangées de tamaris, jadis plantés par l'armée française. Au nord de la ville se déploie le Hoggar.

Steppes arides infinies et ponctuées d'oasis, reliefs volcaniques taillés dans l'horizon que traversent encore des caravanes... Avec ses airs de Far West saharien, voici une terre nomade et mystique, domaine des Touaregs. Il y a de l'art, dans le Hoggar. Les caprices volcaniques d'une ère ancienne ont découpé dans l'horizon de véritables orgues de basalte, tantôt finement aiguisées, tantôt massives et carrées comme des molaires géantes. Ailleurs, des roches rondes et polies, savamment enchevêtrées, évoquent une sculpture de Picasso dans sa période africaine. Et, comme pour rendre hommage à ce musée naturel, des hommes y ont tracé, il y a 30 000 ans, de fascinantes peintures rupestres aux tons ocre et aux traits naïfs, montrant des hordes de fines gazelles lancées sur la surface de la pierre. Le soir, tout ce spectacle se retrouve enveloppé par la brume, tel un tapis de mousse gris et protecteur étendu au pied du mont Assekrem.

Au palmarès des merveilles du Hoggar, l'Atakor, un plateau volcanique de forme presque circulaire dont la hauteur moyenne est de 2 000 m. Mais aussi les sites rocheux de Tin Akacheker, Youf Ahakit et de Youf Aghlal. Sans oublier les oasis de l'oued Tamkrest ou de Tahaggart. L'oued de Tin Tarabine quant à lui descend jusqu'au Niger. Et parmi les curiosités du Hoggar, mentionnons le rare olivier de Laperrinen une espèce végétale menacée. On en trouve dans la région du mont Akerakar. Ce cousin de l'olivier d'Europe se trouve entre 1 400 et 2 800 m d'altitude, là où peuvent subvenir de salutaires pluies.

L'ERMITE DU HOGGAR

Depuis l'ermitage du Père Charles de Foucauld, atteint après une courte mais rude grimpée, la vue est imprenable. C'est dans cette humble bergerie que le religieux d'origine alsacienne, d'abord aristocrate agnostique et dilettante avant de devenir officier de cavalerie de l'armée française puis explorateur et surtout de trouver la foi en 1886, passa une partie de sa retraite spirituelle, au plus près des Touaregs, dont il devint un fin spécialiste. Il mourut à Tamanrasset en 1916. Il a été canonisé le 15 mai 2022 par le pape François.

19° 17′ 00″ S, 22° 54′ 00″ E

65

BOTSWANA, NAMIBIE

DELTA DE L'OKAVONGO

L'éden sur terre

TYPE
Delta intérieur.

SITUATION
Nord-ouest du Botswana, est de la Namibie.

NATURE, COMPOSITION
Zone humide.

QUELQUES CHIFFRES
2e plus grand delta intérieur du monde (18 000 km²) ; l'Okavongo 4e plus long fleuve d'Afrique (1 600 km) ; 5 groupes ethniques.

DIPLÔME
Inscrit au Patrimoine mondial de l'Unesco.

MEILLEURE PÉRIODE
Juillet et octobre, pour observer les animaux (hiver austral). En novembre (premières pluies), la plaine se couvre de végétation verte. Décembre à mars (l'été) pour observer les oiseaux et la spectaculaire migration des zèbres.

COMMENT Y ALLER ?
Maun est le meilleur point d'accès à la réserve de Moremi qui représente un tiers du delta.

Ce vaste delta intérieur encore vierge n'a pas d'équivalent au monde pour la vie sauvage comme pour les touristes chanceux !

Le delta de l'Okavango est le second plus grand delta intérieur du monde après le delta central du Niger. Situé au nord du Botswana, l'Okavango n'a pas d'embouchure maritime et se déverse dans le désert du Kalahari, irriguant 15 000 km² de terres arides. Plusieurs millions d'îles se sont formées autour des termitières ou des bouquets de végétaux qui retiennent les alluvions. La plus grande de ces îles est Chief's Island, la plus connue aussi. Ces zones humides quasi intactes, constituées de marécages permanents (600 000 ha) et de prairies inondées par intermittence (1,2 millions d'ha), représentent un habitat idéal pour les hippopotames et les crocodiles. Entre autres. Car le delta de l'Okavango abrite nombre de grands mammifères tels que guépards, rhinocéros (blanc ou noir), lion...

Ici les crues annuelles ont lieu... à la saison sèche. Une curiosité de la nature qui a amené plantes et animaux à calquer leur rythme biologique sur les pluies et les crues. « C'est un exemple exceptionnel de l'interaction des processus climatiques, géomorphologiques, hydrologiques et biologiques » selon l'Unesco. Un écosystème unique, exceptionnel, aux allures d'origines du monde où les troupeaux d'éléphants, les buffles, les zèbres et autres grands mammifères emblématiques semblent ici vivre dans un équilibre naturel rodé depuis des millénaires.

On dénombre dans le delta plus de 1 000 espèces de plantes, 90 de poissons, dans les 500 espèces d'oiseaux (dont environ 25 menacées au niveau mondial) et 130 de mammifères. Une véritable arche de Noé ! À noter que le Botswana abrite la plus grande population d'éléphants au monde. Pas bêtes !

La bataille des Batawanas

La réserve de Moremi occupe l'est du delta de l'Okavongo. Elle porte le nom du chef d'un peuple autochtone, les Batawanas de Ngamiland. Menés par sa veuve, Elizabeth Pulane Moremi (décédée en 1994), ils firent de leur lieu de vie une réserve privée, en 1963. Le but : préserver cet écosystème des ravages de la chasse incontrôlée et du bétail. C'était alors la seule zone préservée du delta. Une initiative ô combien audacieuse et méritante. Quelques années plus tard, les tribus furent expulsées de l'autre côté du fleuve Khwai.

EXPÉRIENCE ROUTARD

L'Okavongo, tout un monde à découvrir en 4X4, y compris en safari de nuit parfois. Mais aussi en « safari aquatique » à bord d'un bateau à moteur, en mode pêche ou encore en mokoro (pirogue de l'Okavango propulsée à l'aide d'une perche), notre moyen de locomotion préféré... Certains proposent des sorties à pied, sur les traces des animaux ou dans les airs, évidemment. Les campements et lodges de luxe, au cœur même du delta, ne sont d'ailleurs parfois accessibles qu'en avion.

66

ÉTHIOPIE

DÉSERT DU DANAKIL

Aux origines du monde

TYPE
Désert aride.

SITUATION
Corne de l'Afrique, nord-est de l'Éthiopie, sud de l'Érythrée.

QUELQUES CHIFFRES
Moins de 200 mm d'eau par an ; altitude de -125 m.

MEILLEURE PÉRIODE
Pour visiter l'Éthiopie, privilégier de mi-octobre à avril (saison sèche). Le désert du Danakil, dont les températures peuvent atteindre 50 °C, est à éviter entre mi-mai et novembre.

BON À SAVOIR
L'intégralité ou une grande partie du pays est déconseillée par le ministère français des Affaires étrangères. Consulter le site • *diplomatie.gouv.fr/fr/conseils-aux-voyageurs* • Pour visiter le Danakil, passer obligatoirement par une agence agréée (autorisations nécessaires).

L'une des régions les plus hostiles sur terre mais aussi l'une des plus spectaculaires, dans un décor de fin du monde… ou de ses origines ?

Située entre la plaque africaine et la plaque somalienne, l'Éthiopie est, tout comme le Kenya, le Mozambique ou la Tanzanie, traversée par la vallée du Grand Rift. De part et d'autre de cet ensemble de failles s'étendent de grands ensembles montagneux, produits de l'accumulation de lave sur des millions d'années.

Ces montagnes, elles-mêmes traversées par des fissures et des cours d'eau, sont sujettes dans certaines zones à une activité volcanique intense. Cette histoire géologique procure à l'Éthiopie des paysages uniques. Le nord-est du pays n'échappe pas à la règle, dans la dépression de l'Afar, située à plus d'une centaine de mètres au-dessous du niveau de la mer. Elle compte parmi les régions les plus arides au monde et regroupe plusieurs volcans en activité dont, dans la dépression du Danakil, l'Erta Ale ou le Dallol.

Le volcan Erta Ale (« Montagne fumante » en afar) n'atteint que 613 m d'altitude mais son diamètre dépasse les 30 km. Il dispose de deux cratères qui se remplissent parfois de lacs de lave. Selon certaines croyances afars, ce lieu serait peuplé d'esprits malfaisants. On veut bien les croire !

Le désert du Danakil se distingue aussi par le cratère Dallol, unique au monde : il résulte de l'explosion d'une chambre magmatique dans une vaste zone saline et se trouve à 136 m en dessous du niveau de la mer. La température peut atteindre 45°C à l'ombre. On y observe de curieuses formations géologiques dans un festival de couleurs vives et pourtant naturelles : montagnes de soufre, sources chaudes acides, geysers gazeux, colonnes de sel… Ce même sel représente une importante ressource d'exploitation pour la région. Les dépôts peuvent atteindre jusqu'à 2 000 m d'épaisseur !

Une région pas du tout évidente à visiter, pour des raisons d'accès et de sécurité. Mais un privilège rare que de découvrir le travail des tailleurs de plaques de sel et le transport en caravanes à dos d'ânes ou de chameaux, avant d'admirer, tout simplement, le coucher de soleil sur une mer de sel, comme au lac Karoum ou au lac Assalé.

ÉTHIOPIE

14° 14' 30" N, 40° 18' 00" E

BIENVENUE EN ENFER !

Attention aux eaux acides du lac Dallol, qui signifie « désintégré » en langue afar. Le message est clair. Sans compter les émanations toxiques. Un masque à gaz peut être utile dans le sac à dos ! On a vu plus sympa comme carte de visite. Mais le spectacle est unique, mêlant les fumées à toute la palette de couleurs de l'arc-en-ciel, témoins d'étonnants phénomènes chimiques d'oxydation et de cristallisation : de l'ocre au rouge, du bleu au vert flashy. Un tableau dantesque, on ne peut plus inhospitalier, mais fascinant. Les bergers nomades Afars, eux, en ont fait leur lieu de vie, s'adaptant à ces conditions extrêmes au fil des siècles.

67

KENYA

1° 29' 24" S, 35° 08' 39" E

TYPE
Réserve nationale.

SITUATION
Dans le sud-ouest du pays, près de la frontière avec la Tanzanie.

NATURE, COMPOSITION
Savane.

QUELQUES CHIFFRES
Superficie de 1 500 km², migration de plus de 2 millions de gnous chaque année.

MEILLEURE PÉRIODE
Juillet-octobre, durant la saison sèche qui est aussi celle de la migration des gnous.

COMMENT Y ALLER ?
Passage obligé par Narok, capitale des Maasaï située à 135 km (2-3h) de Nairobi par une bonne route goudronnée. Ensuite, il faut choisir la porte par laquelle accéder à la réserve, en fonction de la localisation de son lodge : à l'est, Sekenani Gate ou Oloolaimutiek Gate ; à l'ouest (plus long), Talek Gate ou Oloololo Gate. Plusieurs aérodromes (liaisons avec Nairobi) sont répartis dans la réserve.

BON À SAVOIR
Faites le plein d'essence et retirez du liquide à Narok.

KENYA

RÉSERVE NATIONALE DE MASAI MARA

Terre Massaï

La réserve Mara offre chaque été un spectacle unique : la migration de centaines de milliers d'animaux, attirant dans leur sillage une multitude de prédateurs.

Espace naturel le plus connu et le plus fréquenté du pays, le Mara prolonge du côté kenyan l'immense parc du Serengeti tanzanien. Un vrai régal pour l'amateur de safari ! Il s'étend sur 1500 km² environ, à une altitude moyenne de 1650 m. Il est bordé au nord-ouest par le long escarpement d'Esoit Oloololo, prolongement du Rift, qui culmine à 2 000 m et où furent tournées plusieurs scènes d'*Out of Africa*. Au centre et vers l'est s'étendent de vastes plaines ondulées entrecoupées du lit de rivières saisonnières et du trait d'union de la plus grande d'entre elles, toujours en eau : la célèbre *Mara River*, théâtre cruel des traversées annuelles des gnous en migration. Sur ses berges se regroupent des masses d'hippopotames, la savane le cède à la forêt, hantée par de nombreux kobs et familles d'éléphants. Plus à l'est, c'est un relief un peu plus vallonné qui se détache à l'approche des *Ngama Hills*.

Le Masai Mara ne forme pas un parc, mais une réserve, car ce territoire est toujours habité par les Maasaï, qui y font paître leurs troupeaux malgré une interdiction de principe... Leurs villages se disséminent aux frontières de la zone protégée et beaucoup se sont ouverts au tourisme. L'occasion de découvrir le mode de vie, la culture et l'architecture de ce peuple nomade d'Afrique de l'Est.

EXPÉRIENCE ROUTARD

Les expatriés visitent volontiers la réserve sans chauffeur ni guide. Vous pouvez en faire autant, les routes sont bonnes en saison sèche et on finit toujours par se retrouver malgré la faible signalisation. Mais les guides locaux savent où trouver fauves et rhinocéros, alors que vous pourriez bien passer à côté sans les voir... Mieux vaut alors engager un ranger, au moins une fois. Les lodges proposent souvent de courtes balades avec un guide naturaliste ou maasaï, des petits déj. pique-niques ou dîners dans la brousse (bushmeals). *Les options sont plus nombreuses hors de la réserve, où les sorties à pied ou nocturnes sont possibles*

Les animaux sauvages

Chacun utilise un territoire donné, s'y répartit de façon logique, en fonction du cycle des saisons, selon un ballet bien orchestré. Telle antilope ne broute que les herbes hautes, telle autre la suivra dans le temps pour paître sur la savane déjà arasée... Et les fauves tendent à suivre leurs proies, pour mieux leur tomber dessus. Bref, ces spécialisations impliquent des mouvements constants, naturellement tributaires des pluies et des sécheresses. C'est ainsi qu'alternent zones étonnamment vides de vie, et d'autres, au contraire, qui voient les animaux se concentrer.

La rencontre avec les prédateurs se fait, le plus souvent, lorsque vous ou votre guide aurez recueilli un tuyau d'un autre chauffeur, ou simplement repéré un rassemblement de minibus... Il y a alors de bonnes chances que lion, guépard ou léopard traîne dans le coin ! Certains animaux sont territoriaux : ça aide les habitués à les retrouver. Mais le plus beau, le plus intense, c'est sans doute la rencontre inattendue lorsque, au retour d'une balade sans histoire, le zèbre que vous regardiez d'un œil désabusé se fait soudain cravater par un fauve au moment où vous vous y attendiez le moins. Ça, c'est un truc à rater la photo, d'émotion ! Rassurez-vous cependant : l'accoutumance incroyable des animaux aux véhicules (mais pas aux humains, d'où l'importance de ne pas en sortir !) donne en général le temps de recadrer. Il n'est pas rare, ici, de pouvoir observer en toute quiétude une famille de lions à moins de 5 m et même de les suivre dans leur chasse.

La grande migration des gnous

Ce phénomène animal de masse compte parmi les plus spectaculaires au monde. À partir de mars, de 1 à 2 millions de ces animaux, accompagnés de quelque 300 000 zèbres et 400 000 gazelles de Thomson, quittent le sud du parc du Serengeti (en Tanzanie) pour prendre la direction du nord (voir chapitre « Parc national du Serengeti » pour plus de détails). La raison est simple : là-bas, l'herbe se fait rare.

Depuis 2 mois déjà, les femelles ont mis bas, ajoutant 300 000 à 400 000 nouveau-nés à la horde sauvage – qui attirent un nombre incroyable de prédateurs (lions en particulier)... Remontant peu à peu avec la mousson, suivant l'herbe qui reverdit, les migrateurs atteignent le nord-ouest du Serengeti en mai-juin : c'est alors l'époque du rut. Entre juillet et septembre, enfin, ils traversent la frontière et atteignent le Mara. Leurs colonnes, rejointes par d'autres descendant des Loita Hills, au nord, peuvent alors atteindre plusieurs dizaines de kilomètres avant de se scinder ! Pour les passages de rivières (grossies par les pluies), les gnous utilisent à chaque fois deux ou trois gués rituels.

Aux alentours d'octobre, ils se remettront en marche vers le sud avec la même énergie, pour retrouver une herbe reverdie par les petites pluies d'automne et donner vie à une nouvelle génération.

LE GUÉPARD AU GUIDE DES RECORDS

Capable d'atteindre près de 100 km/h en 3 secondes, c'est l'animal le plus rapide du monde. En course, ses pattes touchent à peine le sol : il plane presque. Léger (35 à 65 kg), il est le roi du sprint sur 400 m. En revanche, sur une longue distance, l'antilope le surclasse.

68

MADAGASCAR

18° 26′ 39″ S, 44° 43′ 27″ E

TSINGY DE BEMARAHA

Seuls au monde

TYPE
Parc national.

SITUATION
Région Melaki, 200 km au nord de Morondava, 90 km de Bélo-sur-Tsiribinha.

NATURE, COMPOSITION
Formations karstiques.

QUELQUES CHIFFRES
157 000 ha ; 833 espèces végétales (dont 86 % d'endémiques).

MEILLEURE PÉRIODE
La piste d'accès à Bekopaka n'est praticable qu'en saison sèche (de mai à novembre). En saison des pluies, les crues du Manambolo inondent les Tsingy, ce qui rend, en pratique, toute visite impossible jusqu'à la décrue.

COMMENT Y ALLER ?
Pour aller à Bekopaka en 4x4, compter environ 1 journée de Morondava ou 5h minimum depuis Belo-sur-Tsiribihina. Possible en taxi-brousse, en dormant à Belo. Le périple se termine par une traversée de fleuve en bac.

PLUS D'INFOS
Bureau du MNP (Madagascar National Parks) à Bekopaka,
• *parcs-madagascar.com* •

Des églises naturelles et des clochers de karst uniques au monde !

Tout commence il y a 200 millions d'années. Le plateau du Bemaraha est entièrement recouvert par la mer. Les coquillages et les coraux morts forment des couches successives pendant plusieurs dizaines de millions d'années… Puis le calcaire se fissure, provoquant la création de canyons et de diaclases (cassures). Enfin, il y a 5 millions d'années, la pluie légèrement acide ronge le calcaire et crée ces fameux lapiaz, ces arêtes acérées de couleur grise appelées *tsingy* en malgache.

Les Tsingy ont abrité les mythiques Vazimbas, les premières tribus de Madagascar, chassées par les habitants des hauts plateaux. On peut voir des tombeaux vazimbas cachés dans les falaises de la rivière Manambolo, au pied des Tsingy, et dans quelques grottes. Attention : il est *fady* (interdit) de les montrer du doigt, sauf en recourbant soigneusement son index ! Leurs descendants vivent encore sur les rives du fleuve.

Côté faune, on y recense 13 espèces de lémuriens, dont le *Eulemur rufus*, le propithèque de Deckeni et le très très rare aye-aye, un nocturne. Idem pour le *fosa*, une sorte de puma qui vit également la nuit. Près d'une centaine d'espèces d'oiseaux, dont l'*ankoay*, un aigle pêcheur endémique. Pour observer le microcèbe, le primate le plus petit du monde, il faut se coucher tard et s'armer de patience.

EXPÉRIENCE ROUTARD

Le MNP (Madagascar National Parks) a mis au point une dizaine de circuits à pied comme celui d'Andadoany (les petits Tsingy, faciles d'accès, compter 1h ou 2h) ou celui d'Andamozavaky (les grands Tsingy, 4h). Ces derniers, les plus spectaculaires, sont déconseillés aux personnes de forte corpulence (certains passages ne font pas plus de 30 cm de large) ou celles sujettes au vertige. Dans ce circuit, les Tsingy peuvent atteindre jusqu'à 100 m de haut. Échelles fixées dans la roche, baudriers, mousquetons et passerelles au programme. Bon, il ne s'agit pas de l'Everest non plus et, en prenant son temps, l'escapade s'avère absolument spectaculaire !

Les Tsingy ont surtout développé une flore très originale, capable de survivre dans des conditions difficiles : climat très sec sur les parties calcaires contrastant avec des parties humides dans les canyons et près des points d'eau. Dans la partie ouest de la réserve, présence d'une forêt dense sèche caducifoliée (perte des feuilles en saison sèche pour économiser l'eau), tandis que la partie est s'avère essentiellement constituée de savane. Au sommet des Tsingy, plantes adaptées à la sécheresse et plantes naines : *Commiphora*, kalanchoés, toutes sortes d'euphorbes, de pachypodiums, ou encore les aloès, ces fleurs rouge sang qui surgissent au milieu de cette forêt de karst gris. En fin de compte, 86 % des 833 espèces végétales répertoriées sont endémiques de la région.

Pour les botanistes en herbe, et pour les autres, plein de sujets d'émerveillement potentiels (et de belles photos à faire !), le gris des Tsingy contrastant superbement avec le vert de la forêt.

UN TSINGY PEUT EN CACHER UN AUTRE

Les seuls Tsingy au monde ? Pas tout à fait. Dans le nord de Madagascar, entre Diego-Suarez et Nosy Be, le long de la RN6, on trouve d'autres Tsingy gris, ceux du parc national de l'Ankàrana. Moins spectaculaires, certes, mais plus faciles d'accès. Et même vision stupéfiante d'aiguilles calcaires aiguisées se dressant vers le ciel, des centaines de grottes en prime. Plus au nord encore, à seulement 45 km de Diego, ce sont des Tsingy rouges cette fois-ci que l'on peut observer. Les couleurs nuances vanille, jaune, ocre, rose et rouge, avec toutes les tonalités intermédiaires, se mêlent en une parfaite harmonie.

69

TYPE
Chaîne de montagnes.

SITUATION
Au sud de Marrakech, dans le nord du pays.

NATURE, COMPOSITION
Montagnes, vallées.

QUELQUES CHIFFRES
Altitude max 4 167 m (Toubkal), chaîne de 750 km de long.

MEILLEURE PÉRIODE
Mai-octobre.

MONTAGNES DU HAUT-ATLAS

Terres berbères

Difficile d'imaginer plus beau diadème que ces sommets enneigés formant une barrière naturelle aux couleurs changeantes au sud de Marrakech.

COMMENT Y ALLER ?
Le Haut Atlas est assez facilement accessible en voiture depuis Marrakech. Des taxis collectifs rejoignent également les principaux points d'intérêt autour de Marrakech.

BON À SAVOIR
Évitez de passer la nuit au fond de la vallée de l'Ourika, au bord de l'eau, et même de vous engager dans les vallées lorsque le temps est orageux et menaçant, en raison des risques de crue subite (jusqu'à 6 m en quelques minutes).

Le Haut Atlas est une chaîne de montagnes formant une barrière d'environ 750 km et délimitant le Maroc saharien du Maroc atlantique et méditerranéen. C'est au coucher du soleil que cette parure affiche toute sa splendeur, lorsque les montagnes du Haut Atlas se transforment en une immense palette de rose et de rouge.

Dominées par le Toubkal (4 167 m), le plus haut sommet d'Afrique du Nord, les vallées de l'Atlas offrent de superbes virées pédestres. Si certaines nécessitent les services d'un guide et sont à organiser avec soin, d'autre peuvent être réalisées en autonomie.

La vallée de l'Ourika

Au sud de Marrakech, facile d'accès, la vallée de l'Ourika est la plus fréquentée des vallées du Haut Atlas. Nombre de Marrakchis s'y réfugient lorsque la température de la ville rouge devient difficile à supporter (il fait 10 à 15 °C de moins à Setti-Fatma qui est tout près).

Cette escapade d'une journée (en partant tôt le matin) permet un bol d'air dans l'Atlas, au contact de la vie rurale berbère. Pour y randonner ou se donner un peu de temps, on peut séjourner dans l'un des nombreux et agréables hébergements de la vallée.

L'Oukaïmeden

La route qui monte à l'Oukaïmeden est grandiose, surtout lorsqu'elle quitte la vallée de l'Ourika. D'abord bordée par des agaves et des figuiers de Barbarie, qui cèdent la place à des bouquets d'arbustes, forêts de cèdres et champs de pierres ocre, elle permet de découvrir, en surplomb, des villages en pisé à flanc de montagne. Des femmes berbères aux vêtements colorés, des enfants surgissant de nulle part... Suivent de jolies gorges aux couleurs minérales rouge profond et vert, des éboulis de cailloux gris et de petites bergeries en pierre.

L'Oukaïmeden est la plus haute station de ski d'Afrique, et la mieux équipée du Maroc. L'enneigement, variable selon les années, dure de 60 à 90 jours entre mi-décembre et mi-avril et l'altitude varie entre 2 600 m à la station et 3 270 m au sommet, qu'on atteint en télésiège. De là-haut, la vue sur l'Atlas et le Toubkal est splendide. En été, le climat très agréable attire beaucoup de Marrakchis qui fuient la chaleur extrême de la ville. La montagne accueille alors les troupeaux de moutons et les bergers investissent les bergeries traditionnelles. Superbe !

La haute vallée de Tachdirt

Le village de Tachdirt, le plus haut du Maroc (2 400 m d'altitude), se love au cœur d'un cirque de montagnes grandioses. Un site à ne pas manquer qui offre de nombreuses possibilités de randonnées, notamment vers Asni (6 h de marche) par les hameaux d'Ouaneskra, Ikiss, Amskere et Arg, dévoilant les paysages magnifiques, hors des sentiers battus.

La route d'Amizmiz

Passé les derniers faubourgs de la ville, on traverse un paysage de douces collines arides avec, en toile de fond, par temps clair, les montagnes du Haut Atlas. Cet itinéraire riche en contrastes réserve quelques haltes fort plaisantes : des vendeurs de poteries au départ de la route vers Tameslohte, d'intéressantes kasbah au-dessus du village d'Oumnas, le barrage et le lac de Lalla-Takerkoust et, surtout, la route entre Lalla-Takerkoust et Asni, qui traverse un magnifique plateau vallonné. Du barrage, on peut aussi poursuivre vers Amizmiz. L'état de la route entre Amizmiz et Ouirgane s'améliore, mais il subsiste quelques tronçons redoutables sur la seconde moitié. À n'emprunter qu'en plein jour, par temps sec et avec une extrême prudence.

Vallée de Toubkal

La route du Tizi-n-Test, de Marrakech à Taroudant

Au-delà d'Asni, la R 203 s'enfonce dans l'Atlas. Elle constitue l'une des plus belles et des plus impressionnantes routes de montagne du Maroc. Elle monte à l'assaut du col du Tizi-n-Test, à 2 260 m d'altitude, avant de redescendre vers Taroudant. Des paysages secs et minéraux alternent avec des oasis de montagne, hameaux et kasbah agrippés aux collines. Ici, pas de béton, le pisé est roi, répliquant les couleurs de la terre. La route, peu pratiquée, est très sinueuse et parfois étroite, sans parapets et avec quelques camions et taxis peu prudents.

La route du Tizi-n-Tichka, de Marrakech à Ouarzazate

Cette route montagneuse de 200 km environ, franchissant le Haut Atlas, est l'une des plus belles du Maroc et le passage obligé entre Marrakech et Ouarzazate. Elle ne présente pas de difficulté majeure mais requiert beaucoup d'attention car les virages s'enchaînent jusqu'au col du Tizi-n-Tichka, à près de 2 300 m d'altitude.

Aït-Benhaddou

À 30 km de Ouarzazate, Aït-Benhaddou possède l'un des ksour les mieux préservés de tout le Sud marocain. C'est une étape incontournable, dont la visite vous laissera un souvenir impérissable. D'ailleurs, beaucoup de tournages de films et de séries s'y sont déroulés, exploitant un décor naturellement cinégénique. Le site est inscrit sur la liste du Patrimoine mondial de l'Unesco et des travaux de restauration sont régulièrement entrepris. Un pont piéton relie la kasbah au village de l'autre côté de l'oued, que l'on peut aussi traverser à gué. Le tourisme n'épargne pas cette forteresse de terre et de roseaux, mais les autorités veillent à préserver ce patrimoine exceptionnel et fragile.

Aït Benhaddou

EXPÉRIENCE ROUTARD

L'ascension du djebel Toubkal, randonnée sur 2 jours au départ d'Imlil, ne présente pas de grande difficulté mais un guide reste recommandé car l'ascension peut être dangereuse par endroits. Cette randonnée dévoile des panoramas exceptionnels sur tout le Haut Atlas. Le premier jour, un chemin muletier mène aux refuges du Toubkal (à 3 200 m ; 5h ou 6h de marche depuis Imlil), en passant par le hameau d'Aremd et le sanctuaire de Sidi-Chamarouch (interdit aux non-musulmans). Au pied du Toubkal sont installés deux refuges qui permettent de passer la nuit avant d'attaquer les 3h d'ascension jusqu'au sommet (4 167 m). De là-haut, la vue sur l'ensemble du massif et sur le Siroua est sublime. En redescendant, pause-déjeuner au refuge avant de retrouver Imlil en fin d'après-midi par le même sentier qu'à l'aller.

Départ et arrivée : Imlil (64 km au sud de Marrakech) ; dénivelé : + 2 798 m ; distance : 36 km aller-retour..

70

NAMIBIE

DÉSERT DU NAMIB

Incroyable, mais vrai !

TYPE
Désert côtier chaud.

SITUATION
Sud-ouest de la Namibie, Afrique australe.

QUELQUES CHIFFRES
1 500 km de la façade maritime de la Namibie ; 80 à 160 km de large.

COMMENT Y ALLER ?
Pas de vol direct depuis la France. Visa octroyé à l'aéroport pour une période de 90 jours.

BON À SAVOIR
Où et comment observer les animaux ? Plaine du Garub pour les chevaux, observation en autonome (• *klein-aus-vista.com* •, lodge et camping). Brandberg pour les éléphants (• *brandbergwllodge.com* •, safaris juin à décembre seulement). Palmwag pour les éléphants, lions, rhinos... (• *store.gondwana-collection.com* •, safaris et hébergements). Skeleton Coast National Park pour les hyènes brunes, éléphants, lions... (camping et lodge à Torra bay ou Terrace bay, safaris organisés par le parc, • *nwr.com.na* •).

Du haut de ses 55 millions d'années d'aridité, le désert du Namib est le plus vieux désert au monde. Un milieu foisonnant de vie !

Déserts multiformes, ethnies aux traditions vivaces, vie sauvage foisonnante... La Namibie : un rectangle de terre d'Afrique australe, grand comme deux fois la France, à découvrir dans un contexte d'aventure, de pistes à l'infini. Dans ce bain d'animaux sauvages côtoyés au quotidien, le désert côtier du Namib est totalement hors norme.

Il déploie un océan de dunes dont les vagues se brisent sur les rouleaux de l'Atlantique. Du sable rouillé par le temps, ici. Des lacs de sel blanc, là. Parfois, une fine couche de scories fossiles. Au lever du soleil, tout est sublimé : la teinte rouge du sable, les lignes de césure des crêtes, les craquelures de la croûte d'argile, l'ombre rampante des arbres morts qui s'étire à l'infini. On médite ces mots bénis de Saint Ex', « On s'assoit sur une dune de sable. On ne voit rien. On n'entend rien. Et cependant quelque chose rayonne en silence... »

Sur ces terres bordées par un océan que rend glacial le courant de Benguela issu de l'Antarctique, la pluie advient rarement. On y compte, en revanche, jusqu'à 200 jours de brouillard par an. Cette brumisation salutaire a permis l'acclimatation de nombreux animaux et plantes à ce milieu aride. Citons le welwitschia, un végétal endémique de Namibie qui peut atteindre les 1 500 ans !

Outre les scarabées acrobates, geckos palmés, vipères maîtresses ès camouflage et autres lézards chorégraphes, au sud du Namib, on observe une centaine de chevaux sauvages acclimatés à la plaine du Garub, particulièrement hostile. Mais les grands mammifères indigènes se situent principalement dans la partie nord du Namib. Dans le massif du Brandberg ou dans le lit généralement à sec de la rivière Uniab, entre Palmwag et le Skeleton Coast Park. Une véritable fantasia d'animaux.

LES SALARS DE LA PEUR

L'un des musts de cet univers impitoyablement hostile du Namib, et le plus visité en Namibie, est un ensemble de salars (lacs superficiels aux sédiments formés de sels), entourés d'une mer de dunes rouges hautes de 300 m. Un record mondial ! Certaines années, la plus connue de ces cuvettes argileuses, Sossusvlei, est mise en eau par un oued qui finit ici sa course avant de s'évaporer. Le reflet des dunes orangées dans ces eaux éphémères est un phénomène que tout voyageur rêve d'admirer. Tout près, dominé par Big Papa (la dune la plus haute, dont les courageux entreprendront l'ascension), le salar de Dead Vlei est particulièrement photogénique pour ses arbres morts qui pointent vers l'azur du ciel. À voir dès potron-minet, avant la chaleur.

OUGANDA

1° 04′ 50″ S, 29° 39′ 41″ E

71

FORÊT IMPÉNÉTRABLE DE BWINDI

Gorilles dans la brume

L'un des rares endroits au monde où observer des gorilles, dans une forêt primaire dense, à flanc de montagne.

TYPE
Parc national.

SITUATION
Afrique de l'Est, frontière avec la République démocratique du Congo.

NATURE, COMPOSITION
Forêt primaire, tropicale et humide ; plaine et montagne.

QUELQUES CHIFFRES
32 100 ha ; environ 300 gorilles des montagnes subsistent dans la forêt de Bwindi.

DIPLÔME
Inscrit au Patrimoine mondial de l'Unesco.

MEILLEURE PÉRIODE
Possible toute l'année, mais idéalement aux saisons sèches de décembre à février et de juin à septembre. Avril est très pluvieux.

COMMENT Y ALLER ?
Nettement plus facile avec une agence locale, mais les routards aguerris aux voyages en Afrique peuvent s'organiser par eux-mêmes. On trouve sur place des lodges confortables.

BON À SAVOIR
Permis nécessaire pour entrer dans le parc, dans le but de préserver cet écosystème unique.

Vallées verdoyantes, reliefs escarpés, rivières sauvages et sommets couverts de brume, la forêt impénétrable de Bwindi est l'un des derniers refuges des impressionnants gorilles de montagnes. À lui seul, le parc de Bwindi accueille la moitié de la population des gorilles de montagne répertoriés dans le monde. La rencontre avec ces majestueux animaux sera à coup sûr un moment inoubliable et une expérience unique. Aventuriers en herbe et amoureux de photographie animalière, sortez vos zooms. C'est ambiance *Gorilles dans la brume*, pour de vrai !

Il vous faudra bien sûr recourir aux services d'un guide pour vous frayer un chemin et explorer cette forêt à travers ses 200 espèces d'arbres et ses centaines d'espèces de fougères. Un permis est également nécessaire.

Mais la forêt de Bwindi ne se limite pas à ses populations de gorilles. Son incroyable écosystème constitue également un refuge pour une grande variété d'autres animaux et de plantes. On y recense pas moins de 220 espèces de papillons et près de 350 espèces d'oiseaux. Ce trésor naturel dévoile également des paysages de toute beauté.

La protection de cette nature unique et le bien-être des espèces menacées sont bien sûr au cœur des préoccupations des gardes qui mettent tout en œuvre pour promouvoir un tourisme responsable et de sensibilisation.

EXPÉRIENCE ROUTARD

Si les gorilles font la réputation de l'Ouganda, ce ne sont pas les seuls primates que le pays accueille. Rien qu'au parc national de Kibale on en croise 13 espèces différentes. La rencontre avec les chimpanzés constitue notamment, là encore, un moment particulièrement fort en émotions. Au parc national des gorilles de Mgahinga, ce sont les singes dorés qu'il faut voir. Bien moins connus que leurs voisins gorilles des montagnes, les singes dorés sont tout autant menacés d'extinction. Ces petites boules de poils vivent dans la brume, dans des forêts primaires de bambous situées à plus de 2 000 m d'altitude, au niveau de la triple frontière entre Ouganda, République démocratique du Congo et Rwanda.

OUGANDA

1° 04′ 50″ S, 29° 39′ 41″ E

72

LA RÉUNION (FRANCE)

CIRQUE DE MAFATE

Bout du monde sous les tropiques

TYPE
Parc national.

SITUATION
Île de La Réunion (France).

NATURE, COMPOSITION
Cirque naturel, forêts.

QUELQUES CHIFFRES
100 km², 5 sommets de plus de 2 000 m, plus de 100 km de sentiers.

MEILLEURE PÉRIODE
De mai à novembre, c'est la saison « fraîche » ; le reste de l'année, c'est l'été austral, autrement dit la saison chaude et des pluies. Ça peut alors être dur dur pour les randonneurs.

COMMENT Y ALLER ?
6 voies d'accès à pied, plus ou moins difficiles. Certaines peuvent se faire avec des enfants comme col des Bœufs/La Nouvelle. Cette option est la plus populaire : on peut y monter en bus ou laisser sa voiture au parking (payant et surveillé).

BON À SAVOIR
La région est soumise à une charte écoresponsable • *ouest-lareunion.com/mafate-attitude* • ; pour l'état des sentiers, • *reunion-mafate.com* •

Quel cirque ! Magnifique, entouré de murailles naturelles, c'est la Mecque de la randonnée réunionnaise, un petit paradis pour les marcheurs.

N'imaginez pas La Réunion comme une vaste plage bordée de cocotiers, on n'est pas aux Antilles ! Ce si joli caillou jeté dans l'océan Indien est avant tout une île volcanique et montagneuse : point culminant à 3 070 m, le piton des Neiges donna naissance à l'île en sortant des flots. En s'affaissant, ce vieux volcan provoqua la création de trois cirques magnifiques : Cilaos, Salazie et Mafate. L'ensemble constitue l'âme et l'originalité de La Réunion. Mais Mafate, le plus sauvage des trois cirques, est aussi le moins fréquenté. Et pour cause : Mafate, malgré sa superficie d'environ 100 km², a la particularité d'être coupé du monde ! Aucune route n'y mène. On s'y rend uniquement à pied, par de petits sentiers de montagne. Le cirque est approvisionné essentiellement par des hélicoptères qui évacuent aussi les 25 t de déchets mensuels.

Pour en faire le tour, on emprunte le GR® R3. Une bonne carte IGN et/ou un topoguide sont indispensables. Les temps de marche sont variables en fonction du niveau de chacun, de ses conditions physiques et des conditions météo. Ceux indiqués sur les bornes sont pour les marcheurs aguerris, sans sac à dos. Attention de bien se renseigner avant et de ne pas se surestimer !

Isolés à la pointe d'un plateau ou au creux d'une vallée secrète, surgissent de temps à autre des îlets aux jolis noms : Marla, Lataniers, Aurère, les Orangers, Ilet-à-Malheur... Il s'agit de groupements de maisons en bois sous tôle, quasi anachroniques, où une poignée de familles nombreuses tentent d'arracher à la friche quelques lopins où planter haricots et maïs.

EXPÉRIENCE ROUTARD

La rando, c'est pas votre truc ? Vous ne serez pas en reste au piton Maïdo, l'un des points de vue les plus impressionnants de La Réunion, à 2 203 m d'altitude, accessible depuis Saint-Paul en bus (ligne n° 61 de la compagnie Kar'Ouest) ou en voiture. Compter 1h30 d'une très belle route sinueuse mais aux paysages changeant au fur et à mesure que l'on prend de la hauteur : champs de géraniums, étendues de mimosas, tamarins en forêt chevelue... jusqu'au sommet, recouvert d'un maquis odorant. À vos pieds, le cirque de Mafate se dévoile dans son intégralité. Bluffant ! Mais, attention, s'y rendre très tôt le matin (idéal pour le lever du soleil), car à mesure que les heures avancent, les nuages commencent à envahir le cirque. Alors là pour la vue, Tintin !

21° 03' 14" S, 55° 25' 14" E

Malgré son isolement, le cirque est peuplé d'environ 800 Mafatais, vivant pour la plupart dans des conditions assez simples. Mais l'isolement n'a pas que de mauvais côtés : les locaux sont très hospitaliers et ont toujours du temps pour discuter avec les randonneurs autour d'un cari typique et d'un verre de rhum arrangé.

Des infirmières visitent les îlets (à pied !) et des assistantes sociales y font également des tournées. À l'école, les cours sont donnés du lundi midi au vendredi midi (y compris le mercredi), pour laisser le temps aux instituteurs de rentrer chez eux.

Pour l'anecdote, si vous postez votre courrier dans une des boîtes du cirque, celui-ci portera le dessin d'une montagne, un sentier, une case, deux traces de pas et un hélicoptère. Ce sont les enfants de Roche-Plate qui ont dessiné ce cachet de la Poste.

L'autre intérêt du cirque, outre ses habitants, c'est bien sûr la nature. Elle explose à chaque détour de sentier. Les montagnes sont omniprésentes et l'érosion a donné aux pitons les formes les plus inimaginables alors que la forêt est partout. Et l'impression de bout du monde est au rendez-vous.

UN INLASSABLE FACTEUR

Tout le monde à La Réunion connaît Angelo Thiburce, l'ancien facteur de Mafate, depuis que celui-ci est passé à la télévision. La première fois, il a raconté qu'il devait changer régulièrement de chaussures, non remboursées par La Poste… et il en a reçu en quantité suffisante pour marcher jusqu'à la retraite ! Chaque tournée lui prenait 4 jours. Il a pris sa retraite en 2002, au terme d'une longue carrière et de 180 000 km parcourus à pied, soit plus de quatre fois le tour de la planète.

73

TYPE
Parc national.

SITUATION
Île de la Réunion, océan Indien.

NATURE, COMPOSITION
Volcan.

QUELQUES CHIFFRES
2 632 m au plus haut, découvert en 1751.

COMMENT Y ALLER ?
Une seule route conduit au piton de la Fournaise, la RF 5, au départ de Bourg-Murat. Compter de 45 mn à 1h pour environ 25 km (les 5 derniers sont défoncés). Pas de bus. En stop, c'est faisable, mais partir de bonne heure.

PLUS D'INFOS
Sur le site • *fournaise.info* • Et s'arrêter à la Cité du Volcan, au début de la route du Volcan. • *museesreunion.fr/laciteduvolcan* • Un bel espace muséographique high-tech que l'on conseille vivement d'explorer. On ne s'ennuie pas une minute, la visite étant particulièrement ludique et instructive.

LA RÉUNION (FRANCE)

PITON DE LA FOURNAISE

Voyage au centre de la Terre

L'attraction nº 1 de La Réunion, qui lui doit son appellation d'Île intense… Et le volcan actif le plus méridional de France !

En premier lieu, rassurons les « z'oreilles zincultes » : la Fournaise est un volcan effusif mais pas explosif, nuance. Il se contente de « dégueuler » des laves basaltiques fluides (à 1 150 °C tout de même !). En tout cas, le volcan de La Réunion est placé sous haute surveillance, 24h/24. On en a fait un véritable « volcan laboratoire » grâce auquel la volcanologie a considérablement évolué.

Il ne faut surtout pas hésiter à approcher la bête, car vous rateriez un paysage absolument fantastique. D'ailleurs, elle n'effraie plus beaucoup les Réunionnais… Au contraire, ils lui vouent une admiration pleine de respect.

Depuis 1650, 300 éruptions ont eu lieu. Et rien que depuis 1998, le volcan « l'a pété » régulièrement, presque chaque année, à raison de 3 ou 4 éruptions en moyenne. Les plus belles restent celles qui sont arrivées jusqu'à la mer (2002, 2004, 2005 et 2007). Mais l'éruption d'avril 2007 les surclasse toutes, avec plus de 250 millions de tonnes de lave émis en 1 mois, l'effondrement spectaculaire du cratère principal (Dolomieu) et la naissance de 2… plages !

Ce n'est qu'au début des années 1960 que la visite du volcan devint courante : auparavant, l'absence de route pour y monter nécessitait l'organisation de véritables expéditions, longues et coûteuses, avec porteurs. Aujourd'hui, la seule route qui conduit au volcan vaut la virée à elle seule. À 2 360 m, il faut absolument faire une halte au belvédère qui domine la plaine des Sables. Paysage lunaire, à la fois néant minéral et palette d'artiste, ce désert rouge et noir évoque un décor à la Spielberg : on jurerait une piste d'atterrissage pour Martiens ! 5 km plus loin, on parvient au parking du pas de Bellecombe (2 354 m d'altitude), terminus de la route, découvrant un panorama saisissant sur le sommet du piton de la Fournaise. Enfin, le voilà !

EXPÉRIENCE ROUTARD

Au sommet du rempart, depuis le Pas de Bellecombe, vous surplombez l'enclos Fouqué, en forme de fer à cheval (9 km de large sur 13 km de long). L'une des plus belles randonnées de l'île commence là, au bas de 400 marches : un aller-retour dans l'enclos qu'on peut faire avec les enfants s'ils sont préparés à l'aventure. Prévoir 5-6h au minimum pour 12 km. Le sentier est balisé tout le long par de gros points blancs. Prévoir de très bonnes chaussures, un chapeau, de la crème solaire, des vivres et 2 l d'eau par personne. N'hésitez pas à consulter les webcams et la météo avant de partir.

DANS LES ENTRAILLES DU MONSTRE

Les randos spéléologiques ont vu le jour à La Réunion suite aux éruptions et à la formation de tunnels de lave. Refroidis, certains sont aujourd'hui accessibles, un privilège rare dans le monde, partagé avec Hawaï. Pas de difficultés techniques particulières, de nombreuses galeries sont suffisamment vastes pour ne pas avoir à ramper. La température avoisine les 22-24 °C et on a l'étrange impression d'évoluer dans un univers en chocolat glacé. Les parois vitrifiées, parfois magnétiques, portent la mémoire de mouvements inachevés, de gouttes de lave figées, comme des dessins d'art abstrait. Attention, on ne s'aventure pas à la légère, être absolument accompagné d'un professionnel diplômé.

74

SINÉ SALOUM

L'Amazonie du Sénégal

TYPE
Parc national du delta du Saloum.

SITUATION
Nord de la Gambie, 200 km sud de Dakar.

NATURE, COMPOSITION
Delta au confluent des fleuves Siné et Saloum.

QUELQUES CHIFFRES
334 000 ha, 2 aires marines protégées, 9 forêts classées, près de 200 îles et îlots.

DIPLÔME
Inscrit au Patrimoine mondial de l'Unesco.

MEILLEURE PÉRIODE
De novembre à mars. Après mars, les températures grimpent fortement. De juillet à septembre c'est l'hivernage : orages et pluies détériorent les pistes. Moins de touristes, moins de poussière aussi, mais plus de moustiques !

Un delta situé au confluent des fleuves Siné et Saloum, certainement l'une des régions naturelles les plus étonnantes et merveilleuses du Sénégal.

Le delta du Siné Saloum couvre quelque 334 000 ha qui se divisent en neuf forêts classées, deux aires marines protégées, deux réserves naturelles communautaires, sans oublier les 76 000 ha du parc national du delta du Saloum. Le tout classé « Réserve mondiale de biosphère » par l'Unesco et « Zone humide d'importance internationale » (Ramsar). Un pedigree de choix pour des vacances inoubliables et des plus reposante !

Le delta recèle un fouillis inextricable de près de 200 îles et îlots, de canaux et bancs de sable, où la mangrove – cette formation végétale composée de palétuviers surgis de l'eau – s'épanouit sans compter. C'est aussi l'un des plus grands sites ornithologiques d'Afrique de l'Ouest, après le banc d'Arguin (Mauritanie) et le Djoudj (au nord de Saint-Louis-du-Sénégal), où cohabitent environ 200 espèces d'oiseaux (pélicans, marabouts, sternes, hérons, aigrettes et, encore plus remarquables, aigles pêcheurs...). On y observe également une profusion de poissons, coquillages et crustacés (barracudas, thiofs, mérous, huîtres de palétuvier, crabes violonistes...).

Aux côtés de cette beauté sauvage exceptionnelle qui vaut au delta le surnom d'« Amazonie du Sénégal », on découvre d'authentiques villages isolés de pêcheurs séchant et fumant poissons et coquillages sur la plage, ou, comme à Niominka, des artisans qui travaillent le bois... Chaque île du delta a son caractère et ses traditions encore bien vivantes, où la *teranga* (« hospitalité » en wolof) signifie toujours quelque chose ! Le Siné Saloum compte aussi d'anciennes villes coloniales comme Kaolack ou Foundiougne, conservant le charme suranné de leurs vieux bâtiments administratifs, maisons de commerce, ports et entrepôts, dont l'activité fut autrefois étroitement liée à la culture de l'arachide...

LES CANONS DU SALOUM

Le delta du Saloum est traversé par une vieille route maritime coloniale permettant encore aujourd'hui aux cargos de rejoindre le port de Kaolack. En 1940, après avoir mis une partie de l'or de la Banque de France en sûreté à Kayes (Mali), via Dakar, le gouvernement français décida de protéger son trésor d'un éventuel débarquement au Sénégal en fortifiant cette voie navigable avec des canons, disposés notamment devant Foundiougne et au sud-est de l'île de Mar Lodj. Toujours en place, ces canons ne servirent jamais...

EXPÉRIENCE ROUTARD

Se promener en pirogue dans le delta, s'enfoncer silencieusement dans les bolongs (bras de mer) au milieu des oiseaux, rencontrer les habitants des villages reculés ou pratiquer la pêche... tel est le beau programme qui s'offre à vous. Souvent, hélas, un peu cher. On conseille donc de se grouper pour louer des pirogues et, bien entendu, de discuter les prix. Ces derniers variant fréquemment, renseignez-vous à droite, à gauche, et croisez vos infos pour avoir une idée juste des tarifs. Le mieux est aussi de demander conseil aux gérants des campements et hôtels.

TANZANIE

MONT KILIMANDJARO

Le toit de l'Afrique

75

TYPE
Volcan.

SITUATION
Dans le nord-est du pays, à la frontière avec le Kenya.

NATURE, COMPOSITION
Stratovolcan.

QUELQUES CHIFFRES
5 892 m d'altitude.

MEILLEURE PÉRIODE
Janvier-février et dans une moindre mesure juillet-septembre (affluence beaucoup plus importante).

COMMENT Y ALLER ?
L'aéroport international de Kilimandjaro se trouve à 85 km de l'entrée du parc (Marangu Gate). Navettes de bus quotidiennes entre les villes d'Arusha et de Moshi vers l'entrée du parc.

BON À SAVOIR
Guides et porteurs sont obligatoires pour réaliser l'ascension. Au sommet, les nuits sont très froides. En plein mois d'août, le thermomètre peut descendre à - 20 °C. Chaque année, de 30 000 à 35 000 randonneurs tentent l'ascension de cette montagne mythique. Moins de la moitié atteint le pic Uhuru. Certains jours de juillet et d'août, ça se bouscule sur les pistes et les refuges affichent complet. Pensez-y !

Montagne mythique, le Kilimandjaro est le sommet le plus haut d'Afrique. Constamment enneigé, il domine de son imposante stature la steppe et les horizons infinis du Kenya et de la Tanzanie.

Vu d'avion, quand on a la chance de l'apercevoir, l'intérieur de son cratère semble dessiner un œil curieux qui s'entrouvre vers le ciel. Le mont Kilimandjaro, le « Kili » pour les randonneurs, est composé en fait de trois volcans éteints : le Kibo ou Uhuru Peak (5 892 m) qui est le pic principal situé sur le bord méridional du cratère externe, le Mawenzi (5 149 m) et le Shira (3 962 m).

Son nom viendrait du terme swahili *kilima* (signifiant « montagne ») et du mot *njaro* qui pourrait signifier « caravane » en dialecte chagga, ou « source d'eau » (*ngare* en swahili) ou encore « splendeur »... Les Arabes et les marchands chinois qui commerçaient sur la côte en avaient entendu parler. Le premier Européen qui découvrit le mont Kilimandjaro fut le missionnaire allemand Johannes Rebman, en 1848. Il admira la montagne mais ne monta pas au sommet.

L'ascension

Cette montagne aux neiges autrefois éternelles attire chaque année des foules de grimpeurs. Mais l'ascension de ce monstre sacré n'est pas une promenade dominicale. Il faut compter 6 jours et 5 nuits (minimum) de montée avant d'atteindre le sommet. La récompense, c'est-à-dire la vue sublime, n'est pas gratuite, il faut payer le prix : maux d'altitude très fréquents, ampoules aux pieds, froid décapant, manque de sommeil. Le sommet du « Kili » se mérite, mais tout le monde ne l'atteint pas. La plus haute montagne d'Afrique ne plaisante pas, et fait chaque année son lot de victimes, d'où l'importance de bien sélectionner votre agence avant de partir. Par exemple, il est primordial de vraiment vous assurer que votre agence a prévu d'apporter une trousse de premiers secours adaptée à la haute montagne, ainsi qu'un caisson hyperbare.

RECORD DU MONDE

À 330 km sous la ligne de l'équateur, le mont Kilimandjaro détient un record mondial peu connu. Celui d'être une montagne si froide, si haute et en même temps si proche d'une ligne si chaude (l'équateur) ! C'est en outre l'une des rares montagnes aussi hautes dans le monde qui ne soient pas rattachées à une chaîne continue de pics et de sommets.

Les différentes voies d'accès

Quelle que soit la voie choisie, on traverse d'abord une forêt tropicale humide habitée par des singes, puis la végétation se fait moins dense, le paysage plus désertique à mesure que l'altitude augmente, jusqu'à devenir lunaire, gris et caillouteux. La fin de l'ascension se fait dans la neige, de nuit, pour finalement atteindre le sommet au lever du soleil. Magique.

La **voie Marangu** est la plus facile car c'est la seule permettant de dormir chaque nuit en refuge, et donc de mieux récupérer. La **voie Machame** est un peu plus difficile (passages escarpés et journées de marche assez longues) mais sans doute plus belle, car on contourne le Kilimandjaro pendant deux jours. Cette voie a de plus en plus de succès et est devenue la plus fréquentée, devant la voie Marangu car elle permet une meilleure acclimatation, grâce notamment à deux nuits passées à près de 3 900 m. Elle accueille ainsi le plus de grimpeurs jusqu'au sommet (entre 80 et 90 % de réussite). La **voie de Rongai** est de plus en plus populaire. C'est la voie la plus reposante, avec ses petites étapes avant le sommet, permettant de bien s'acclimater. On peut parfois apercevoir des buffles. La **voie de Lemosho** est un peu plus longue que les autres, mais cela permet de mieux s'acclimater à l'altitude.

NEIGES ÉTERNELLES ?

Quand on parle du réchauffement de la planète, il est des chiffres plus parlants que d'autres, des images plus frappantes que d'autres. L'une d'entre elles est cette photographie du mont Kilimandjaro au début du XXe siècle et la même actuellement. Au cours de cette période, le sommet a perdu 80 % de sa surface glacée. Des 12 km^2 en 1912, il n'en reste que… 2. Les spécialistes parlent de 2040 voire 2030 pour la disparition du glacier… Si vous voulez le gravir et ressentir le grand frisson les pieds dans la neige, c'est maintenant ou jamais, car ça se dégrade chaque année.

3° 12′ 36″ S, 35° 27′ 36″ E

76

TANZANIE

CRATÈRE DU NGORONGORO

Paradis terrestre

TYPE
Chaîne de montagnes, de cratères et de plateaux d'origine volcanique.

SITUATION
Dans le nord du pays.

NATURE, COMPOSITION
Savane, forêt tropicale, lacs.

QUELQUES CHIFFRES
La zone de conservation fait 8 296 km² ; 25 000 gros mammifères.

DIPLÔME
Classé au Patrimoine mondial de l'Unesco.

MEILLEURE PÉRIODE
De mi-mai à décembre, à la saison sèche. Peu de temps après la fin de la saison des pluies, au mois de juin, tout est vert et il y a des fleurs partout. Cependant, il peut faire froid.

COMMENT Y ALLER ?
Aéroport à Arusha (3h de route du cratère) ou à Seronera (2h30 de route). Dans la zone protégée, le goudron laisse place à la terre.

BON À SAVOIR
On dénombre plus de 400 000 visiteurs par an, aussi la durée de présence de votre véhicule sur le site est-elle limitée à 6h consécutives.

La plus grande caldeira du monde abrite une nature luxuriante et sauvage, un véritable sanctuaire et un refuge pour nombre d'animaux.

Au sein de l'immense zone protégée du Ngorongoro, le fameux cratère, morceau de roi isolé à 2 300 m d'altitude (le fond du cratère est lui à 1 700 m), offre un décor de rêve, étonnamment verdoyant, où les acacias et les pins parasols servent parfois de refuge à de drôles d'oiseaux. Ce volcan était jadis plus haut que le Kilimandjaro, avant que le fond du cratère ne s'effondre, il y a 2 millions d'années, après une éruption.

Mais cette splendeur sauvage a déjà fait le tour du monde par le biais de films et reportages animaliers et les visiteurs sont de plus en plus nombreux sur les pistes. Heureusement, devant le spectacle éblouissant de la nature et de la vie sauvage, on finit par oublier les humains et les 4x4. Ce qui frappe d'abord, c'est son immensité. Le cratère mesure 20 km de long sur 16 km de large. Imaginez : une capitale comme Paris tiendrait largement dans cet énorme espace naturel. En termes scientifiques, il s'agit d'une caldeira, c'est-à-dire un vaste cratère formé par l'explosion de la cheminée d'un volcan, bouchée par les laves.

Ses flancs sont escarpés, boisés à l'est et au sud-est, plus arides au nord. Une piste longe le cratère puis s'enfonce dans la vallée. Sur la crête sud, on est à 2 286 m d'altitude. L'air est frais, léger. On oublie les lourdeurs des savanes surchauffées.

La descente est abrupte (610 m de dénivelé). L'idéal est d'y aller dès le début de la matinée (les entrées ouvrent dès 7h), quand les brumes qui s'accrochent encore aux contreforts donnent au site un aspect irréel.

Microcosme de l'Afrique de l'Est, l'intérieur du cratère abrite des types variés de paysages : steppes herbeuses, savanes avec quelques arbres, ruisseaux, marais, petits lacs, quelques monticules. Il y a de l'eau, il y a de l'herbe et de l'ombre ici et là, et plus aucun habitant depuis 1974 : les animaux y sont comme au paradis terrestre. C'est l'un des seuls endroits de Tanzanie (et d'Afrique) où l'on peut voir les Big Five (éléphant, rhinocéros, lion, buffle et léopard) réunis dans un même lieu.

EXPÉRIENCE ROUTARD

Après le cratère, ceux qui poursuivront vers le Serengeti découvriront de superbes vallées parsemées de villages maasaïs, composés de huttes rondes. De-ci de-là, le vert (ou le jaune, selon la saison) de la savane offre un panorama sublime, d'une étrange harmonie. Éleveurs, les Maasaïs font paître leurs troupeaux de chèvres, vaches ou moutons au gré des espaces infinis. Il est possible de visiter un de ces villages. On vous demandera 50 $/véhicule. Vous serez alors reçu par le chef du village ou par un émissaire parlant un peu l'anglais, choisi par les villageois pour gérer la venue des touristes et accueilli par des danses et des chants.

TANZANIE

2° 19' 58" S, 34° 34' 00" E

77

PARC NATIONAL DU SERENGETI

Le royaume des animaux

L'un des plus grands et des plus somptueux parcs du continent, au cœur des immenses savanes de l'Afrique de l'Est, symbolise avec éclat la nature africaine.

TYPE
Parc national.

SITUATION
Dans le nord du pays, jusqu'à la frontière avec le Kenya.

NATURE, COMPOSITION
Savane.

QUELQUES CHIFFRES
près de 15 000 km² ; 1 500 éléphants, près de 20 000 buffles, plus de 6 000 girafes, près de 3 000 lions et environ 300 guépards.

MEILLEURE PÉRIODE
La saison sèche dure de juin à décembre. Il y a en principe 2 saisons des pluies, une petite en avril et mai, et une grande à partir de décembre. Par temps pluvieux, certaines pistes de terre du corridor occidental deviennent impraticables.

COMMENT Y ALLER ?
La piste partant de Ngorongoro traverse le Serengeti. La plupart des safaris passent par le lac Manyara (1 nuit), le Ngorongoro (1 nuit), puis les gorges d'Olduvai, avant de traverser le parc du Serengeti (compter 2 nuits sur place). La route étant longue, les agences proposent souvent de faire le retour en petit avion, pour gagner une journée.

Voilà un parc bien nommé : *Serengeti* signifie en effet « Terre aride et étendue » en langue maa. Grand comme huit fois la réserve voisine de Masai Mara au Kenya, le Serengeti (14 763 km^2), c'est la moitié de la surface de la Belgique. Des kyrielles d'animaux de toutes les espèces, de toutes les tailles, y vivent, y grandissent, y évoluent en toute liberté, dans des paysages dignes du premier jour de la Création.

Nous sommes au cœur des immenses savanes de l'Afrique de l'Est, de 920 à 1 850 m d'altitude. Il y fait chaud. À mesure que l'on monte du sud-est vers le nord, les paysages changent, preuve de la diversité de l'écosystème du Serengeti. Dès l'entrée du parc, en venant du Ngorongoro, s'étend une immense savane d'herbes hautes, où se dressent de place en place, comme des îlots, de curieux chaos de roches granitiques, baptisées *kopje* (prononcez « kopieuz »). Autour du *Seronera Lodge* pousse la savane à acacias, plus verdoyante. Le Nord est très vallonné et couvert de collines. Enfin, un immense triangle sauvage, nommé le corridor occidental *(Western Corridor)*, s'étire jusqu'aux rives du lac Victoria. C'est par ce fameux corridor que transite la non moins fameuse migration des gnous en mai-juin.

Conseil de sagesse animalière

Bienvenue au royaume des animaux ! Ici, le voyageur est un observateur, rien d'autre qu'un étranger de passage. Les animaux, vous les verrez, vous les sentirez, vous les admirerez. Ce morceau de Tanzanie constitue la plus belle leçon d'observation et de sagesse qui soit. Le sens du territoire, le désir de liberté, l'instinct de survie, l'esprit de famille, la vie sédentaire et nomade, la solidarité contre l'ennemi, la protection des petits et du clan, voilà quelques caractéristiques de la vie animale. Comme les hommes, ces bêtes sauvages passent aussi une partie de leur temps à s'épier, à se guetter, à s'entre-dévorer. Jamais par méchanceté ou par cruauté, simplement par instinct de vie et de perpétuation de l'espèce. Pas d'angélisme ici, nul romantisme, mais le plus brut, le plus authentique des réalismes (vous n'échapperez pas, avec un peu de chance et de complicité de la part de votre guide, à une scène de chasse, aussi éducative qu'éprouvante).

À chacun donc de déchiffrer l'énigme du Serengeti, et la marche secrète de ce monde sauvage. La loi de la brousse ne change pas, elle reste celle, impitoyable, de la jungle. Le règne des animaux implique autant harmonie qu'injustice, inégalité ou violence.

La nature sauvage a ses règles propres, sa part de lumière et de ténèbres, de merveilleux et de terrible. Et c'est pour cela qu'elle est nature. Dans ce *wilderness* (monde sauvage), tout est à observer, tout est à méditer âprement.

Quelques chiffres tout de même : 1 500 éléphants, près de 20 000 buffles, plus de 6 000 girafes, 70 000 impalas, 7 500 hyènes, près de 3 000 lions et environ 300 guépards. Sans parler des nomades, les gnous et les zèbres.

Le Serengeti sous la pluie

Même si les pistes boueuses deviennent un peu moins aisées à pratiquer à cette époque, la saison des pluies constitue pour un voyageur une des plus belles expériences d'observation du monde sauvage. D'épais nuages sombres s'amoncellent dans le ciel, poussés par un vent venu du lointain océan Indien. À force d'être desséché, le sol a formé une carapace si durcie par le soleil qu'il semble incapable d'absorber cette eau bienfaitrice. Mais la force des éléments est telle que le sol ne pourra pas y résister longtemps. Il commence à s'engorger. Enfin ! La nature exhale des parfums de terre et d'herbe mouillée. Une merveille pour les sens. L'arrivée de la pluie est une bénédiction pour les animaux et un soulagement pour les hommes. Les orages et l'humidité garantissent ainsi chaque année une herbe nouvelle et des points d'eau aux bêtes.

Vers fin mai, les gnous ont déjà entamé leur grande migration du sud-est du Serengeti vers le corridor occidental (Western Corridor).

La migration des gnous

Ici, vous verrez des gnous partout. Cette drôle de bête a l'allure d'une grosse antilope pataude, un corps et des cornes de bovin, et une tête de mouton barbichu. Sa silhouette évoque quelque chose de méfiant et obstiné, comme le bison. Il n'a pas une bonne vue, et c'est le zèbre, qui migre avec lui, qui le prévient des dangers en s'enfuyant en premier. Se déplacer au sein d'un immense groupe : tel est le passe-temps favori du gnou, son atavisme millénaire. Imaginez des steppes et des savanes étendues à l'infini. Et une longue caravane, s'étirant parfois sur 40 km, galopant ou trottinant au milieu de nulle part, vers un objectif invisible.

La migration des gnous est un des spectacles les plus fascinants qu'il soit donné d'observer en Afrique de l'Est. Des hordes de gnous cavalent à n'en plus pouvoir, effectuant sur plusieurs mois une incroyable randonnée en boucle longue de plus de 800 km. Le désordre de ce mouvement migratoire n'est qu'apparent. Inscrit dans leur patrimoine génétique, leur itinéraire les mène exactement où ils doivent aller. De cette mêlée indescriptible se dégage un étrange et inquiétant bruit de fond : le martèlement sourd du sol par des millions de sabots lancés au galop. Ils se bousculent, se cognent les uns aux autres, se piétinent même, toujours mus par un instinct ancestral qu'aucun scientifique n'élucidera jamais complètement. Car ils ont ceci de particulier : ils migrent en synchronisation avec les pluies.

Les gnous ne sont pas les seuls à migrer. Des centaines de milliers de zèbres et de gazelles suivent la caravane. Les zèbres parce qu'ils se sentent plus en sécurité au sein d'une bande de balourds, moins rapides qu'eux à réagir au danger, et les gazelles parce qu'elles ont besoin de manger des herbes écourtées par le passage des gnous.

Déroulement

La migration commence chaque année vers **février,** après la naissance des petits (il en naît alors jusqu'à 8 000 par jour, parfois aidés par les hyènes, qui jouent les sages-femmes...), et juste après la fécondation des femelles par les mâles. Les gnous se divisent en deux groupes. Fort d'environ 40 000 à 50 000 têtes, le premier se dirige vers le sud, escalade les versants du Ngorongoro, pour passer la saison sèche près du lac, au fond du cratère. Le second groupe (plus de 1 million de têtes) se dirige, lui, vers le nord du parc du Serengeti. Nous sommes en mars et le spectacle, à l'arrivée dans le parc, est plus qu'impressionnant : des milliers de points noirs à l'horizon qui foncent sur vous, grossissent, traversent la route, sous l'œil du gendarme à la robe rayée, sans que cela semble traumatiser votre chauffeur qui ne ralentit pas pour autant. En **avril**, la migration est bien entamée. D'interminables troupeaux ahanant et grognant se dirigent à présent vers le centre et le corridor occidental *(Western Corridor),* un secteur situé au nord-ouest du parc. **En mai-juin,** dans une cohue indescriptible, les gnous traversent la rivière Grumeti, où d'énormes crocodiles les attendent. Les plus faibles, les moins prudents, ceux qui se cassent une patte en dévalant l'escarpement se font dévorer tout cru au passage. D'autres se noient, s'embourbent, périssent étouffés ou piétinés. Puis une partie du troupeau stationne quelques jours dans le *Western Corridor,* où les animaux trouvent suffisamment d'herbe et d'eau pour survivre. Mais déjà d'autres gnous foncent vers le nord-est. D'interminables colonnes se dirigent maintenant vers le Masai Mara au Kenya. **En juillet-août-septembre,** c'est l'hiver, il fait un peu froid le matin. En août, des hordes de gnous atteignent le secteur d'Ikorongo *(Ikorongo Controlled Area),* au nord du parc. En septembre, ils sont de plus en plus nombreux à se regrouper au Kenya, où l'eau est abondante.

Octobre est le mois le plus sec dans le Serengeti. Les gnous se tiennent encore dans le Masai Mara, où ils trouvent un fourrage riche en azote, cuivre, sodium et zinc. En **novembre,** la grande saison des pluies commence. La vie revient dans les plaines. Les herbes repoussent. Les mares se remplissent. Les gnous commencent alors à redescendre du Masai Mara vers leur point de départ, le sud-est du parc du Serengeti. Ils y trouveront de nouveau de riches pâturages. Leur transhumance vers le sud suit la ligne de Loliondo.

En décembre-janvier, l'immense troupeau stationne maintenant dans les plaines au sud et sud-est du parc du Serengeti, où les herbages sont courts *(short grass plains).* Après 8 mois de gestation, les femelles donnent naissance à leurs petits. Des dizaines et des dizaines de mises bas sauvages ont ainsi lieu chaque jour. En quelques minutes, les bébés gnous se tiennent sur leurs pattes. Après 2 jours, ils peuvent même esquiver les attaques de leurs prédateurs, les redoutables hyènes, qui ne reculent devant rien. Durant les périodes de mise bas, les hyènes s'attaquent aux mères et tentent de leur arracher des entrailles les petits en train de naître. Si la matrice de la mère gnou se retourne, les hyènes excitées par le sang sont capables de lui dévorer les entrailles. Sans pitié, les hyènes. Pauvres gnous !

EXPÉRIENCE ROUTARD

Pour l'hébergement, la solution la plus économique est de camper dans un public *ou dans un* special campsite. *Chaque lodge du parc possède des emplacements spéciaux* (special campsites), *dont le prix est plus élevé que celui des* public campsites. *On rappelle que vous êtes seul sur le site puisque c'est le principe même du* special campsite. Public *ou* special, *quoi qu'il en soit, ces sites pour camper sont tous implantés en contact direct avec la nature. Il est indispensable de prévoir tout le ravitaillement.*

78

TANZANIE

PARC NATIONAL DE TARANGIRE

Majestueux baobabs

TYPE
Parc national.

SITUATION
Dans le nord du pays.

NATURE, COMPOSITION
Savane.

QUELQUES CHIFFRES
2 600 km^2 ;
2 500 éléphants.

MEILLEURE PÉRIODE
D'août à novembre (sécheresse), le parc sert de retraite saisonnière à des ribambelles d'animaux. Ceux-ci se déplacent librement, au rythme des saisons, dans un vaste écosystème qui s'étend très au nord. Dès la saison des pluies, en mars, ils commencent leur migration vers le nord. Les mouches tsé-tsé, fréquentes dans ce secteur, disparaissent avec les premières gouttes. En avril et mai, pluie et végétation très verte. De fin juin à novembre, des foules d'animaux s'abreuvent le long de la rivière Tarangire. Ce cycle migratoire annuel inclut également le parc du Serengeti où il prend une ampleur exceptionnelle chez les gnous.

COMMENT Y ALLER ?
Aéroport à Arusha (2h de route de l'entrée principale, au nord du parc).

Sanctuaire animalier incontournable, le parc est réputé pour son importante population d'éléphants, sa multitude d'oiseaux et ses forêts de baobabs.

Plus petit, moins visité que ses voisins, Tarangire (prononcer « taranguiré », qui signifie « rivière du phacochère ») a gardé toute son authenticité et sa beauté. Il s'étend sur 2 600 km^2 et se situe entre 1 200 et 1 600 m d'altitude. Jusqu'à sa création en 1970, les pasteurs nomades maasaïs y vivaient, depuis des générations, mais en furent chassés par le gouvernement qui les considérait comme un obstacle à la protection de la vie sauvage.

Le parc offre de vastes paysages de plaines vallonnées, ponctuées par la silhouette caractéristique des baobabs qui y sont particulièrement nombreux. De grands marécages saisonniers couvrent la partie sud. Ici, rien de très saillant dans le relief, mais de subtiles ondulations qui lui donnent tout son caractère et offrent des points de vue merveilleux. La rivière Tarangire traverse ces vastes étendues, et devient l'unique abreuvoir de la région en saison sèche, quand les autres points d'eau sont à sec. Des milliers d'animaux assoiffés s'y retrouvent donc : zèbres, buffles, éléphants (particulièrement nombreux ici – environ 2 500), girafes, élans du Cap, bubales de Coke, impalas (très nombreux), phacochères, lycaons et grands koudous. On y trouve aussi quelques grands prédateurs – lions, léopards, guépards – mais en nombre limité.

NOS AMIS LES TERMITES

Sur le bord des routes ou en brousse, on voit fréquemment émerger des sols en latérite de belles termitières effilées appelées « cathédrales », dont la hauteur peut atteindre les 6 m. On peut leur trouver un petit air des flèches de la Sagrada Família à Barcelone ! Et justement, puisqu'il est question d'architecture, ces constructions sont aujourd'hui une source d'inspiration pour des architectes que le biomimétisme : par exemple, certains ont imaginé des systèmes de climatisation passive en étudiant les systèmes de ventilation de ces galeries !

79

TYPE
Chute d'eau.

SITUATION
Fleuve Zambèze.

QUELQUES CHIFFRES
1 700 m de large ; 108 m de haut.

MEILLEURE PÉRIODE
Chaque saison vous offrira des paysages différents. La saison sèche s'étend d'avril à octobre. Avant, c'est la pleine saison des pluies. C'est à cette période que les chutes sont les plus impressionnantes, avec un débit de l'eau élevé et beaucoup d'embruns (ce qui peut parfois réduire la visibilité des chutes). Mais la végétation est luxuriante. En novembre et décembre, il y a beaucoup moins d'eau.

COMMENT Y ALLER ?
L'aéroport de Victoria Falls est situé à 20 mn des chutes (vol depuis Johannesburg env 1h30). En voiture, si vous venez d'un autre pays, il vous faudra être patient (1 ou 2h) et avoir suffisamment de dollars en liquide pour régler les divers frais (env 100-150 $).

BON À SAVOIR
Visa nécessaire qui peut s'obtenir à l'arrivée ou au poste-frontière. Plus d'infos : • *zimbabwetourism.net* •

ZIMBABWE

CHUTES VICTORIA

Puissance et beauté

Drapées dans leurs voiles humides éthérés, auxquels s'accrochent tous les arcs-en-ciel de l'univers, les chutes victoria sont mythiques et fascinantes.

Un voyage au Zimbabwe ? Quelle drôle d'idée ! Les rares échos sur ce pays d'Afrique australe ne sont pas, loin s'en faut, extraordinaires : une indépendance chèrement acquise au prix du sang, un dictateur vissé à son siège, une nation plongée dans la crise économique... Mais que diable aller faire dans cette galère ?

La popularité grandissante de la Namibie et du Botswana voisins voit pourtant de plus en plus de voyageurs franchir la frontière du Zimbabwe. En ligne de mire : les incontournables chutes.

Situées sur le fleuve Zambèze, avec leurs 1,7 km de large, ce sont parmi les plus imposantes du monde. Appeleées également *Mosi-oa-Tunya*, qui signifie « la fumée qui gronde » en langue tonga, cela donne une petite idée de la force et de la puissance que dégagent ces chutes. L'eau jaillit et se précipite du haut de la falaise de plus de 100 m de haut, dans un fracas assourdissanant et en créant un nuage d'embruns visibles à plusieurs kilomètres à la ronde. Vous l'aurez compris, ce joyau offre un spectacle unique et fascinant.

L'une des meilleures façons d'admirer les chutes est de randonner le long des sentiers aménagés. De nombreux points de vue permettent de profiter de panoramas vraiment grandioses.

TERRES D'AVENTURES

Plus loin, les vrais aventuriers iront explorer les chaos rocheux du parc national de Matobo, puis les ruines (classées au Patrimoine mondial de l'Unesco) du Grand Zimbabwe, capitale d'un puissant royaume entre le XIIIe et le XIVe siècle – exemple unique de cité africaine d'une telle ampleur au sud de l'Équateur. Quant aux grands parcs nationaux du Zimbabwe, Hwange, Mana Pools, Matusadona, ils abritent les fameux Big Five africains : lion, léopard, éléphant, buffle et rhinocéros. Alors, prêt(e) pour le safari ?

EXPÉRIENCE ROUTARD

Les plus aventureux pouront tenter le survol des Chutes en hélico, ou mieux, en ULM. Vous survolerez alors les cascades et découvrirez une vue panoramique inoubliable des chutes dans leur ensemble.

MOYEN-
ORIENT

80

JORDANIE

WADI RAM

Désert très cinématographique

Un cadre unique fait de larges vallées sablonneuses variant du rouge au jaune, mises en relief par des montagnes aux à-pics formidables qui présentent également une palette extraordinaire de couleurs.

29° 34′ 24″ N, 35° 25′ 17″ E

TYPE
Désert.

SITUATION
À 2h de route de Pétra, dans le sud du pays.

NATURE, COMPOSITION
Vallées, formations rocheuses, canyons.

QUELQUES CHIFFRES
Point culminant à 1 854 m d'altitude.

MEILLEURE PÉRIODE
Avril-juin et septembre-octobre.

COMMENT Y ALLER ?
On y accède par la route du Désert. Il y a env 320 km entre l'aéroport d'Amman et le désert.

BON À SAVOIR
Il n'existe que deux stations-service dans les environs : l'une vers le nord, à env 3,5 km après l'intersection pour Diseh, l'autre vers Aqaba, à env 5 km de cette même jonction.

Il est fameux, ce désert. Son plus haut sommet, le jabal Um ed Dami (également le point culminant de la Jordanie), s'élève à 1 854 m d'altitude.

Qu'il fasse grand soleil, qu'il pleuve, faisant pousser un tapis de fleurs violettes en plein désert, ou qu'il neige (rarement, mais ça arrive), le paysage est fantastique, avec les couleurs changeantes de sa roche, ses étranges djebels et ses dunes. Couchers de soleil mémorables et nuits étoilées d'anthologie. Et que dire du lever du soleil…

De plus, on y a découvert de nombreuses traces laissées par différentes tribus nomades : temples nabatéens, gravures rupestres bédouines, dessins coufiques et symboles mystérieux gravés par les Thamuds, une tribu originaire d'Arabie Saoudite, plusieurs siècles avant notre ère. Plus difficiles à observer, les oryx, réintroduits en 2002. Mais cette élégante gazelle aux cornes en forme de cimeterres se cache dans les montagnes, et bien rares sont les chanceux qui peuvent l'apercevoir.

Le désert s'étend du nord au sud sur une distance d'environ 70 km. Il est coupé d'est en ouest par une vallée, au milieu de laquelle passe la voie ferrée (la seule du pays) qui sert au transport des phosphates jusqu'à Aqaba, parallèle à la route qui mène, entre autres, au village de Diseh. La zone réglementée est délimitée en deux secteurs, celui au départ de Ram Village : il correspond à la partie ouest et centre de la zone réglementée. Les montagnes y sont déchiquetées et prennent des teintes rouge sombre. Le sable y est aussi globalement rouge, mais parfois blanc. C'est le cœur même du wadi Ram et on y trouve les principaux et fameux sites, djebels (dont le Khazali) et wadis. Et celui au départ du village de Diseh : c'est dans cette partie qu'on rencontre le plus de campements. Côté paysage, les montagnes et les rochers, aux formes arrondies, y sont plus clairs (magnifiques teintes or au couchant). Les prestataires d'un secteur rechignent souvent à s'aventurer dans le périmètre de l'autre, chaque communauté veillant à bien « défendre » son pré carré.

UN VRAI DÉCOR DE CINÉMA

Ces sables jouent souvent la star. Car le wadi Ram fut le théâtre de certaines des plus belles scènes du film *Lawrence d'Arabie* de David Lean, qui a remporté pas moins de sept Oscars. C'était un lieu de tournage historiquement justifié, puisque le lieutenant Lawrence y avait réuni les armées arabes. Tout ici (ou presque) rappelle le personnage. Avant le village de Ram, sur la gauche, une superbe montagne plissée porte même le nom des *Sept Piliers de la Sagesse*, titre de son ouvrage autobiographique. Endroit mythique, donc. Et aussi surréaliste, puisque l'impression de se trouver sur une autre planète a convaincu les cinéastes d'y filmer *Seul sur Mars* avec Matt Damon, deux *Star Wars*, *Rogue One* (c'est la planète Jedah) et l'épisode IX, sans oublier *Dune*, de Denis Villeneuve (planète Arrakis).

Un désert pas vraiment… désert

Pour être une zone désertique, le wadi Ram n'en a pas moins ses petits habitués. En gros, 130 espèces sur terre et 120 dans les airs. Souvent discrets car nocturnes, comme le (très rare) chat des sables et le renard de Blandford. Au chapitre des mammifères, toujours, les adorables gerbilles (qui dit chat, dit souris…), l'oryx d'Arabie réintroduit en 2002 et le bouquetin de Nubie. Les anfractuosités des parois rocheuses abritent également quelques colonies de chauve-souris et le « dab » (l'*Uromastyx aegyptia*, si vous préférez), un saurien de la famille des iguanes, caractéristique par sa queue annelée. On vous passe la dizaine d'espèces de serpents et les huit variétés de scorpions : regardez juste où vous mettez les pieds…

Un lieu à préserver

Le wadi Ram est l'un des lieux les plus magiques de la Jordanie, et, à ce titre, l'un des plus visités. Impossible de ne pas déplorer la prolifération des campements construits depuis quelques années sans aucune autorisation et sans contrôle, ni de taille ni de situation et encore moins de respect de l'environnement. C'est tout un mode de vie ancestral qui subit les assauts d'une pression touristique non maîtrisée et non encadrée. Nous vous encourageons à vous adresser à des agences soucieuses d'un écotourisme responsable et durable.scr

EXPÉRIENCE ROUTARD

Le wadi Ram offre une grande variété d'activités sportives et nature pour appréhender les différentes facettes du désert : excursions en 4x4, randonnées pédestres, équestres ou méharées, escalade et varappe. C'est selon le temps qu'on peut (veut) y consacrer. D'une brève incursion à une journée au moins, sinon davantage, ce que nous conseillons, la démarche sera assez différente

38° 40′ 00″ N, 34° 51′ 00″ E

81

TYPE
Merveille géologique.

SITUATION
Anatolie centrale.

NATURE, COMPOSITION
Cheminées de fée.

QUELQUES CHIFFRES
9 900 ha.

COMMENT Y ALLER ?
En voiture, le plus pratique (les distances étant très courtes, on peut visiter de nombreux sites en 1 jour ou 2), mais aussi en taxi (dans pratiquement tous les villages), en bus municipaux, en deux-roues à moteur, à vélo, à cheval, et à pied, bien sûr...

BON À SAVOIR
Se procurer le Cappadocia Museum Pass qui donne accès à certains sites. • *muze.gov.tr/MuseumPass* •

TURQUIE

LA CAPPADOCE

Un monde à part

La Cappadoce n'a pas d'égal à la fois pour les amateurs de paysages superbes et insolites, les mystiques et les passionnés d'histoire.

Paysage de steppes semi-arides sur un haut plateau (1 100 m en moyenne), l'Anatolie centrale est cernée de hautes montagnes : au nord, la chaîne Pontique, et au sud, le Taurus. Au centre, un bijou : la Cappadoce.

Nous sommes ici au croisement des mondes, dans une région où les influences occidentales et orientales se mêlent depuis des millénaires. Regardant à l'ouest et à l'est, cette terre de passage s'est enrichie de toutes ces civilisations.

Le sol de ce plateau est constitué d'un terrain volcanique très tendre, le tuf. À la suite d'une intense érosion, le sol s'est lézardé ou désagrégé, donnant au paysage cet aspect si singulier. Parfois, surtout au sud, de petites rivières ont entaillé le plateau en creusant d'étroits vallons. Ailleurs, le plateau s'est déchiqueté en prenant des formes étonnantes. On rencontre alors dans le fond des vallées des cônes, des colonnes, des tours ou des aiguilles qui peuvent atteindre 30 m.

Les cônes, que l'on appelle cheminées de fée, sont parfois surmontés d'un bloc de roche dure, ralentissant le phénomène d'érosion jusqu'au jour où, minés par les eaux de pluie, ils deviennent incapables de supporter leur chapiteau naturel. Ils sont parfois isolés, accrochés aux flancs d'une colline, ou encore serrés les uns contre les autres dans le fond des vallées.

EXPÉRIENCE ROUTARD

Difficile d'échapper à la chorégraphie des montgolfières. Il est vrai que, de là-haut, le spectacle est garanti. Le vol a lieu à l'aube et dure en moyenne 1h. Dans la belle lumière du petit matin, on frôle les crêtes de petites vallées inaccessibles, remplies de cheminées de fée. Mais ces vols ont tellement de succès que l'on compte, chaque matin en saison, plus de 150 ballons dans le ciel ! Photogénique, mais non sans poser quelques problèmes, à la fois de sécurité et d'impact environnemental. À quand une réglementation plus stricte ?

Le paysage change au gré des caprices de la lumière, dans la journée et selon les saisons. Au lever du soleil, la roche décline un camaïeu de rose, à midi le soleil la blanchit et, au crépuscule, elle s'empourpre de tonalités chaudes. On conseille aussi les balades juste après une averse, le ciel purifié révélant alors les formations dans tous leurs détails.

Au-delà de l'attrait de la nature même, les hommes ont aussi réalisé ici des œuvres de première importance (cités souterraines, habitations troglodytiques, fresques superbes, églises et monastères aux proportions saisissantes). Par-delà les siècles, les lieux religieux, pour l'essentiel abandonnés, conservent d'ailleurs leur charge mystique.

Quant aux Hattis et aux Hittites qui peuplaient l'Anatolie 3 000 ans av. J.-C., ils figurent parmi les premiers vignerons de l'Humanité. Ils utilisaient le vin comme boisson sacrée lors des cérémonies. Cette culture fut poursuivie par les chrétiens qui se cachèrent en Cappadoce (le sang du Christ). La conservation était assurée par des jarres entreposées dans la fraîcheur des grottes. La vigne cultivée à même le sol (comme les fraisiers) perdure de nos jours.

INFO RANDO

Randonner est la meilleure façon de découvrir la Cappadoce, avec ses paysages absolument uniques, que l'on ne soupçonne pas en suivant les routes goudronnées. Malheureusement, il n'existe pas de bonne carte détaillée de la région (juste la *Touristic Map of Cappadocia*). Il existe plusieurs randonnées pédestres, mais elles sont rarement balisées. Par ailleurs, le patrimoine local étant généralement caché dans les entrailles des falaises, il est très fréquent de passer à côté de superbes églises sans en soupçonner l'existence... C'est pourquoi nous recommandons de partir accompagné (s'adresser aux pensions). Prévoir de bonnes chaussures (le sol est parfois glissant) et suffisamment d'eau. Et la magie opérera !

TURQUIE

TURQUIE

37° 55′ 26″ N, 29° 07′ 24″ E

82

PAMUKKALE

Sources chaudes en cascade

TYPE
Sources chaudes et vestiges archéologiques.

SITUATION
À 20 km au nord de Denizli, dans le sud-ouest du pays.

NATURE, COMPOSITION
Roche calcaire.

DIPLÔME
Inscrit au Patrimoine mondial de l'Unesco.

QUELQUES CHIFFRES
17 sources, entre 35 et 55 °C.

MEILLEURE PÉRIODE
Juillet-septembre (le reste de l'année, les piscines peuvent être asséchées) ; évitez le moment où le soleil est au zénith car la réverbération sur la roche blanche est aveuglante et rend la balade assez pénible.

COMMENT Y ALLER ?
Il existe trois accès au site, à proximité du village de Pamukkale : au sud, à 3 km du village, au nord, à 4 km du village en allant vers Karahayıt ; et au pied de la falaise, en bordure du village, par un sentier qui monte en 20 mn environ jusqu'au sommet de la falaise.

L'un des sites les plus étonnants de Turquie ! Le calcaire, immaculé, a forgé cascades pétrifiées et vasques à débordement en un paysage stupéfiant.

Dévalant d'une haute falaise, des sources chaudes entre 35 et 55 °C, chargées de sels calcaires, ont, depuis des milliers d'années, modelé la montagne en une cascade de bassins naturels d'une blancheur éblouissante. Le soir venu, les vasques blanches, superbes, prennent des couleurs irréelles. Mais Pamukkale, c'est aussi le beau site antique de Hiérapolis, fondé en 190 av. J.-C. par un roi de Pergame, avec une nécropole assez étonnante, composée de centaines de tombes et rendue à la nature.

Les vasques

Étagées sur le flanc de la falaise, elles sont superbes et étincelantes, formant des mini piscines naturelles qui, une fois remplies par les sources, débordent en cascades. Elles sont approvisionnées en eau alternativement pour maintenir leur blancheur. On passe donc au milieu des vasques (pieds nus, pour ne pas les abîmer), en suivant un chemin balisé qui mène au site archéologique. Le long de ce sentier, quelques vasques artificielles dans lesquelles on peut plonger les pieds, mais interdiction de s'éloigner du chemin et de marcher dans les autres vasques.

Le site archéologique

La renommée de Pamukkale prend sa source au plus profond de l'histoire ancienne. Ici affluaient des malades venant soigner les maux les plus divers dans les sources chaudes. La ville elle-même fut fondée au IIe s. av. J.-C. Elle connut de très nombreux séismes qui la ravagèrent régulièrement, surtout au début de notre ère. L'apôtre Philippe vint y prêcher et on raconte que ses reliques seraient enterrées ici. Sous la domination byzantine, on y éleva une cathédrale.

Le théâtre *(tiyatro)*, un peu isolé, au-dessus du bassin d'eau thermale (qui ne vaut pas vraiment le détour), est très bien conservé, en partie restauré. Ce monument superbe pouvait accueillir 7 000 spectateurs à l'époque romaine. On y admire de beaux bas-reliefs qui narrent les mythes de Dionysos, Apollon et Artémis. La vue depuis les gradins du haut est étonnante.

La nécropole *(nekrapol)*, vers l'entrée nord, à 1-2 km des principaux vestiges, abrite près de 1 200 tombes disséminées sur environ 1 km. C'est l'une des plus grandes nécropoles de Turquie. On y trouve une succession fascinante de tumulus, de sarcophages, de tombeaux à toiture à double pente et frontons, qui prennent le soir une belle couleur dorée. Ne pas manquer la tombe prise au piège du calcaire. La balade vraiment agréable est bien moins fréquentée que les vasques.

EXPÉRIENCE ROUTARD

Si vous n'êtes pas motorisé, l'entrée au pied de la falaise est la plus pratique. L'entrée sud permet d'accéder d'abord au site archéologique, puis de découvrir les vasques depuis le haut de la falaise. L'entrée nord est moins fréquentée car plus éloignée : il faut marcher environ 2,5 km à travers une ancienne nécropole pour accéder aux principales ruines et aux vasques, ou emprunter les voiturettes électriques qui permettent de relier l'entrée nord et le bassin d'eau thermale. Un bon plan consiste à rejoindre l'entrée nord en taxi et à redescendre au village à pied par le site lui-même.

ASIE

83

INDE

9° 51′ 49″ N, 76° 21′ 34″ E

TYPE
Réseau aquatique.

SITUATION
Kerala, État du sud de l'Inde.

NATURE, COMPOSITION
Lagunes et lacs d'eau saumâtre.

QUELQUES CHIFFRES
Une centaine de kilomètres du nord au sud, environ 1 500 km de voies d'eau.

MEILLEURE PÉRIODE
De novembre à mars (éviter la période de la mousson, soit de juin à août).

COMMENT Y ALLER ?
Aéroport à Cochin-Ernakulam, puis train ou bus jusqu'à Alappuzha ou Kollam.

PLUS D'INFOS
• *keralatourism.org* • le site officiel du tourisme de l'État.

LES BACKWATERS

Au fil de l'eau dans la jungle

Entre la terre ferme et la mer d'Arabie, les* backwaters *portent bien leur nom : ces « eaux de l'intérieur » forment un vaste et unique écosystème.

De Kochi (Ernakulam) à Alappuzha, la carte du Kerala se creuse d'un immense réseau aquatique, parfois séparé de l'océan par une simple langue de sable. Il s'agit d'un vaste écosystème, un paysage de lacs et de lagunes creusées par les courants et dont les sables bouchent les estuaires des rivières. Ces lagunes tropicales, aux eaux parfois douces, parfois saumâtres, sont liées entre elles par un réseau de rivières et de canaux de toute taille, artificiels pour beaucoup.

Les *backwaters* déploient ainsi une multitude de canaux, de chenaux ombragés par des palmiers et des cocotiers. Les barques et les bateaux *(kettuvalam)* glissent lentement sous de paisibles voûtes vertes dans un fouillis de cocotiers, de bougainvilliers, de lotus et de nénuphars. Dans cet étrange monde amphibie, l'eau est plus importante que la terre. Les voies terrestres sont moins fréquentées que les chemins d'eau. Ici, il y a des routes principales, des ruelles, des carrefours… mais tout en eau.

La balade offre au regard quelques-uns des plus splendides paysages qui soient, où l'eau, la terre et le ciel se mêlent et se confondent. Vous croiserez de lourdes embarcations aux allures renflées de sampans chinois transportant riz, coprah et *coir,* cette fibre grossière qui entoure la noix de coco et sert en corderie.

Sur le rivage, les habitants viennent puiser l'eau à l'aide d'une cruche, battent leur linge, les enfants partent à l'école en barque…, bref, mènent leur vie. À certains endroits pointent des filets chinois (ou carrelets), manœuvrés par des pêcheurs toujours coiffés de chapeaux coniques : les relations commerciales avec le grand voisin sont plusieurs fois séculaires.

En fin d'après-midi, les cocotiers se reflètent dans les flots et les couleurs se font chatoyantes, avant de laisser place à la nuit noire. Le long des rizières résonnent alors les crissements des criquets et le chant des grenouilles. À l'aube, c'est un pur plaisir que de voir la nature s'éveiller. Les rizières sont parfois plus basses que les canaux, car protégées par des digues : on utilise la technique des polders, comme aux Pays-Bas.

PLACE AUX FEMMES

Au Kerala, la condition féminine reste singulière par rapport au reste de l'Inde. La place des femmes dans la société est largement reconnue. Le Kerala est le seul État du pays où il naît plus de femmes que d'hommes, et le taux d'alphabétisation des femmes (92,1 %) est le plus élevé du pays. À noter que chez les princes du Travancore, hier comme aujourd'hui, l'héritage se transmet par les femmes (système matrilinéaire), schéma qui se retrouve aussi dans certaines castes populaires.

EXPÉRIENCE ROUTARD

Haut lieu du tourisme vert, les backwaters *se découvrent en petit bateau. Les principaux ports sont Alappuzha (Alleppey), Kollam (Quilon) et Kottayam. C'est ainsi que la majeure partie du trajet de Kollam à Alappuzha (80 km, le secteur le plus beau), peut se faire au fil des canaux et des lagunes, à bord des* kettuvalam *(ou* houseboats*), ces embarcations traditionnelles désormais aménagées pour accueillir des passagers (chambres, cuisine, petit salon...) ou dans des bateaux plus banals. Les plus écolos choisiront les balades en canoë. Avantage de ces embarcations plus petites : elles se faufilent même sur les chenaux les plus étroits (donc les moins fréquentés).*

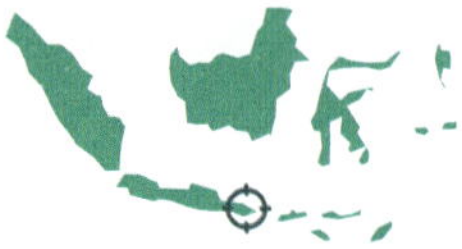

84

8° 30′ 25″ S, 115° 15′ 45″ E

RIZIÈRES BALINAISES

Camaïeu de verts

TYPE
Rizières.

SITUATION
Dans le centre de Bali.

NATURE, COMPOSITION
Cultures en terrasses.

DIPLÔME
Classé au Patrimoine mondial de l'Unesco.

QUELQUES CHIFFRES
Tiges allant jusqu'à 1,50 m de haut ; 600-700 m d'altitude.

MEILLEURE PÉRIODE
Mai-octobre, à la saison sèche, mais il y a vraiment beaucoup de monde en juillet-août.

COMMENT Y ALLER ?
Ubud est très facilement accessible depuis les principaux sites touristiques de l'île, de même que les rizières de Tegallalang. Pour rejoindre les rizières de Jatiluwih, il faut ensuite compter environ 1h45 en voiture ou à scooter. L'excursion est également proposée depuis toutes les stations touristiques de l'île.

À quelques kilomètres d'Ubud, des rizières à perte de vue dévoilent toute une palette de verts. Un décor façon carte postale, parmi les plus beaux de Bali.

À l'intérieur de l'île, les paysages et la nature exubérante sont des sources d'inspiration inépuisables. La région d'Ubud abrite des collines où s'étagent des rizières dont les courbes font danser la lumière, bassins bordés de vert dans lesquels se reflètent les nuages.

Les rizières de Tegallalang, situées à 10 km au nord du centre-ville d'Ubud, comptent parmi les paysages les plus intéressants de l'île. De petits sentiers y ont été aménagés pour déambuler entre les plantations. Mais les plus belles rizières sont sans aucun doute celles de Jatiluwih, dont le nom, loin d'être usurpé, signifie « magnifique » en balinais. Sur une petite vingtaine de kilomètres, le panorama sur les champs en terrasses est tout simplement grandiose. Quatre balades plus ou moins longues y ont été tracées pour s'immerger au cœur de cet univers végétal unique.

LES SUBAK

Depuis le IXe siècle, les paysans balinais travaillent les collines en terrasse et creusent dans la roche des canaux d'irrigation (les *subak*) afin d'y cultiver le riz, qui est la principale source d'alimentation sur l'île. Un *subak* alimente en eau plusieurs champs. On en compterait plusieurs milliers à Bali... Bien plus qu'un système d'irrigation, le *subak* est le reflet d'une doctrine philosophique profondément ancrée dans la cuture balinaise : Le Tri Hita Karana. Ce concept spirituel est considéré comme un principe fondamental pour atteindre le bonheur. En promouvant l'équilibre entre les dieux, les hommes et la nature, il vise à maintenir une harmonie globale dans la société balinaise.

Gunung Agung

7° 56′ 31″ S, 112° 57′ 00″ E

85

INDONÉSIE (JAVA)

VOLCANS BROMO ET SEMERU

Perles de Java

TYPE
Volcans.

SITUATION
Dans l'est de Java.

NATURE, COMPOSITION
Roche volcanique, sable.

QUELQUES CHIFFRES
2 329 m d'altitude pour le Bromo, 3 676 m pour le Semeru ; caldeira de 11 km de diamètre.

MEILLEURE PÉRIODE
De juillet à octobre, les mois les plus secs. La majorité des touristes s'y rendent le matin (lever de soleil extraordinaire). Il y a donc moins de monde en pleine journée sur le site.

COMMENT Y ALLER ?
Location de jeep ou de 4x4 depuis l'un des villages alentour pour rejoindre le point de vue, sur le mont Penanjakan. Cemoro Lawang est le village le plus proche du point de vue, il permet de rejoindre Penanjakan à pied (de nuit) pour les plus aventureux.

BON À SAVOIR
Il est conseillé de dormir à Tosari (au nord-ouest du volcan) ou dans l'un des deux villages situés de l'autre côté, au nord-est du volcan, Ngadisari et Cemoro Lawang, pour être sur place le matin suivant.

La vision de ces volcans fumants au cœur d'une caldeira gigantesque et désolée est l'une des plus spectaculaires qui soient.

Volcan sacré pour les Javanais, au milieu d'un massif volcanique qui s'étend sur une quarantaine de kilomètres, le Bromo culmine à 2 329 m d'altitude. C'est un cratère de 800 m de diamètre et de 200 m de profondeur, situé, avec d'autres, dans un cratère encore plus grand de 11 km de diamètre appelé *caldeira*. Il n'est plus, à proprement parler, en activité depuis longtemps, mais il fume continuellement, avec en arrière-plan le mont Semeru qui, lui, « explose » toutes les 30 minutes !

Le site, absolument unique, a connu un fort développement touristique du fait de sa simplicité d'accès. Le mont Penanjakan (2 770 m), au nord de la caldeira, offre un point de vue spectaculaire sur le Bromo, et le Semeru en arrière-plan, ainsi que sur la mer de sable qui entoure les volcans. Après avoir admiré le lever du soleil, moment magique et absolument unique, on descend au fond de la caldeira pour rejoindre le cratère en traversant un incroyable univers de sable.

À 17 km au sud, culminant à 3 676 m, le Gunung Semeru est le point le plus élevé de l'île de Java. Avec son cône parfait de cendres couleur gris clair, empanaché par des fumées, il domine de vastes paysages, qui se distinguent du reste de Java par leur impétuosité. Ses éruptions, fréquentes, peuvent être violentes et dévastatrices.

FÊTE DE YADNYA KASADA

Les habitants de la région, les Tenggers, descendraient selon la légende d'un prince indien qui aurait sacrifié ses enfants au dieu-volcan pour apaiser sa colère... Ils se distinguent fortement des gens de la vallée par leurs rites ancestraux. Le moment le plus marquant est la fête de Yadnya Kasada, pendant laquelle ils rendent hommage au volcan Bromo. Cette fête a lieu lors de la pleine lune du 12e mois de leur calendrier, généralement entre septembre et décembre (varie selon les années). Des offrandes sont alors jetées dans le cratère (poulets, fruits, denrées diverses...).

Fleuron du parc national Bromo-Tengger-Semeru, le Semeru (appelé aussi le Mahameru, c'est-à-dire « la Grande Montagne ») est considéré par les hindous comme une montagne sacrée, le « père » de tous les autres monts.

Les difficultés de l'ascension, réservée aux randonneurs entraînés, et le temps nécessaire pour atteindre le sommet (1 à 2 jours à partir de Ranu Pane) obligent les visiteurs à emporter un minimum d'équipements. Pour ces raisons, le Semeru est moins fréquenté que les volcans voisins. Atteindre le sommet permet de profiter d'une vue époustouflante. De là-haut, on peut aussi observer de très près les explosions de ce volcan, qui est à l'activité volcanique ce qu'un métronome est à la musique.

EXPÉRIENCE ROUTARD

Depuis Cemoro Lawang, de jour, il est très facile de se rendre à pied au volcan Bromo ; le chemin est bien balisé, barrières blanches et pistes tracées. La balade dans cette mer de sable ou poussière de lave s'effectue de votre hôtel en 1h30 pour l'aller, 2h pour le retour.

86

35° 21′ 38″ N, 138° 43′ 39″ E

MONT FUJI

Montagne sacrée

TYPE
Volcan.

SITUATION
Dans le centre du Japon.

NATURE, COMPOSITION
Roche volcanique, neige au sommet.

DIPLÔME
Inscrit au Patrimoine mondial de l'Unesco.

QUELQUES CHIFFRES
3 776 m d'altitude ; première ascension en 663. Volcan né il y a 600 000 ans.

MEILLEURE PÉRIODE
L'ascension n'est autorisée qu'entre le 1er juillet et le 10 septembre.

COMMENT Y ALLER ?
Fujiyoshida, ville étendue au pied du mont Fuji côté nord, près du départ de la piste de Kawaguchiko, est accessible en train et en bus depuis Tokyo (1h30 à 2h de trajet).

BON À SAVOIR
Interdit de camper sur les pentes du volcan. Une vingtaine de refuges (résa impérative) jalonnent la piste de Kawaguchiko, sentier le plus fréquenté vers le sommet.

Avec son élégante silhouette conique presque parfaite, son sommet enneigé et ses versants réguliers, le mont Fuji est absolument emblématique.

Il se dresse au-dessus des plaines industrialisées, des lacs aux eaux claires, des champs et des forêts, s'élève au-dessus des villages, des villes et des hommes, comme s'il cherchait à se détacher de la réalité terrestre, pour dire : « Aimez-moi, mais respectez-moi. » Emblème de l'archipel, icône du Japon, son image simple et forte parle d'elle-même. Pour les Japonais, c'est « la montagne » par excellence, surnommé « Monsieur Fuji » tellement ce volcan exceptionnel suscite l'admiration. Pour le monde entier, il symbolise le Japon, mieux que n'importe quel temple ou sanctuaire. Il pourrait aussi être le chef de file de cette grande famille volcanique planétaire, qui forme la « ceinture de feu du Pacifique », de Manille à la Patagonie en passant par Hawaii, le Mexique et la cordillère des Andes.

Culminant à 3 776 m, c'est la plus haute montagne du Japon. Assez proche de la mer, il monte si haut que son sommet se retrouve souvent dans les brumes et les nuages. C'est par une belle journée de printemps, sous le ciel bleu, qu'il apparaît le plus nettement, mais c'est en été, et seulement pendant 2 mois, que l'on peut caresser son sommet : une ligne de crêtes composée de huit sommets dessinant une forme circulaire de 500 à 600 m de diamètre et de 80 m de profondeur. Du rebord du cratère, on assiste au lever du soleil. Par beau temps, la vue est très étendue sur les Alpes japonaises, la région de Tokyo et le Pacifique.

Il est bordé au nord par les cinq lacs Fujigoko : le lac Motosu, le lac Shōji, le lac Sai, le lac Kawaguchi et le lac Yamanaka. Au printemps et en été, la vue sur le mont Fuji est réputée plus belle depuis le lac Shoji, tandis que le lac Yamanaka est à préférer en automne et en hiver.

UNE MONTAGNE SACRÉE

Depuis le VIIe siècle, cette haute montagne suscite autant l'admiration que l'effroi. Les Japonais l'admirent mais la craignent, l'aiment mais la redoutent. Pour les adeptes du shinto, le sommet du mont serait habité par des *kami* (divinités). Ils y habiteraient et gouverneraient le monde visible et invisible. Les *kami* du mont Fuji veillent aussi sur la floraison des cerisiers, arbres vénérés des Japonais. L'affection pour ce volcan devient de l'adoration. Fondée en 1948, la secte shinto du Fuji-kô réunit des adorateurs du mont Fuji. Aujourd'hui encore, des groupes de fervents pèlerins entreprennent l'ascension jusqu'au sommet, rappelant aux hordes de touristes que ce lieu n'est pas profane. Ils veillent sur le puissant volcan, considérant que les *kami* ne doivent pas être dérangés par l'agitation humaine.

87

MALAISIE

PARC NATIONAL DE TAMAN NEGARA

Géant vert

L'une des plus anciennes forêts tropicales du monde compose un royaume végétal à la biodiversité exceptionnelle. On s'y sent l'âme d'un explorateur…

TYPE
Parc national.

SITUATION
Dans le centre de la Malaisie, 250 km au nord de Kuala Lumpur.

NATURE, COMPOSITION
Forêt tropicale, grottes.

QUELQUES CHIFFRES
4 340 km^2 ;
130 000 millions d'année d'existence,
10 000 espèces de plantes.

MEILLEURE PÉRIODE
D'avril à septembre. Évitez la période de mousson, entre novembre et janvier.

COMMENT Y ALLER ?
Minibus depuis Kuala Lumpur, Tanah Rata ou Jerantut jusqu'à Kuala Tahan, l'entrée principale du parc.

BON À SAVOIR
Il est possible d'entreprendre seul des balades de quelques heures près de l'entrée du parc sur les passerelles aménagées. Pour des treks plus longs (à partir d'une journée), il est déconseillé de s'aventurer sans guide, car si les sentiers sont faciles à suivre au début et à la fin, il n'en est pas de même en pleine jungle.

On découvre ici une jungle fantastique qui ne cesse, ailleurs, de subir les assauts des forestiers et des planteurs. Le Taman Negara (« parc national » en malais), auquel on a ajouté le terme « Pahang », du nom de la province pour le distinguer des autres parcs nationaux du pays, fut créé en 1939. Il couvre aujourd'hui plus de 4 340 km^2 (7 fois Singapour), protégeant en particulier une vaste zone de forêt dite « basse » (pour l'altitude), la plus menacée du pays, si souvent détruite pour être remplacée par des cultures de palmier à huile.

Cet immense pan de jungle est encore plus vieux que l'Amazonie : il existe dans son état actuel depuis 130 millions d'années. Il abrite le Gunung Tahan (2 187 m), le plus haut sommet de la péninsule malaise, un trek ardu entre brumes et brouillards, mais aussi des arbres millénaires se hissant jusqu'à plus de 70 m de haut, des grottes immenses peuplées de chauves-souris, des cours d'eau impétueux et des cascades impressionnantes. Et, bien sûr, une flore et une faune d'une richesse insoupçonnée.

La forêt tropicale du Taman Negara forme, en fonction de l'altitude, plusieurs écosystèmes parmi les plus riches de la planète. On y répertorie près de 10 000 espèces de plantes et jusqu'à 200 espèces d'arbres pour un seul hectare de forêt basse (10 fois plus qu'en Europe).

Les insectes, vrombissant à longueur de temps, sont la voix de la forêt. Leurs appels stridulants hantent les nuits comme les randonnées. On rencontre également une grande variété d'oiseaux, des varans, des tapirs ou encore cet étonnant dragon volant, un lézard qui plane en étirant ses « ailes » (membranes de peau) colorées pour passer d'arbre en arbre… Le Taman Negara abrite aussi une faune plus imposante : des éléphants sauvages, de rarissimes rhinocéros de Sumatra et même des tigres, tellement craintifs que les survivants (estimés à 600 en Malaisie) se cachent le plus loin possible des zones habitées.

Des observatoires ont été aménagés dans le parc afin d'admirer la faune. Ici, on appelle ça des *hides* (mot anglais) ou des *bumbun* (mot malais). Ils sont installés à proximité de marais où les animaux viennent parfois boire ou s'approvisionner en sel. On peut passer la nuit dans certains d'entre eux : une expérience intéressante car les sonorités et l'ambiance de la forêt tropicale sont très différentes la nuit.

EXPÉRIENCE ROUTARD

Le Canopy Walkway est le pont suspendu le plus long du monde : 530 m de cordes, de filins et de planches à travers la canopée, entre des arbres pouvant atteindre 80 m de haut ! Perché à 40 m de haut environ, il est divisé en plusieurs tronçons sécurisés (possibilité d'abandonner en cours de route), avec une plate-forme sur chaque arbre-pilier pour reprendre ses esprits. Sensations garanties et petites frayeurs quand même pour les individus sujets au vertige.

88

MONGOLIE

DÉSERT DE GOBI

Le Sahara mongol

L'un des plus grands déserts du monde, dont la simple évocation fait rêver à la route de la Soie... ou frémir pour son climat extrême.

TYPE
Étendues semi-arides, steppes, montagnes.

SITUATION
Entre le sud de la Mongolie et le nord de la Chine (Mongolie intérieure).

QUELQUES CHIFFRES
Un tiers de la Mongolie (1 600 km de large sur 800 km du nord au sud), l'un des plus grands déserts du monde (1 300 000 km²).

MEILLEURE PÉRIODE
L'été, attendez-vous à des 40-50°C, l'hiver à -25°C, voire moins. Et dans une même journée, le différentiel peut atteindre les 30°C. Autant dire que les nuits peuvent être fraîches, et il peut neiger sans crier gare ! Autre caractéristique : les vents violents, toute l'année, particulièrement au printemps.

COMMENT Y ALLER ?
En tour organisé en 4X4 pour des questions de logistique, de confort et de sécurité. En trek, à cheval ou à dos de chameau, c'est évidemment le plus authentique et le plus respectueux de l'environnement. Sinon, liaisons en avion ou en train avec les villes-portes comme Baotou, Hohnot, Jining...

La Mongolie, à l'extrémité orientale des steppes d'Asie centrale, loin de toute mer, est un écrin de steppes et de forêts, de montagnes reculées et de plaines arides. On y voyage des jours entiers sans croiser âme qui vive. En parcourant à cheval ou en Jeep® les distances immenses de ce plateau d'altitude, on peut voir des antilopes, des loups, des chevaux en liberté, des yacks, des chameaux, des lacs par centaines, des villages isolés, de chaleureux campements de yourtes, la taïga sibérienne et le désert de Gobi.

Étendue nue et magistrale, ce dernier couvre 30 % du pays, entre dunes, montagnes, canyons et monastères, et accueille quelques milliers de familles de nomades éleveurs de chameaux... Difficile de décrire le désert de Gobi tant ses paysages et ses couleurs sont variés, bordés par les montagnes de l'Altaï à l'ouest, la steppe de Mongolie au nord et la plaine du Nord de la Chine. Ici c'est la pierre qui domine, même si on croise des dunes, des oasis, voire des lacs !

Parmi les sites les plus spectaculaires et incontournables, mentionnons Bayanzag, la « falaise flamboyante », près de laquelle se trouve un important site paléontologique où furent découverts œufs, nids et ossements de dinosaures.

Les dunes du parc national de Gurvan Saikhan (100 km sur 12 km) constituent une véritable forteresse de sable, plutôt incongrue dans ce monde intérieur. Certaines culminent à 300 m de haut. On peut même gravir celles de Khongoryn Els : 180 km de « dunes chantantes », des montagnes de sable ; un paysage impressionnant, à parcourir à dos de chameau.

Au cœur des monts Gurvan Saikhan, le Yolym Am Canyon est un canyon somptueux, tombant à pic, habité par une faune unique et notamment le gypaète barbu, qui lui valut le surnom de « vallée des vautours ». De colossaux blocs de glace y subsistent même en été.

MONGOLIE
42° 35′ N, 103° 26′ E

La faune sauvage inclut gazelles, mouflons, bouquetins et le fameux chameau de bractiane. Quant aux ours de Gobi ou « Mazaalai », plus petits que l'ours brun, ils sont en danger critique d'extinction d'après l'Union internationale pour la conservation de la nature (UICN). Mais le plus connu des grands mammifères reste peut-être l'emblématique cheval de Przewalski, réintroduit en petit nombre en Mongolie, notamment dans le Gobi.

Pour appréhender cette terre de pâturages et de forêts profondes, revoyons *Urga* de Mikhailkov, relisons *Dersou Ouzala* de Vladimir Arséniev, initions-nous à l'histoire des invasions nomades en feuilletant *L'Empire des steppes* de René Grousset, et rêvons avec *Le Loup mongol* d'Homeric. Car si la Mongolie est si belle, c'est grâce à ses habitants. Le patrimoine naturel et culturel mongol est riche et préservé. Le « pays du ciel bleu » est devenu une nation démocratique, dont la découverte doit se faire dans un profond respect des us et coutumes de ses habitants. En Mongolie comme ailleurs, le voyageur doit s'attacher à laisser le moins de traces de son passage.

TÊTE AU CARRÉ

Avec sa tête puissante, ses yeux en hauteur et sa coupe en brosse indémodable, difficile de confondre le cheval de Przewalski avec ses cousins équidés. Il en diffère avec ses 66 chromosomes contre 64. Domestiqué il y a 5 500 ans, retourné à l'état sauvage, il a bien failli disparaître. Découvert par l'explorateur russe Przewalski au XIXe siècle, puis chassé à l'excès il ne doit sa survie qu'au dévouement de passionnés. Pour pallier le manque de diversité génétique, on a même réussi à en cloner un en 2020 à partir d'éléments cryoconservés. Les chevaux de Przewalski sont aujourd'hui quelques centaines à avoir retrouvé la vie sauvage dans les steppes mongoles.

NÉPAL

PARC NATIONAL DE CHITWAN

Au cœur de la jungle

Blotti au pied de l'Himalaya, un parc luxuriant à la biodiversité foisonnante, refuge de plusieurs espèces animales en grand danger d'extinction.

89

NÉPAL

27° 30′ 00″ N, 84° 20′ 00″ E

TYPE
Parc national.

SITUATION
Dans le centre-sud du Népal, au pied de la chaîne himalayenne.

NATURE, COMPOSITION
Forêt tropicale, hautes herbes, falaises et rivières.

DIPLÔME
Inscrit au Patrimoine mondial de l'Unesco.

QUELQUES CHIFFRES
932 km^2 ; 650 variétés de plantes ; environ 130 spécimens de tigres du Bengale.

MEILLEURE PÉRIODE
D'octobre à mai. Mars, avril et mai sont idéal pour observer la faune (herbe rase). En automne, les herbes sont hautes mais la nature est belle. Entre juin et septembre les pistes du parc sont impraticables avec la mousson.

COMMENT Y ALLER
Depuis Kathmandu ou Pokhara, *tourist bus* (6h de trajet) ou avion (aéroport à 15 km de l'entrée du parc).

BON À SAVOIR
Attention, pour votre sécurité, il est INTERDIT de pénétrer dans le parc seul. Il est OBLIGATOIRE de prendre un guide.

Autrefois domaine des chasses royales, ce site naturel d'exception devient le tout premier parc national du Népal en 1973. Avec ses 932 km^2 de forêt tropicale, savanes et plaines marécageuses le long des rivières Rapti, Reu et Narayani qui la traversent, cette réserve affiche une biodiversité très dense que l'on explore en saison, en jeep, à pied ou en pirogue, obligatoirement accompagné d'un guide certifié. Ses paysages grandioses de collines couvertes de forêts, de falaises abruptes et de prairies alluviales sont d'une rare beauté.

On y dénombre pas moins de 650 variétés de plantes, 569 types d'oiseaux, 22 sortes d'amphibiens (17 espèces de tortues, dont 5 d'eau) et 21 de reptiles (crocodiles, pythons, cobras ou varans jaunes – appelés *golden monitor lizards*). Mais la réserve est surtout connue pour abriter l'une des dernières populations mondiales de rhinocéros, de tigres du Bengale et d'ours lippus. On observe aussi, entre autres daims, singes et éléphants sauvages.

L'une des activités les plus prisées est la descente de rivière en pirogue. Celles-ci, d'une capacité de 10 à 15 personnes, sont creusées d'un seul tenant dans des fromagers, ces arbres aux racines larges et impressionnantes.

Proche de l'eau, on observe les oiseaux et surtout les crocodiles des marais (*mugger crocodiles* en anglais), ainsi que des gavials endormis (sauf vers la fin de la mousson), qui ont vraiment l'air d'être empaillés. On reconnaît ces derniers à leur gueule fine et allongée, comparativement aux crocodiles des marais, bien mastocs. Par chance, ils n'ont pas l'air de vouloir attaquer les pirogues. Les pêcheurs sont parfois moins chanceux ! Néanmoins, une balade très sereine, permet aussi d'admirer une grande variété d'oiseaux.

La marche avec les éléphants est une alternative passionnante aux sinistres balades à dos d'éléphants, pour découvrir cet animal avec respect, dans les meilleures conditions possibles. Il s'agit de marches aux abords de la jungle *(Elephant Happy Hours)* pour ne plus se servir de l'éléphant comme moyen de transport mais pour l'approcher de façon respectueuse. On suit l'animal, qui chaloupe où il veut et fait ce qu'il entend : se rouler dans la boue, se baigner ou se gratter le dos contre un arbre pendant 1h. Les accompagnants peuvent le nourrir et ainsi interférer avec lui.

POUR NE PAS SE TROMPER

Sur les 350 espèces d'éléphants qui existaient il y a 50 millions d'années, il n'en reste aujourd'hui plus que... deux : celle d'Afrique et celle d'Asie. L'éléphant d'Asie, de taille plus modeste, possède un seul doigt à sa trompe (deux chez le cousin africain), mais deux bosses sur son crâne et des oreilles plus petites. Par ailleurs, seuls certains mâles portent des défenses, et pas les femelles.

90

NÉPAL

21° 03' 14" S, 55° 25' 14" E

TYPE
Massif de type alpin, unique au monde.

SITUATION
Népal, Bhoutan, Pakistan, Inde, Birmanie, Tibet et Afghanistan. L'Everest est à la frontière du Népal et du Tibet.

NATURE, COMPOSITION
Ensemble montagneux, glaciers, rivières.

QUELQUES CHIFFRES
2 400 km de long, 250 à 400 km de large, 14 sommets à plus de 8 000 m, dont l'Everest, le toit du monde, qui culmine à 8 848 m.

BON À SAVOIR
Au Népal, les lodges affichent la charte du trekkeur et doivent désormais redescendre toutes leurs bouteilles par porteurs. Cette réglementation est contrôlée très sévèrement. Quant à la caution, elle n'est restituée que si les participants rapportent tous leurs déchets. Mais moins de la moitié remplissent leur contrat !

Bon plan : au Népal et ailleurs, goûtez la bière portant le nom d'*Everest*. Comme ça, vous pourrez toujours dire que vous l'avez descendu...

CHAÎNE DE L'HIMALAYA ET EVEREST

Toit du monde

Chaîne de tous les records, l'Himalaya (la « demeure des neiges » en népalais), affiche à son palmarès 10 des 14 sommets terrestres de plus de 8 000 m, dont l'Everest, le premier du hit parade.

L'Himalaya, ensemble montagneux unique au monde par ses sommets et par ses différences de niveau, constitue un rempart de premier ordre. Sur une distance de 25 km, l'altitude peut varier de 6 000 m. Cette chaîne constitue une barrière climatique avec tout ce que cela comporte comme conséquence écologique.

Sur les 14 sommets de la terre dépassant les 8 000 m, 10 sont situés dans l'Himalaya, dont 9 au Népal ou sur ses confins : l'Everest, de son vrai nom *Sagarmatha* en népali (8 848 m), le *K2* (8 611 m), le *Kanchenjunga* (8 586 m), le *Lhotsé* (8 516 m), le *Makalu* (8 463 m), le *Cho Oyu* (8 201 m), le *Dhaulagiri I* (8 167 m), le *Manaslu* (8 163 m), l'*Annapurna I* (8 091 m) et le *Shisha Pangma* (8 027 m).

Ils sont entourés de plus de 100 sommets de 7 000 m et plus constituant une muraille géante. Entre 60 et 70 pics de plus de 6 000 m n'ont pas reçu de nom. Étant donné la différence de latitude par rapport aux Alpes, les neiges éternelles ne commencent qu'à 6 000 m sur les versants exposés au sud. On trouve des forêts et des cultures à 4 000 m, des pâturages à 5 000 m, et on a même pu voir des plantes à fleurs à plus de 6 000 m !

Pour les Népalais, ces montagnes sont sacrées : elles appartiennent à la mythologie populaire et sont considérées comme la demeure des dieux. L'Everest est appelé en tibétain « Déesse Mère du Pays » *(Chomo Lungma)*.

Durant des années, des hommes ont tenté de vaincre ces fantastiques blocs de pierre et de glace. Le toit du monde fut atteint le 29 mai 1953 par le Néo-Zélandais Sir Edmund Hillary et Sardar Tensing Norgay Sherpa, au cours d'une expédition qui dura plus de 7 semaines. Aujourd'hui, la plupart des sommets ont été vaincus. Si les ascensions restent un exploit, il n'est pas le même que ceux réalisés par les « anciens ». Aujourd'hui porteurs, guides et bouteilles d'oxygène à tous les étages rendent ces conquêtes un peu (on a bien dit un peu) moins coriaces.

AND THE WINNER IS…

En 1849, des officiers anglais, dirigés par Sir John Everest, étudiaient les pics népalais qui ne portaient pas encore de nom. On les désignait par des chiffres romains, et l'un des sommets fut répertorié comme pic XV. En 1852, lorsque son altitude fut précisée, on découvrit qu'il était le plus élevé ; il reçut alors le nom de mont Everest. En 1954, l'altitude officielle de 8 848 m fut déclarée. À noter que le gouvernement népalais refuse de reconnaître la nouvelle mesure de 8 850 m réalisée en 1999 par la National Geographic Society et le musée des Sciences de Boston.

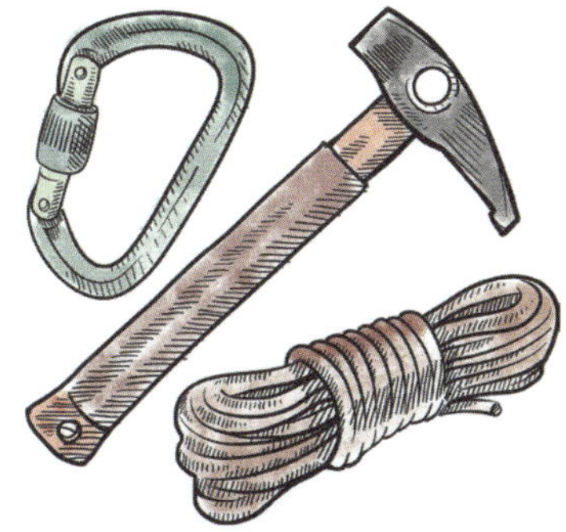

EXPÉRIENCE ROUTARD

Qui a vaincu le premier l'Everest ? Le mystère reste entier : en mai 1999, on a retrouvé, à 600 m du sommet, les traces d'une expédition britannique partie en 1924 qui aurait pu avoir touché au but malgré un équipement des plus dérisoires. Hélas, l'appareil photo des alpinistes Mallory et Irvine, disparus dans la descente, est resté introuvable. Edmund Hillary, décédé en 2008, avait déclaré qu'il reconnaîtrait de bon cœur que son expédition (1953) aurait pu n'avoir été que la deuxième sur le toit du monde.

RUSSIE

57° N, 160° E

RUSSIE

91

KAMTCHATKA

Bout du monde

TYPE
Péninsule volcanique.

SITUATION
Russie extrême-orientale (à 6 500 km de Moscou).
Capitale : Petropavlovsk-Kamtchatski.

DIPLÔME
Une partie des volcans est inscrite au Patrimoine mondial de l'Unesco.

QUELQUES CHIFFRES
1 250 km de long sur 430 km ; superficie 270 000 km^2 ; 5 parcs nationaux.

MEILLEURE PÉRIODE
La péninsule compte une vingtaine de climats différents ! Les mois les plus doux sont ceux d'été, de juillet à septembre, même si les nuits peuvent rester froides.

BON À SAVOIR
Compte tenu du contexte, il est formellement déconseillé de se rendre sur l'ensemble du territoire de Russie.
Plus d'infos sur le site du ministère français des Affaires étrangères :
• *diplomatie.gouv.fr/fr/conseils-aux-voyageurs* •

Le plus méconnu des paradis, l'un des lieux les plus époustouflants sur terre, longtemps resté caché aux étrangers.

Le Kamtchatka est avant tout une immense péninsule volcanique traversée par un fleuve du même nom, située à l'extrême est de la Russie, bordée par la mer d'Okhotsk au nord-ouest, la mer de Béring à l'est et l'océan Pacifique au sud. Tout au sud, le cap Lopatka forme le bout du bout. La péninsule abrite 5 parcs nationaux et 17 réserves naturelles.

La chaîne de montagnes centrale culmine à 3 607 m avec le volcan Itchinski. La chaîne plus à l'est aligne elle plus de 160 volcans dont une trentaine actifs ! Le Klioutchevskoï est le plus haut (4 688 m) de la péninsule et le plus actif. C'est aussi le sommet de la Sibérie. Voilà pour les présentations.

Une belle trouvaille en tout cas pour le découvreur de cette péninsule, le Danois Vitus Béring, au XVIIIe siècle. Elle resta cachée aux étrangers jusque dans les années 1990, en raison de la présence de bases militaires.

Durant des dizaines de millions d'années, la nature a façonné ces paysages de volcans, certains bouillonnant de magma.

Le Maly Semiatchik cache pour sa part un fantastique lac turquoise à 35°C dans son cratère, à la haute teneur en acides variés. Un vrai cocktail !

Mais le Kamtchatka, c'est aussi 100 000 lacs aux couleurs parfois tout autant étonnantes (le plus grand s'appelle l'Ajabatchie), des rivières (14 000 !), des chutes d'eau, des sources chaudes, comme celles situées près du volcan Khodoutka et d'infatigables geysers. Le tout dans une ambiance d'origine du monde où le sol gronde, l'air s'emplit de vapeur, les prairies resplendissent de fleurs au printemps et la faune s'épanouit en toute quiétude.

On dénombre notamment dans cette région plus de 170 espèces d'oiseaux comme les aigles de mer de Steller et 60 de mammifères, au premier rang desquels l'ours brun. En mer, les golfes et baies servent de refuges aux oiseaux marins, belugas dauphins, phoques... Quant à la population, elle entretient un mode de vie traditionnel. Ainsi les Itelmènes, le peuple le plus ancien, se déplacent toujours en hiver en traîneau à chiens. Bienvenue au bout du monde !

CHAUD DEVANT !

Parmi les merveilles du Kamchatka, sa « vallée des geysers », deuxième site du genre au monde, tapi au fond des canyons de la réserve de Kronotski : des dizaines de geysers répartis sur 6 km jaillissent par intermittence, sans compter les sources et les ruisseaux chauds, le tout dans une palette de couleurs indescriptible. En 2007, une partie de la vallée a disparu sous un glissement de terrain ! Le plus grand des geysers, le Vélikane, projette son eau bouillante à plus de 20 m. La vallée ne fut découverte qu'en 1941, et, pour y aller, c'est chaud : accès seulement en hélicoptère pour un trajet de 40 mn. Un trésor que très peu de privilégiés ont l'opportunité d'admirer.

THAÏLANDE

92

PARC NATIONAL DE KHAO SOK

Sauvage et majestueux

S'étendant sur 740 km² et couvert d'une forêt tropicale primaire incroyable, le parc national de Khao Sok est l'un des joyaux naturels de la Thaïlande.

TYPE
Parc national.

SITUATION
Dans le sud-ouest de la Thaïlande.

NATURE, COMPOSITION
Forêt tropicale, roches karstiques, lacs et grottes.

QUELQUES CHIFFRES
40 km² ; 3,5 m de pluie par an ; la plus grosse fleur du monde : 90 cm et 7 kg.

MEILLEURE PÉRIODE
De décembre à avril (saison sèche). Éviter absolument la période de mousson (juillet à octobre), l'accès à certaines parties du parc (grottes, cascades...) peut alors être impossible.

COMMENT Y ALLER ?
De nombreux bus et minibus rejoignent le site depuis Phuket, Krabi et Surat Thani.

BON À SAVOIR
À part les quelques itinéraires assez courts et balisés à l'intérieur du parc, toute randonnée DOIT se faire accompagné d'un guide. Attention aux sangsues à la saison humide.

Pas facile d'accès et relativement méconnu, Khao Sok déploie de saisissants paysages de matin du monde. Sa jungle compte parmi les plus anciennes forêts tropicales humides de la planète. Pas moins de 160 millions d'années ! Omniprésente, elle envahit le moindre recoin du parc, partant à l'assaut des imposantes montagnes de karst qui culminent à 980 m. Khao Sok a la particularité d'être la zone la plus humide du pays, car elle reçoit les moussons à la fois de la mer d'Andaman et du golfe de Thaïlande. Il y pleut quasiment toute l'année.

Ces conditions géographiques et climatiques particulières font de Khao Sok un sanctuaire privilégié de la vie sauvage. Stars des lieux, les gibbons font retentir leurs cris stridents par-delà l'épaisse couche de jungle. Parmi les autres animaux du parc, des cerfs aboyeurs, tapirs, papillons mais aussi quelque 300 espèces d'oiseaux et des animaux plus dangereux comme les léopards, pythons et cobras. Rassurez-vous, il y a peu de chance de les rencontrer. Reste à savoir si vous attirez la malchance !

Du côté de la flore, une forêt luxuriante d'une densité exceptionnelle, avec des arbres pouvant atteindre 65 m de haut. De novembre à janvier, vous pourrez apercevoir la rougeoyante et surprenante rafflésie.

Le parc, paradis pour les randonneurs, compte une dizaine de sentiers balisés cheminant à travers les formations karstiques caractéristiques du site. Un paysage tout simplement sublime, entre falaises, rivières encaissées, forêts, cascades et grottes. Les sorties en canoë sur la rivière Sok sont également très populaires.

Lac de Chiew Larn

Impossible de venir à Khao Sok sans faire une excursion au lac de Chiew Larn, à 65 km de l'entrée du parc. Cette vaste étendue d'eau s'est formée lors de la construction du barrage de Rachabrapha Dam, qui noya 170 km² de la réserve de Khao Sok. Un étonnant paysage lacustre d'où émergent des pitons karstiques, des milliers de pinacles et des fantomatiques cimes d'arbres engloutis par les eaux. Au lever du jour, le paysage émergeant de la brume prend des airs mystérieux. À la tombée de la nuit, les ombres des pinacles calcaires évoquent un décor de film fantastique.

UNE JOLIE FLEUR DANS UNE PEAU DE VACHE.

La rafflésie est une plante étonnante, car elle n'a ni tige ni feuilles, et encore moins de racines. C'est juste une grosse fleur, la plus grosse du monde, même, avec ses 90 cm de diamètre et ses 7 kg ! Pour assurer sa reproduction, elle émet une odeur de cadavre en putréfaction, ce qui attire les mouches, lesquelles se chargent de la pollinisation. Ne la respirez pas, c'est tout bonnement insoutenable, et vous risquez de tomber dans les pommes !

EXPÉRIENCE ROUTARD

Si les guesthouses de Khao Sok proposent des excursions à la journée, on peut aussi passer la nuit sur le lac de Chiew Larn. Allez-y de préférence en semaine, car les week-ends peuvent être chargés. Des cabanes flottantes au confort plus ou moins rudimentaire servent d'hébergement. Une fois les bateaux à moteur partis, le silence règne en maître, troublé par les bruits de la forêt. Après 22h, l'alimentation en électricité est coupée. Vous voilà seul(s), dans une cabane bercée par les flots, avec les quelques habitants des lieux et le clair de lune pour compagnons. Inoubliable.

THAÏLANDE

8° 17′ 00″ N, 98° 36′ 00″ E

93

THAÏLANDE

BAIE DE PHANG NGA

Une baie unique au monde

***À** perte de vue, de gigantesques formations calcaires recouvertes de végétation qui n'en finissent pas de tomber à pic dans la mer.*

TYPE
Baie.

SITUATION
Dans le sud de la Thaïlande, à env 90 km au nord de Phuket.

NATURE, COMPOSITION
Mangrove, pitons calcaires.

QUELQUES CHIFFRES
42 petites îles et îlots ; 70 m de haut pour les plus grands pitons calcaires.

MEILLEURE PÉRIODE
De novembre à mars, à la saison sèche.

COMMENT Y ALLER ?
Depuis Phuket, excursion avec une agence ou en individuel en prenant un bus en direction de Phang Nga ou de Krabi. La baie se parcourt ensuite en bateau depuis l'un des embarcadères du parc national.

La pirogue à moteur commence par longer une épaisse mangrove, l'une des plus grandes et des mieux préservées de Thaïlande. Naguère, l'endroit était infesté de gavials (les plus grands crocodiles du monde). Les chauffeurs des bateaux acceptent parfois d'y pénétrer, au moins un peu... N'hésitez pas à le leur demander.

En arrivant dans la baie, on peut voir de petites peintures rupestres (une sorte de dauphin, des personnages) qui recouvrent les parois d'une concrétion calcaire.

Ensuite, on pénètre dans la baie de Phang Nga. Un paysage unique au monde, hérissé d'une multitude de pitons calcaires de toutes les tailles et de toutes les formes, recouverts de végétation. Ils sont le fruit d'une érosion depuis que le niveau de la mer est monté (il y a 10 000 ans, on pouvait marcher en ligne droite de Phuket à Krabi sans se mouiller !). Plus loin, on aperçoit la grotte de Tam Lod et son arche marine, sous laquelle on passe en bateau à marée basse...

Enfin, on arrive en vue des îles de Ko Ping Gan et de Ko Tapoo. Ko Tapoo est surnommée « James Bond Island » depuis qu'on y a tourné certains extérieurs de *L'Homme au pistolet d'or* (1974), avec Roger Moore, notamment devant ce haut et fin bloc monolithe couvert de verdure. Le méchant Scaramanga s'y cachait avec son arme secrète dissimulée dans le piton rocheux de Ko Tapoo. Mais, aujourd'hui, on se marche littéralement sur les pieds sur cette île minuscule... Contentez-vous d'en faire le tour en bateau. Sauf si vous passez tôt le matin... l'île sera alors pour vous tout seul !

Au retour, c'est l'arrêt obligatoire au village lacustre de Ko Panyee, ou Gipsy Village. Constitué de maisons en bois sur pilotis (de plus en plus remplacées par du béton) et peuplé de musulmans, le village en lui-même est intéressant à visiter. Ce décor fabuleux sert d'écrins à de nombreux tournages : on a pu notamment y voir Bridget Jones dans le second volet de ses tribulations sentimentales, *L'Âge de raison* (2004).

EXPÉRIENCE ROUTARD

Toutes les agences viennent sur le site le matin, mais vers 10h seulement (plusieurs agences proposent aussi le tour l'après-midi). À cette heure, la lumière n'est pas au top et la foule est un peu trop présente pour que l'on puisse vraiment apprécier le site. Préférez donc arriver la veille pour être sur place dès l'aube... Pour cela, il est conseillé de dormir près du site. La lumière est alors rasante et vous serez (presque) seuls dans la baie.

FOOT ET TOURISME

Pour les besoins d'une pub, on a construit un terrain de foot (16 x 25 m) flottant sur la mer grâce à des bidons. Désormais très célèbre, le stade est devenu le clou de la visite.

20° 54′ N, 107° 06′ E

94

TYPE
Merveille géologique.

SITUATION
Golfe du Tonkin, province de Quang Ninh, nord-est du Vietnam, 165 km de Hanoi.

NATURE, COMPOSITION
Centaines d'îles, grottes.

QUELQUES CHIFFRES
1 553 km², 2 000 pains de sucre.

DIPLÔME
Inscrit au Patrimoine mondial de l'Unesco.

MEILLEURE PÉRIODE
Haute saison de mai à septembre ; beaucoup de visiteurs, temps tropical et humide, avec ciel bleu et soleil. Avantage : on peut se baigner sur les plages. En hiver (octobre à avril), peu de visiteurs mais temps généralement gris et humide, avec parfois du brouillard en février.

COMMENT Y ALLER ?
En voiture, avec une agence ou en bus depuis Hanoi (4h-4h30), Haiphong (1h), Ninh Bình (3h15), etc.

PLUS D'INFOS
• *halong.org.vn* •

VIETNAM

BAIE D'HALONG

Entre mer et pics rocheux

***L'un des paysages les plus célèbres d'Asie, comme une armée de rochers surgis de la mer, grandement popularisés en France par le film* Indochine.**

Environ 2 000 pains de sucre de toute forme et de toute taille émergeant de la mer et s'étendant sur des centaines de kilomètres. Le paysage change sans cesse, l'atmosphère est étrange. *Hạ Long* signifie « descente du Dragon ». D'après la légende, celui-ci serait descendu dans la baie pour y domestiquer les courants marins. Avec les violents mouvements de sa queue, il entailla profondément la montagne. Ce faisant, ayant plongé dans la mer, le niveau de l'eau monta brutalement, et celle-ci s'engouffra dans les crevasses, ne laissant apparaître que les sommets les plus élevés.

Il est probable qu'il y a quelques millions d'années Hạ Long devait être un immense plateau taraudé par l'eau de pluie. D'immenses masses de calcaire durent se désagréger, laissant debout les roches les plus dures, livrées ensuite aux coups de boutoir du vent et de la mer. Ce qui explique les formes déchiquetées, les grottes, cavités et tunnels qui les transpercent.

Voici en tout cas ce qu'en disait Pan Ting-Kouei, un voyageur chinois, en 1688 : « Leur apparence déroute notre imagination... Parfois, si vous les contemplez, elles vous offrent l'aspect d'animaux sauvages ou de farouches guerriers assis... Parfois, c'est un chaos de cimes, environnées soudain de ces nuages de feu qui s'accumulent les jours d'été... Chaque fois que nous arrivions dans un lieu où les montagnes envahissaient l'espace et où la mer se rétrécissait, je me demandais presque si la route n'allait pas nous être fermée... aussi étais-je près d'oublier, dans ces allées et venues du navire, que nous naviguions en mer ! »

EXPÉRIENCE ROUTARD

La balade en bateau dans la baie s'impose. Avec ou sans mâts, plus ou moins confortables, de petite taille ou aménagés en jonque-hôtel, il y en a pour tous les goûts et tous les budgets. Mais pour quelle durée ? Les excursions de 4h sont quand même très limitées et c'est assez frustrant, puisqu'il faut déjà 1h pour se retrouver au milieu des rochers. L'excursion de 6-7h est la plus conseillée. Elle est difficile, voire impossible à réaliser depuis Hanoi en un seul jour, prévoir de dormir sur place. Si vous êtes prêt à casser votre tirelire, inscrivez-vous pour une croisière avec nuit sur une jonque-hôtel (privée mieux que collective) !

Malgré les inquiétudes qui entourent la baie (pollution, disparition des mangroves, pillage des fonds marins...), bon an mal an, certaines traditions perdurent, comme la frénétique chasse à la méduse, durant les mois de mars et avril. Armés de grosses épuisettes, les pêcheurs ramènent un festin de ces urticantes bestioles gélatineuses...

Certaines atteignent plusieurs kilos. Et finissent à la casserole ! Le site a été classé au Patrimoine mondial de l'humanité par l'Unesco en 1993, sous le critère de « beauté naturelle ». Une deuxième inscription a été récemment demandée par les autorités vietnamiennes afin de statuer sur sa valeur écologique.

ENCORE PLUS D'HẠ LONG

Au nord-est de la baie d'Hạ Long, une autre baie, plus petite, plus calme, moins fréquentée, celle de Bái Tử Long, conviendra à ceux qui souhaitent échapper aux croisières classiques et sortir des sentiers battus. Ce secteur présente des paysages aussi beaux – sinon plus – que ceux de la baie d'Hạ Long. L'environnement est remarquable : des pitons calcaires couverts de végétation tropicale dressés au-dessus des eaux émeraude, et des plages désertes aux eaux limpides. Sinon, pour ne pas se mouiller les pieds, visez la Baie d'Ha Long terrestre, à 100 km au sud d'Hanoi, à l'ouest de Ninh Bình : un merveilleux paysage de rizières planté d'une forêt de pains rocheux, où furent également tournées des scènes du film *Indochine*.

95

TYPE
Parc national.

SITUATION
Dans le centre du Vietnam.

NATURE, COMPOSITION
Montagnes karstiques, forêt, grottes.

DIPLÔME
Classé au Patrimoine mondial de l'Unesco.

QUELQUES CHIFFRES
Réseau de 300 grottes et cavernes, étendu sur 116 700 ha.

MEILLEURE PÉRIODE
De mars à juin. De septembre à novembre, il pleut beaucoup et la grotte de Phong Nha est parfois fermée en raison des inondations.

COMMENT Y ALLER ?
Plusieurs bus touristiques relient directement Huế au village de Phong Nha en 4-5h. On peut aussi y aller en bus classique avec une correspondance à Đồng Hới mais c'est plus long.

BON À SAVOIR
Prévoir au moins 1 nuit sur place pour avoir le temps d'apprécier le site.

VIETNAM

GROTTE DE PHONG NHA

Grottes fabuleuses

Montagnes et pitons rocheux couverts de forêts tropicales composent ici un paysage magnifique, mais le plus grand trésor se trouve sous vos pieds.

À la frontière du Vietnam et du Laos, dans une région montagneuse et boisée marquée par de nombreux sommets à plus de 1 000 m (la cordillère de Truong Son, province de Quảng Bình), ce grand parc constitue le plus important espace naturel protégé du Vietnam. Comptant parmi les plus vieux reliefs karstiques d'Asie et parmi les plus vastes régions calcaires du monde, l'ensemble date de 400 millions d'années (ère paléozoïque).

Le long des méandres de la rivière Sông Con, entre les rizières et les champs de maïs et d'arachides, ont essaimé un chapelet de paisibles hameaux, pour beaucoup peuplés de communautés chrétiennes dont les églises atteignent les dimensions de petites cathédrales. Mais le plus surprenant se trouve sous la terre. Le sous-sol du parc est creusé de dizaines de grottes et de cavernes souterraines, dont une partie est accessible au public, à pied comme par bateau.

Les grottes de Phong Nha et Tiên Sơn

La grotte de Phong Nha forme un dédale rocheux de presque 8 km de longueur, creusé de 14 cavités hérissées de stalactites et stalagmites. Une rivière souterraine, longue de 1 500 m, traverse ce fascinant monde de ténèbres. Pendant la guerre du Vietnam, elle servit de base secrète aux soldats de l'armée communiste du Nord-Vietnam qui empruntaient la piste Hồ Chí Minh pour ravitailler le front. Des ponts flottants mobiles y étaient entreposés, en vue de remplacer les ponts détruits par les bombardements américains.

On rejoint la grotte en barque à moteur, soit 40 mn de navigation dans un très beau paysage de vallée fluviale, bordée de pitons calcaires couverts de bois tropicaux. Au fil de l'eau se dessine le quotidien des habitants. Les lessives dans la rivière, les cultures jusque sur les pentes abruptes des berges, les villageoises plongeant dans l'eau une perche-râteau pour récolter des algues qui viendront nourrir les animaux, les cochons, les poissons élevés dans des cages flottantes.

À l'entrée de la grotte, le batelier arrête le moteur et on y pénètre à la rame en passant sous une arche naturelle. Après un bon quart d'heure à glisser silencieusement entre les parois, les passagers débarquent pour suivre un chemin encadré d'un parterre de stalagmites, sous une voûte d'orgues et de stalactites, jusqu'à revenir à l'entrée.

On peut ensuite grimper 330 marches pour atteindre la grotte de Tiên Sơn, où l'on observe des vestiges cham du IXe siècle.

La grotte du Paradis (Động Thiên Đường ou Paradise Cave)

L'une des plus belles du monde et la plus longue grotte non immergée d'Asie. Découverte en 2010, elle s'étend sur 31 km, mais le parcours de visite n'en couvre qu'un seul, ponctué de plates-formes d'observations et distribuant des salles d'un volume impressionnant, dans lesquelles on descend par un escalier en bois. Les formations rocheuses, stalactites et stalagmites, sont réputées être les plus remarquables du parc.

LES ENTRAILLES DE LA TERRE

En 2009, des spéléologues anglais et vietnamiens explorèrent pour la première fois la grotte Hang Sơn Đoòng, dont les dimensions se révèlent gigantesques : 9 km de long, et surtout une immense salle dans laquelle pourrait voler un Boeing 747 ! Officiellement reconnue comme la grotte la plus grande du monde, elle n'est accessible qu'à de rares initiés.

OCÉANIE

18° 56′ 15″ S, 148° 05′ 45″ E

96

TYPE
Récif corallien.

SITUATION
Sur la côte nord-est de l'Australie, dans le Queensland.

NATURE, COMPOSITION
900 îles et des milliers de récifs étendus sur 2 600 km ; 1500 espèces de poissons.

QUELQUES CHIFFRES
Inscrit au Patrimoine mondial de l'Unesco.

MEILLEURE PÉRIODE
D'avril à novembre pour la plongée et le snorkeling ; de fin juillet à début novembre pour apercevoir les baleines à Hervey Bay ; de janvier à avril pour découvrir les bébés tortues sur Lady Eliott Island.

COMMENT Y ALLER ?
Hervey Bay et Rainbow Beach se trouvent sur la côte australienne, accessibles par la route ; Fraser Island se rejoint par bateau ou par avion ; Lady Eliott Island n'est accessible qu'en avion (cher).

BON À SAVOIR
Sur Fraser Island, prendre garde aux dingos (des chiens sauvages). Ils se montrent rarement agressifs mais il est recommandé de ne surtout pas les approcher, encore moins de les nourrir.

AUSTRALIE

GRANDE BARRIÈRE DE CORAIL

Un trésor en péril

La Grande Barrière de corail, avec ses centaines d'îles et ses milliers de récifs coralliens, offre l'un des paysages les plus spectaculaires du monde.

On accède à cet immense et fascinant lagon en survolant ses eaux qui arborent toute la palette des bleus ou en naviguant de plage paradisiaque en îlot inhabité. Chaque étape le long de la côte est un accès privilégié à ce paradis.

Hervey Bay

Porte d'entrée de l'immanquable Fraser Island, Hervey Bay est un passage obligatoire. De fin juillet à début novembre, c'est surtout le meilleur site d'observation des baleines à bosse ! Les croisières vous emmènent au plus près de ces cétacés, connus pour leurs impressionnants plongeons hors de l'eau. Si elles ne sont pas les plus grosses, elles font tout de même 12 à 15 m de long et de 40 à 60 t en moyenne. Ce sont en revanche les plus joueuses de toutes les espèces (surtout les mâles), ce qui vous donne de sérieuses chances de les voir sauter...

EXPÉRIENCE ROUTARD

Une courte balade de 600 m à travers les bois d'eucalyptus mène au sommet de Carlo Sandblow, cette dune de 15 ha qui surplombe des falaises aux sables multicolores. Elle porte le nom d'un membre d'équipage de James Cook. On imagine la vue qu'ils ont eue en arrivant ici, la nôtre étant tout simplement grandiose, peut-être même l'une des plus belles du Queensland. On la descendra un peu pour admirer le panorama somptueux qui permet d'embrasser l'océan jusqu'à Fraser Island.
À environ 1 km du centre-ville de Rainbow Beach. Derrière le rond-point final, un petit parking discret est aménagé sous les arbres. Point de départ du sentier.

Rainbow Beach

Au sud de la géante Hervey Bay se cache la bien plus discrète et minuscule station balnéaire de Rainbow Beach. L'animation s'y concentre dans la rue principale : Rainbow Beach Rd, et on y croise peu de touristes. Charmante et assez authentique, cette bourgade laisse le temps filer au ralenti. Outre pour sa superbe plage de 23 km, ses vagues et ses spots de surf, on s'y rend pour une rando dans le parc national Great Sandy, zone protégée comprenant de hautes dunes, des mangroves, une forêt tropicale et des sables colorés, et pour une excursion (obligatoire) à Fraser Island... juste en face.

Fraser Island

La plus grande île de sable au monde, rien que ça ! Il a fallu des millions d'années pour sculpter le paysage : le vent, les vagues et les courants ont charrié chaque grain de sable depuis le sud-est de l'Australie jusqu'ici. Une petite colline, datant d'une activité volcanique, vieille de plusieurs millions d'années, leur a fait barrage. Vents, vagues et courants ont donc sculpté leur œuvre commune contre cet obstacle. Et voilà le résultat ! Avec ses 122 km de long et sa célèbre 75 Mile Beach s'étalant sur... 120 km, Fraser a de gros atouts dans sa besace. Lacs d'eau douce, ruisseaux, dunes immenses, dense forêt humide (la seule au monde à pousser sur le sable) et plages interminables en font une destination courue. On y passe volontiers quelques jours pour arpenter les chemins de rando, pêcher, se baigner dans les lacs et se la jouer Robinson Crusoé dans un cadre d'exception.

18° 56′ 15″ S, 148° 05′ 45″ E

Whitsunday Island

Lady Elliot Island

À 120 km au large de Hervey Bay vers le nord-est, c'est l'île la plus au sud de la Grande Barrière de corail. Malgré sa taille riquiqui (0,4 km^2, on en fait le tour en 45 mn !), ce joyau turquoise fascine les plongeurs et les amateurs de snorkeling de toute la côte. Pour cause, ce n'est pas sur terre mais bien sous l'eau que tout se passe. La vie sous-marine y est exceptionnelle : les tortues, raies mantas et autres poissons multicolores y nagent paisiblement dans des eaux d'un bleu extraordinaire, sublimées par les coraux. Des souvenirs mémorables, à condition d'y mettre le prix car l'île n'est accessible qu'en avion !

Des milliers de tortues vertes et de tortues caouannes voient le jour entre janvier et avril.

MÉLODIE EN SOUS-SOL

La baleine à bosse peut produire des sons flirtant avec les 170 décibels. En comparaison : un Boeing 737 en vol atteint 165 décibels ! Quand elle ne chante pas, elle peut aussi retenir sa respiration pendant 40 mn.

97

AUSTRALIE

LE LONG DE LA GREAT OCEAN ROAD

Le rêve sauvage australien

TYPE
Route panoramique.

SITUATION
Sur la côte sud-est de l'Australie, dans l'État du Victoria, à 100 km au sud-ouest de Melbourne.

NATURE, COMPOSITION
Falaises, plages de sable, forêts d'eucalyptus.

QUELQUES CHIFFRES
Longueur de 243 km, entre Torquay et Port Fairy.

MEILLEURE PÉRIODE
Entre novembre et avril, lorsque les températures avoisinent les 25-30°C : idéal pour se baigner et se laisser bercer par la chaleur ambiante. Entre juin et septembre, température assez fraîche mais beau temps au rendez-vous.

COMMENT Y ALLER ?
De Melbourne, le meilleur moyen pour visiter la Great Ocean Road reste bien entendu de louer une voiture, une moto ou un van. Mais sachez que parcourir la Great Ocean Road à vélo est tout à fait envisageable.

PLUS D'INFOS
• *visitgreatoceanroad.org.au* •

L'une des plus belles routes d'Australie ! Mythique, elle déroule sur près de 250 km une succession de paysages variant quasiment à chaque virage.

Impressionnantes formations rocheuses, plages de rêve pour les surfeurs... Parfois longeant des côtes déchiquetées, la route se révèle tellement escarpée qu'on ne s'étonne guère du nombre de navires qui sombrèrent ou se fracassèrent sur les falaises. Lorsqu'elle se révèle infidèle à la mer et s'enfonce dans les terres, c'est pour traverser de merveilleuses forêts où les koalas ne vous aideront pas vraiment à respecter les temps de route... et lorsque les falaises prennent des teintes d'incendie dans les brumes de chaleur crépusculaire, la voiture s'arrête parfois d'elle-même... S'il y a du vent de face, c'est pour vous forcer aussi à ralentir et à admirer le travail des hommes, à déguster tout doucement une nature miraculeusement préservée.

Great Otway National Park

Voici l'un des grands moments de la Great Ocean Road. Le ruban de goudron quitte la mer pour s'enfoncer dans une superbe forêt d'eucalyptus, dont on cherche avidement du coin de l'œil les pensionnaires : les koalas. On peut choisir de les observer lorsque plusieurs voitures sont arrêtées au bord du talus (c'est un signe !) ou alors tenter de les trouver soi-même... Pas si facile. Ils sont souvent haut perchés dans les branches et se recroquevillent en boule pour dormir près de 20h par jour (fainéants !). Un nid de frelons asiatiques ? Non, un koala qui ronfle, balloté par le vent. Le plus dur, c'est de trouver le premier ! On a de bonnes chances d'en voir dans les bois de manna gums sur la route du phare. C'est leur eucalyptus favori, reconnaissable à ses longues feuilles effilées un peu brillantes. Mais il n'y a pas que des koalas : il y a aussi beaucoup d'oiseaux et, au fond des vallons, de fantastiques forêts de fougères arborescentes.

EXPÉRIENCE ROUTARD

The Great Ocean Walk est l'une des plus belles randonnées au monde ! Sur 104 km, on enchaîne plages désertes, mystérieuses dunes, sites historiques de naufrages, sublimes falaises, exubérantes séquences forestières, marais, cascades dans la brume, phares majestueux... Pas moins de sept aires de camping balisent l'itinéraire de façon régulière (séparés de 10 à 16 km maximum), mais on est là dans une nature sauvage, en autonomie presque totale. Le sentier est boueux lorsqu'il pleut, il y a des serpents venimeux et le portable ne passe pas partout ! Quelle aventure !

Entre Apollo Bay et les Twelve Apostles. Infos sur • greatoceanwalk.com.au •

The Twelve Apostles

L'une des plus iconiques images du pays ! Et avec raison. Ces 12 Apôtres (en fait, ils ne sont plus que 8 ou 9) sont des aiguilles, des pitons échappés de la falaise, isolés dans la mer, attaqués par le sable, les vagues et les embruns, taraudés et usés... L'un d'eux s'est effondré il y a quelques années. Au crépuscule, ils apparaissent dans un sublime contre-jour et, pour peu qu'il y ait des brumes de chaleur, ça devient carrément biblique ! Le matin, au contraire, les premiers rayons du soleil viennent les dorer, et les roches jouent à cache-cache avec la lumière et les ombres. Meilleur moment, une heure après le lever du soleil...

Pour accéder à l'observatoire, il faut passer par le Visitor Centre, qui dispose d'un grand parking. Un chemin passe ensuite sous la route côtière pour parvenir au site. Les Gibson Steps, chemin et volée de marches permettant d'accéder à la plage, sont fermés lorsque la mer est trop déchaînée ! Vers Princetown, on découvre un séduisant paysage sur l'embouchure de la rivière et les *wetlands*. Superbes couleurs en fin d'après-midi.

Loch Ard gorge

À 3 km à l'ouest des Twelve Apostles, et bien moins fréquenté, se trouve une petite arche dans la mer et une profonde échancrure calcaire arborée qu'on atteint par des escaliers. Tout en bas, mignonne plage protégée et quelques grottes. Il faut imaginer que s'y déroula en 1878 l'un des plus dramatiques naufrages sur cette côte. Un voilier, le *Loch Ard*, chargé d'immigrants, s'y fracassa une nuit de tempête. Seulement deux rescapés sur les 54 personnes à bord, un marin, Tom Pearce, et une passagère, Eva Carmichael, qui ne savait pas nager. Ils se réfugièrent dans une grotte. Âgés de 19 ans tous les deux, la légende leur prêta par la suite une romance, mais aucune preuve...

UN DES PLUS GRANDS CIMETIÈRES MARINS DU MONDE !

Pas un hasard qu'on ait nommé cette côte « The Shipwreck coast »... Principalement au XIXe siècle, plus de 200 bateaux furent victimes des tempêtes et des récifs, s'écrasant sur ces meurtrières falaises. Une cinquantaine d'épaves ont été répertoriées. Parfois des panneaux sur la route racontent leur histoire. Quelques agences programment même des Shipwreck coast tours...

Twelve Apostles

25° 20′ 42″ S, 131° 02′ 11″ E

98

TYPE
Désert.

SITUATION
Dans le centre de l'Australie, au cœur de *l'outback*.

NATURE, COMPOSITION
Vaste plaine sableuse, formations rocheuses.

QUELQUES CHIFFRES
Superficie de 1 325 km² ; ville la plus proche à 450 km.

DIPLÔME
Inscrit au Patrimoine mondial de l'Unesco.

MEILLEURE PÉRIODE
Au printemps (septembre-novembre) et en automne (mars-mai) pour éviter les températures extrêmes, mais attention aux mouches (achat d'un *fly net* « filet à mouches » indispensable).

COMMENT Y ALLER ?
La route dans l'outback jusqu'au parc est très longue (2 000 km depuis Darwin au nord, 1 500 km depuis Adélaïde au sud), avec peu de points de ravitaillement et d'hébergement. Étape intermédiaire à Alice Springs, la ville la plus proche du parc (450 km). Aéroport près du village de Yulara - Ayers Rock Resort, à l'entrée du parc.

AUSTRALIE

ULURU-KATA TJUTA NATIONAL PARK

Rochers mystiques

Un harmonieux mélange de couleurs primaires, le rouge de la terre, le jaune des spinifex et du soleil ardent. Et le bleu du ciel, si pur, qu'il se couvre d'un manteau d'étoiles à la tombée du jour…

Quelle émotion de parcourir ces paysages de plaines semi-désertiques couvertes par endroits de sable, ponctuées çà et là de montagnes arides et érodées, d'arbustes aux troncs calcinés et de petites termitières.

Cette nature largement indomptée a toujours inspiré les légendes et l'art des Aborigènes, qui vivent en symbiose avec cette terre ancestrale depuis des dizaines de milliers d'années. Un voyage à l'« origine du monde », en quelque sorte !

Le parc est l'un des rares lieux au monde à être doublement inscrit sur la liste du Patrimoine mondial de l'Unesco, tant naturel que culturel. Le territoire reste en effet intimement lié aux Aborigènes anangu, à qui il appartient et qui veillent sur ses sites sacrés (Uluru inclus) comme sur la prunelle de leurs yeux. Résultat : il n'y a aucun hébergement ni service dans le parc, en dehors d'un centre des visiteurs. Une fois sur place, Il vous faudra au moins 2 jours pour visiter les sites majeurs du parc et profiter de la lumière à toute heure, du lever au coucher du soleil

SOURCE DE VIES

Le parc national d'Uluru-Kata Tjuta abrite une faune et une flore étonnamment riches vu l'environnement semi-désertique : plus de 400 variétés de plantes – beaucoup utilisées par les Aborigènes pour se nourrir ou confectionner des remèdes –, 178 espèces d'oiseaux, 21 de mammifères (dont le kangourou roux) et 73 de reptiles (dont l'impressionnant Moloch horridus, un lézard hérissé d'épines, un des symboles du parc).

Uluru (Ayers Rock)

Quittant Yulara, « the Rock », l'une des formations naturelles les plus iconiques de la planète, s'imprime déjà sur le proche horizon. Culminant à 348 m d'altitude, ce dôme rocheux (inselberg), constitué d'un seul bloc de grès, s'élève au milieu de plaines de sable rouge ponctuées de broussailles et brûlées par le soleil. Au petit matin, parfois, un kangourou roux ou un wallaby passe. Malgré la foule qui se presse vers l'icône, l'émotion reste intacte. Et le mirage prend toute sa dimension lorsque, parvenu à sa base, on réalise la masse colossale du rocher : 3,5 km de long, 9,4 km de circonférence.

Sa roche orangée, homogène, polie par l'érosion, dresse sous les yeux des falaises parfaites, que délimitent des anfractuosités, des grottes, des plis, des replis. Durant l'été austral, lorsque le ciel veut bien libérer un peu d'eau, de fantastiques cascades se forment par moments sur ses flancs, dévalant vers des bassins grouillant alors de vie. Un moment rare, précieux, magique. Mais seul le Mutitjulu waterhole résiste à la saison sèche. S'il n'est pas sacré dans son ensemble, ce site naturel spectaculaire abrite une multitude de lieux rituels pour les Anangu, confirmés par de nombreuses peintures rupestres. On les découvre au gré de plusieurs balades, aussi courtes que faciles.

Le site d'Uluru a été officiellement « découvert » en 1873 par William Christie Gosse, qui fut le premier Européen à grimper au sommet du rocher, après un trek de 3 mois en dromadaires. Il nomma le site Ayers Rock en hommage à sir Henry Ayers, futur gouverneur de l'État de South Australia. Les premiers touristes arrivèrent dans les années 1950, lorsque Ayers Rock devint parc national, intégrant bientôt les monts Olga. Len Tuit, un habitant d'Alice Springs, créa en 1957 la première excursion hebdomadaire et aménagea un camp de base sur le flanc ouest d'Uluru. En 1970, l'Aboriginal Land Council obtint le déplacement des premiers hôtels et motels établis au pied même du rocher sacré, favorisant, dans les années 1980, le développement du centre touristique de Yulara. C'est alors que le territoire du parc fut officiellement rendu aux Aborigènes et une double dénomination adoptée pour le site, désormais appelé par son nom anglais et aborigène. Aujourd'hui, ce dernier tend à s'imposer.

IMPORTANT : il est strictement interdit d'effectuer l'ascension du rocher d'Uluru et de prendre en photo ou de filmer certaines « sections » du site, sacrées pour les Aborigènes – signalées sur le plan du parc *(« culturally sensitive site »)*. Idem, si on fait le tour d'Uluru en voiture, il est interdit de stationner sur certaines portions de la route.

EXPÉRIENCE ROUTARD

Le Mala walk est sans doute la plus jolie balade d'Uluru, entre roches orangées, grottes, peintures rupestres et gommiers (eucalyptus), jusqu'au réduit de la belle Kantju Gorge, aux parois verticales. Là, en été et en automne, se creuse un bassin gargouillant et croassant. On vous conseille d'y venir au coucher du soleil : il n'y a alors presque personne et les parois flamboient. La balade guidée permet d'en savoir plus sur les Mala, ancêtres plus ou moins mythiques des Anangu. Un vrai bon plan quand on sait que les tours guidés d'une demi-journée organisés par les agences coûtent en moyenne 150 $ par adulte !
Départ du Mala carpark (eau et w.-c à proximité). Sentier bitumé facile, 2 km aller-retour. Promenade guidée par un ranger (gratuite) : durée : 1h30.

Kata Tjuta

Pour les Pitjantjatjara, Kata Tjuta signifie « beaucoup de têtes ». Une allusion aux 36 dômes qui composent ce spectaculaire massif émergeant du désert à 50 km à l'ouest d'Uluru, au grès constitué d'un conglomérat de rochers, cailloux et graviers amalgamés par la boue et le sable. Étendu sur 21,5 km^2 et culminant 546 m au-dessus du sol, il est entaillé de grands canyons déclinant toute la palette d'oranges et d'ocres, tranchant avec le bleu intense du ciel. Encore plus sacré qu'Uluru pour les Aborigènes, qui y conduisent certaines cérémonies, le site fut « découvert » en 1872 par Ernest Giles, qui le baptisa du nom d'Olga, en l'honneur de la reine Olga de Wurtemberg, fille du tsar Nicolas Ier... Un vrai coup de cœur, qui mérite autant d'attention que son prestigieux voisin Uluru ! Outre les deux points de vue à découvrir au lever ou au coucher du soleil, deux sentiers assez courts permettent de pénétrer dans l'intimité du massif, le Walpa Gorge Walk et le Valley of the Winds Walk.

39° 17′ 27″ S, 175° 33′ 44″ E

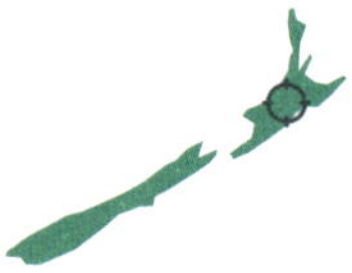

99

TYPE
Parc national.

SITUATION
Île du nord de la Nouvelle-Zélande, Océan Pacifique.

NATURE, COMPOSITION
Volcans, montagnes.

QUELQUES CHIFFRES
800 km² ; 3 volcans (Tongariro, Ngauruhoe et Ruapehu).

DIPLÔME
Inscrit au Patrimoine mondial de l'Unesco.

MEILLEURE PÉRIODE
De décembre à février (été austral), le temps est agréable, ensoleillé et chaud, mais humide. La plus propice aux randonnées.

COMMENT Y ALLER ?
Pas de vol direct pour Auckland ; compter 22h de vol (hors escale).
Formalités : obligation de s'acquitter d'une taxe touristique et pour la préservation de la nature (IVL, International Visitor Conservation and Tourism Levy).

BON À SAVOIR
Les chaussures de rando et le matériel de camping doivent être déclarés à la douane et peuvent faire l'objet d'une désinfection s'ils sont trop crottés !

TONGARIRO NATIONAL PARK

Bout du monde

Tongariro National Park est un véritable terrain de jeux : ski l'hiver, alpinisme en été et randonnée toute l'année.

La Nouvelle-Zélande, ce vaste pays, étendu sur deux îles étirées sur 1 600 km, s'aborde aisément. Lorsqu'on a fini de repaître ses mirettes des inoubliables paysages diurnes, on va se perdre dans l'infini sidéral des nuits superbement étoilées. Car la Nouvelle-Zélande, où a été tournée la saga du Hobbit, c'est beau, de jour comme de nuit.

Le Tongariro National Park est situé au centre de l'île nord et abrite de nombreux sites sacrés pour le peuple Māori, appelés ici Tapu.

Trois volcans actifs trônent fièrement au centre du parc. Le Ngauruhoe est le plus jeune et s'élève entre ses deux confrères à 2 287 m de haut. Le Ruapehu est le plus haut, affichant 2 797 m. Des neiges éternelles et des glaciers ornent ce volcan très actif, la dernière éruption datant de 1996. Le sommet est accessible grâce à un impressionnant télésiège. Avec ses 1 967 m, le Tongariro est le plus petit des trois mais constitue un site d'exception cependant, avec ses lacs aux eaux couleur émeraude nichés dans les trois cônes encore actifs.

Le Parc National de Tongariro qui servit de décor pour le Mordor du *Seigneur des anneaux* constitue une étape incontournable pour tout marcheur en Nouvelle-Zélande. Impossible d'être déçu par les lieux, encore plus hors saison, lorsque l'on est presque seul sur place ! Pour profiter au mieux de la beauté unique de ce paysage volcanique, il n'y a pas que la très populaire traversée à la journée, l'*Alpine Crossing*. Le *Round The Mountain Track* permet également, en 4 jours, d'apprécier les différentes facettes du parc, et sans la foule !

EXPÉRIENCE ROUTARD

Au Tongariro, l'Alpine Crossing (19,4 km), grand classique de la randonnée néo-zélandaise, se targue d'être « la meilleure rando d'un jour au monde ». Départ de Pukeonate, arrivée à Ketetahi (navettes payantes entre les deux). Aucun risque de se perdre sur ce chemin très bien aménagé. Au South Crater, longue plaine jaunâtre dominée par le noir profil du Mount Ngauruhoe, on reconnaît le fameux décor du mont Doom du malfaisant Sauron, dans Le Seigneur des anneaux*. Puis se découpe la crête du Red Crater, mêlant le rouge et le noir. Superbe vue du sommet (1 900 m). On dévale alors jusqu'au vert pétant du Lake Esmerald, avant d'atteindre le Lake Blue. Puis descente panoramique à travers des alpages et une forêt aussi verte que primaire. Conclusion : 5 à 7 heures de marche et un souvenir minéral à fleur de pente.*

16° 29′ 40″ S, 151° 44′ 11″ O

100

POLYNÉSIE FRANÇAISE

LAGON DE BORA BORA

Luxe, calme et volupté

TYPE
Presqu'atoll, à 250 km de Tahiti.

SITUATION
Pacifique sud, 6 000 km à l'est de l'Australie. Pays d'Outre-Mer (POM).

QUELQUES CHIFFRES
8 km sur 5 km pour l'île principale, 31 km², sommet à 727 m (mont Otemanu).

MEILLEURE PÉRIODE
pour Tahiti et les Îles Sous-le-Vent, entre mi-avril et mi-octobre (hiver austral). Mais il y fait chaud toute l'année : 22-30 °C.

BON À SAVOIR
La carte d'identité ne suffit pas (passeport valable au moins 6 mois après le retour pour les ressortissants de l'Union européenne), d'autant que, dans tous les cas, le passeport sera nécessaire du fait des escales. Sur le territoire américain (à Los Angeles par exemple), demande d'ESTA nécessaire.

PLUS D'INFOS
Tahiti Tourisme (c/o Aviareps), à Paris.
• *tahititourisme.fr* • Et délégation de la Polynésie française, 28, boulevard Saint-Germain, 75005 Paris.
• *polynesie-paris.com* •

L'image même de l'île paradisiaque, l'exemple parfait d'un lieu de retraite ou de villégiature ensoleillé où les plages de sable blanc s'étendent sur des kilomètres.

La Polynésie française comprend environ 120 îles, réparties en cinq archipels : les îles Marquises (si chères à Brel et Gauguin), celles de Tuamotu-Gambier, les îles du Vent où se situent Tahiti, les îles Australes… Bora Bora fait partie de l'archipel des îles Sous-le-Vent. La capitale de tout ce petit monde : Papeete, sur l'île de Tahiti. Une famille nombreuse particulièrement accueillante, à plusieurs milliers de kilomètres à l'est de l'Australie.

Bora-Bora, surnommée « la perle du Pacifique », figure parmi les îles les plus touristiques de Polynésie. Et pour cause ! Pas très grand, ce quasi atoll est constitué d'un volcan (éteint), cerné d'un lagon, lui-même délimité en partie par un récif parfois à l'air libre, formant comme un collier. On parle de récif-barrière, qui peut par endroits mesurer jusqu'à 2 km de long. Deux sommets se distinguent nettement depuis la mer : le mont Otemanu (727 m, le sommet de l'île), à l'étrange silhouette, et le mont Pāhia (661 m). L'île centrale abrite trois baies paradisiaques. Sans oublier les nombreux petits îlots décorés de palmiers, appelés ici *motu*.

L'histoire aussi attire le curieux, qui arpentera Bora-Bora à la recherche des huit canons abandonnés par l'armée américaine à la fin de la Seconde Guerre mondiale, ou examinera les navires mythiques exposés au musée de la Marine. Pour le reste, ce n'est que luxe, calme et volupté. Hôtels chics aux bungalows sur pilotis, plages de sable blanc, eaux déployant un camaïeu de bleus, hibiscus rougeoyants, palette de verts de la végétation tropicale… Un contact privilégié et très intime avec la mère nature, dans ce qu'elle a de plus beau à offrir.

EXPÉRIENCE ROUTARD

On recommande vivement la plongée avec masque et tuba, quasi incontournable, dans les eaux turquoise de Bora Bora. Au programme, une virée dans le lagon où l'on est entouré de raies Pastenagues et… de requins gris et à pointes noires. Plongée jusqu'à 10 mètres pour admirer ces animaux. Pas de panique, ils sont inoffensifs. Mais émotion garantie. On finit par l'observation du jardin de corail dans une eau cristalline avec sa multitude de poissons colorés. Savoir évidemment nager, mais aucune expérience de plongée n'est nécessaire. Pour les hésitants face aux requins, possibilité de rester à bord et de les observer depuis le bateau. Ouf !

CRÉDITS PHOTOS

HEMIS.FR

p. 7, p. 11 : Jon Arnold Images • p. 15 : Carte Blanche - IS • p. 23, p. 24 : Vwpics • p. 29 : Jon Arnold Images • p. 33 : Christophe Boisvieux • p. 35 : Stéphane Bouilland • p. 36 : Stéphane Bouilland • p. 41 : Bertrand Gardel • p. 43, p. 45 : Francis Comon • p. 47 : Franck Chaput • p. 49 : Vwpics • p. 53, p. 54 : Tuul et Bruno Morandi • p. 57 h : Patrice Hauser • p. 59 : Didier Grimberg • p. 60 : Jon Arnold Images • p. 61 : René Mattes • p. 63 : Franck Chaput • p. 69 : Robert Harding • p. 73 : Jon Arnold Images • p. 75 : imageBROKER • p. 77, p. 79 : Robert Harding • p. 83, p. 85, p. 86, p. 87 : Jon Arnold Images • p. 89 : Mauritius • p. 90 : Jon Arnold Images • p. 94 : Jean Du Boisberranger • p. 99, p. 101 : imageBROKER • p. 109 : Jon Arnold Images • p. 110 : Jean-Pierre Lescourret • p. 113 : Bertrand Gardel • p. 117 : Alaska Stock • p. 118 : Westend 61 • p. 121 : Jon Arnold Images • p. 127 : Robert Harding • p. 128 : Jon Arnold Images • p. 133 : Westend 61 • p. 137 h : Ingolf Pompe • p. 139, p. 141 : Jon Arnold Images • p. 143 : Minden • p. 147 : Lionel Montico • p. 149, p. 161, p. 163 : Jon Arnold Images • p. 169 : Sergio Pitamitz • p. 173 : Mauritius • p. 175 : Jon Arnold Images • p. 180 : Minden • p. 183 : Aurélien Brusini • p. 187 : Aurora • p. 193 : Aurélien Brusini • p. 195 b : Stefano Zaccaria / Alamy Stock Photo • p. 197 : Jon Arnold Images • p. 205 : Paule Seux • p. 207 h : Yann Arthus-Bertrand • p. 212 : Minden • p. 214 : Lionel Montico • p. 215 : Yann Arthus-Bertrand • p. 216 : Lionel Montico • p. 219 : Christophe Boisvieux • p. 220 : Franck Guiziou • p. 223 h : Jon Arnold Images • p. 233 b : Bertrand Gardel • p. 242 : Nature in Stock • p. 245 b : Franck Guiziou • p. 247 : Andrey Gudkov / Alamy Stock Photo • p. 251 : Jon Arnold Images • p. 253 : Julien Garcia • p. 256, p. 259 h : Jon Arnold Images • p. 263 : Franck Guiziou • p. 265, p. 267 : Jon Arnold Images • p. 271 : Westend 61 • p. 273 : Tuul et Bruno Morandi • p. 277 : Jon Arnold Images • p. 295 : John Warburton Lee • p. 296 : imageBROKER • p. 304 : Stéphane Lemaire.

SHUTTERSTOCK.COM

p. 9 • p. 13 • p. 17 • p. 18 • p. 19 • p. 21 • p. 27 • p. 28 • p. 31 • p. 37 • p. 39 • p. 50 • p. 57 b • p. 65 • p. 67 b • p. 71 • p. 97 b • p. 97 h • p. 102 • p. 103 • p. 114 • p. 115 © TR Photos • p. 116 • p. 119 d • p. 119 g • p. 123 • p. 131 • p. 134 • p. 135 • p. 137 b • p. 145 • p. 148 • p. 151 • p. 153 • p. 157 • p. 159 • p. 165 • p. 167 • p. 171 • p. 176 • p. 185 • p. 191 • p. 195 h • p. 201 • p. 203 • p. 207 b • p. 209 • p. 217 • p. 223 b • p. 225 b • p. 235 • p. 239 b • p. 239 h • p. 241 • p. 243 • p. 245 h • p. 255 • p. 259 b • p. 269 • p. 274 • p. 279 • p. 281 b • p. 281 h • p. 283 • p. 284 • p. 285 • p. 287 • p. 289 • p. 291 • p. 297 • p. 307.

STOCK.ADOBE.COM

p. 67 h • p. 81 : Martin Molcan • p. 93 • p. 105 • p. 111 : Brandon Smith • p. 125 • p. 179 • p. 181 : Paul Kennedy • p. 211 • p. 225 h • p. 227 • p. 229 • p. 231 b • p. 231 h • p. 233 h • p. 237 • p. 299 b • p. 299 h : Greg Brave • p. 301 • p. 303 • p. 309 • p. 311.

ILLUSTRATIONS

Shutterstock : p. 2 • p. 3 • p. 13 • p. 15 • p. 16 • p. 32 • p. 36 • p. 38 • p. 48 • p. 55 • p. 60 • p. 77 • p. 82 • p. 90 • p. 102 • p. 117 • p. 117 • p. 126 • p. 134 • p. 137 • p. 142 • p. 144 • p. 150 • p. 161 • p. 165 • p. 168 • p. 178 • p. 190 • p. 201 • p. 206 • p. 208 • p. 210 • p. 213 • p. 217 • p. 218 • p. 222 • p. 233 • p. 238 • p. 243 • p. 244 • p. 250 • p. 254 • p. 264 • p. 268 • p. 271 • p. 272 • p. 277 • p. 279 • p. 286 • p. 294 • p. 298 • p. 304 • p. 307.

ILLUSTRATION DE COUVERTURE

Clément Barbé.

Yosemite National Park

POUR LE ROUTARD

Directeur de collection et auteur : **Philippe Gloaguen**
Rédaction : sous la coordination de **Gavin's Clemente Ruiz**,
avec la collaboration de **Thomas Rivallain**, ainsi que **Fabrice Doumergue** et **Cerise Maréchaud**
Le Routard : **Isabelle Al Subaihi, Emmanuelle Bauquis, Mathilde de Boisgrollier, Carole Bordes, Marie Burin des Roziers, Camille Campet, Véronique de Chardon, Laura Charlier, Florence Charmetant, Fiona Debrabander, Bénédicte Gloaguen, Anaëlle Hascoët, Pierre Josse, Amanda Keravel, Géraldine Lemauf-Beauvois, Benoît Lucchini, Alain Pallier, Anne Poinsot et Alexia Poulain**

POUR HACHETTE

Direction : **Sidonie Chollet**
Direction éditoriale : **Élise Ernest**
Responsable de projet et édition : **Matthieu Devaux**
A également collaboré : **Coraline Borchiellini**
Direction artistique et créations graphiques : **Studio BDAG**
Illustration de couverture : **Clément Barbé**
Lecture-correction : **Hélène Meurice**
Fabrication : **Nathalie Lautout, Liza Sacco et Aude Cauchet**
Relations presse : **COM'PROD, Fred Papet et Laëtitia de Cerval. ☎ 01-70-69-04-69, • info@comprod.fr •**
Martine Levens (Belgique) ☎ + 32-47-568-35-76
Silhouette du Routard : **Clément Barbé (d'après Solé)**
Partenariats : **Jérôme Denoix • jeromedenoix@gmail.com •**
Contact partenariats et régie publicitaire : **Florence Brunel-Jars • fbrunel@hachette-livre.fr •**

REMERCIEMENTS

Jean-Philippe Damiani de Routard.com

LES ROUTARDS PARLENT AUX ROUTARDS

Faites-nous part de vos expériences, de vos découvertes, de vos tuyaux :
Les Routards parlent aux Routards :
122, rue du Moulin-des-Prés, 75013 Paris – e-mail : guide@routard.com
site internet : **routard.com**

Cet ouvrage est imprimé sur un papier issu de forêts gérées

Édité par Hachette Livre (58, rue Jean-Bleuzen, CS 70007, 92178 Vanves Cedex, France)
Photogravure par Reproscan
Imprimé par Estella Gráficas (Espagne)
Achevé d'imprimer le II octobre 2023
Collection n° 22 - Édition n° 01
53/1131/0
I.S.B.N. 978-2-01-723363-3
Dépôt légal : octobre 2023

PAPIER CERTIFIÉ